중국의 불교와 유교 도교

支那に於ける佛教と儒教道教

Buddhism, Confucianism and Taoism in China

【하】

중국의 불교와 유교 도교支那に於ける佛敎と儒敎道敎【하】
Buddhism, Confucianism and Taoism in China

1판 1쇄 인쇄 2021년 8월 6일
1판 1쇄 발행 2021년 8월 13일
—

저 자 I 도키와 다이조常盤大定
역주자 I 강규여
발행인 I 이방원
발행처 I 세창출판사
　　　신고번호 · 제1990-000013호
　　　주소 · 서울시 서대문구 경기대로 58 경기빌딩 602호
　　　전화 · 02-723-8660 팩스 · 02-720-4579
　　　http://www.sechangpub.co.kr I e-mail: edit@sechangpub.co.kr
—

ISBN 979-11-6684-038-8 94150
　　　979-11-6684-035-7 (세트)
—

이 역주서는 2018년 대한민국 교육부와 한국연구재단의 지원을 받아 수행된 연구임.
(NRF-2018S1A5A7034616)
—

이 책은 한국연구재단의 지원으로 세창출판사가 출판, 유통합니다.
잘못 만들어진 책은 구입하신 서점에서 바꾸어 드립니다.

중국의 불교와 유교 도교

支那に於ける佛教と儒教道教

Buddhism, Confucianism and Taoism in China

【하】

도키와 다이조常盤大定 저

강규여 역주

세창출판사

중국의 불교와 유교 도교
支那に於ける佛教と儒教道教

【하】

일러두기 / 17

Ⅲ. 후편: 도불道佛 이교二教 교섭사

상
권
차
례

●

중
권
차
례

일러두기

· 이 번역은 常盤大定, 『支那に於ける佛教と儒教道教』, 東京: 東洋文庫, 1966 (재판. 초판은 1930년)을 우리말로 완역한 것이다.

· 이 책은 무수히 많은 한문식 표현과 한문 원전을 인용하고 있다. 그래서 그 내용을 정확하게 전달하기 위해 이 번역에서는 '한글한자' 및 '한글 번역문[한문 원문]'의 번역 형식을 빈번하게 사용하였다. 이로 인해 가독성이 좀 부족할 수 있지만, 가독성보다는 정확성이 더 중요하다고 판단했다.

· 원문의 형식과 내용을 최대한 가감 없이 있는 그대로 전달하기 위해 역자주 등 번역자의 간섭은 최소화하였다.

· 원문에서 인용하는 한문 원전의 내용들에 대해 번역자는 원전을 찾아서 확인했지만 특별히 보완해야 할 만큼의 문제를 발견하지 못했을 뿐 아니라 설사 오류가 있다 하더라도 그 문제 또한 이 책 자체이기 때문에 있는 그대로 번역해야 한다고 생각하여 원문의 내용대로 번역했다. 인용문 뒤 소괄호 출처 표기는 원문의 것을 그대로 따랐으며 혼동의 염려가 있을 경우에만 일부 보충하였다.

· 중국 지명과 인명은 우리 한자음으로 읽었다.

· 내용 이해에 도움이 되기를 바라며 일반적으로 인정되는 〈중국 역대 왕조표〉를 다음 쪽에 게재한다.

〈중국 역대 왕조표〉

상商 B.C.E. 1766~B.C.E. 1125

주周 B.C.E. 1122~B.C.E. 256

진秦 B.C.E. 221~B.C.E. 206

한漢 B.C.E. 206~220

| 오吳 222~280 | 위魏 220~265 | 촉蜀 221~263 |

서진西晉 265~316

동진東晉 317~420	후조後趙 328~352
	전량全涼 313~376
	전진前秦 351~394
	후진後秦 384~417
	북량北涼 397~439
유송劉宋 420~479	북위北魏 386~534
제齊 479~502	
양梁 502~557	북제北齊 550~577
진陳 557~589	북주北周 557~581

수隋 581~618

당唐 618~907

오대五代 907~960

북송北宋 960~1127

| 남송南宋 1127~1279 | 요遼 907~1124 |
| 원元 1280~1368 | 금金 1115~1234 |

명明 1368~1644

청淸 1644~1912

중화민국中華民國 1912~

Ⅲ. 후편

도불道佛 이교二教
교섭사

상

도교
대관大觀

도교道敎라는 말에 포함된 내포內包는 매우 복잡다단하다. 위로는 노장老莊 같은 고상한 사상으로부터 아래로는 방중술房中術과 같은 것에 이르기까지를 도교라는 말 하나 속에 포함시키는 것은 아무래도 너무 잡다해지므로 적어도 사상으로서의 도교와 종교 또는 방술方術로서의 도교를 구별해야 편리할 것이다. 나는 이것을 구별하기 위해 사상을 도가道家라고 하고, 종교 또는 방술을 도교道敎라고 하겠다. 사상으로서의 도가는 『역易』과 나란히 중국 민족이 낳은 위대한 산물로서 매우 찬양할 만한 가치가 있는 한편, 불교와의 사이에서 끊임없는 갈등을 일으킨 것은 실제로 종교 또는 방술로서의 도교다. 사상계의 패자霸者로서 불교를 가진 당나라시대, 유불 이교二敎를 가진 송나라시대는 중국 민족에게 위대한 이상이 있었고 강력한 정신이 활동했지만, 도교의 세력이 다른 이교를 압도한 시대에는 이러한 큰 정신과 큰 이상이 결핍되었던 것 같다. 큰 정신과 이상을 결핍하게 만든 잘못의 대부분은 도교의 책임이 아니었을까? 민족정신의 심오한 곳에 근거를 둔 도교는 결코 멸망할 리가 없는 것이지만 이것을 정화하고 미화하는 일은 국민정신을 향상시키는 급선무일 것이다. 나는 중국을 연구하는 사람이라면 어떤 의미에서인지 도교 연구를 게을리하면 안 된다고 믿고 있으므로 흥미가 적은 일임에도 불구하고 다소 이것에 주의함으로써 이제 재료를 정리해서 공표하기로 한다. 이와 관련해 가장 큰 유감은 아직은 도장道藏에 관해 충분히 설명하지 못한다는 것으로서 따라서 매우 불만족스럽지만 이것을 연구의 단서로 삼아 나중에 수정 보완하기를 기대한다. 항목은 다음과 같이 설정한다.

도가道家와 도교道教 　　　　　　　　　제1장

1. 양梁 유협劉勰의 도가삼품설道家三品說, 완효서阮孝緒의 외편선도 설外篇仙道說

　잡다한 도교에 대해서 다소 계통을 잡은 것은 양나라 유협劉勰(465~521) 『멸혹론滅惑論』의 도가삼품설道家三品說이다. "위는 노자老子를 표 방하고, 다음은 신선神仙을 서술하며, 아래는 장릉張陵을 답습한다"라 는 것이다. 북주 도안道安의 『이교론二教論』은 전적으로 이 분류를 그 대로 사용하기도 한다. 간단하지만 요점을 잘 잡았다고 생각한다. 이 중에서 상품上品인 노장사상은 내가 말한 도가道家로서 불교의 일부 사상과 매우 잘 조화된 것이지만, 중품中品의 신선 및 하품下品의 장릉은 모두 내가 말한 도교로서 끊임없이 불교와 갈등을 일으킨 것이다.

신선도神仙道는 인류의 자연스러운 요구에서 나타나며, 특히 중국 민족이 집착한 일종의 미신으로서 이 신선술神仙術을 종교화한 것을 장릉의 천사도天師道라고 한다. 이 삼품三品은 단절적으로 구별되어 있지 않고 천사도 안에 모두 다 혼합되어 존재하지만, 그러나 삼품에는 각각 특징이 있다. 노장老莊은 말할 필요도 없이 무위자연無爲自然이고, 신선神仙은 연양복식煉養服食이며, 장릉張陵은 부록장초符錄章醮다. 장릉은 노자를 조상으로, 『도덕경道德經』을 최상의 성전聖典으로 삼는다. 그렇지만 교敎를 세운 주의는 무위자연이 아니라 부록장초 즉 부적이나 제사의식을 통해 소재승선消災昇仙 즉 재앙을 없애고 신선으로 승화한다는 데 있다. 이로써 도교를 신선술의 종교화라고 볼 수 있는 것이다.

양나라 완효서阮孝緖(479~536)의 『신집칠록新集七錄』에서 다음과 같은 계통을 세우기도 한다.

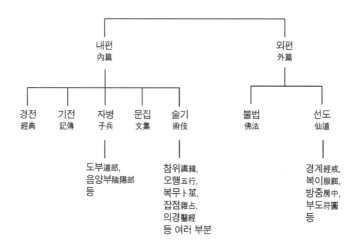

내편內篇의 도부道部와 구별해서 외편外篇의 선도仙道 중에 경계經戒, 복이服餌, 부도符圖 등을 포함시킨 것은 아무래도 사상으로서의 도가道家와 종교로서의 도교道教를 잘 구별시킨 것이다. 더욱이 도교에 선도라는 명칭을 붙인 것은 신선술의 종교화를 나타낸다. 이것은 도가와 신선을 구별 지은 『한서漢書』 예문지藝文志에 따른 것으로서 이 분류법이 가장 수긍할 만하지 않을까라고 생각한다.

2. 송宋 마단림馬端臨의 도가오설道家五說

송나라 마단림馬端臨(1254~1323)의 『문헌통고文獻通考』는 마찬가지로 도가道家와 신선神仙을 구별하면서 나아가 도가 안에 완효서의 도부道部 및 선도仙道를 포함시키기도 한다. 이렇게 내포가 많은 도가 외에 신선을 별도로 설정한 취지에는 찬성한다고 하더라도, 도가오품설道家五品說의 서술과 비평은 요령을 잘 파악해야 하므로 간략하게 그대로 차용해 보기로 한다. 마씨는 "도가의 방식은 복잡다단하다[道家之術, 雜而多端]"라고 말하며, 이것을 품정해서 청정淸淨, 연양煉養, 복식服食, 부록符籙, 경전과교經典科教 등 오설五說로 구분하고 대요를 서술하면서 "황제[黃], 노자[老], 장자[莊], 열자[列]의 글은 청정무위해서 … 연양의 일에 이르더라도 복식 이하는 말하지 않는다", "적송자赤松子나 위백양魏伯陽의 무리들은 연양을 말하고 청정은 말하지 않는다", "노생老生이나 이소군李少君이나 난대欒大의 무리들은 복식을 말하고 연양은 말하지 않는다", "장도릉張道陵이나 구겸지寇謙之의 무리들은 부록을 말하고, 연양도 복식도 모두 말하지 않는다", "두광정杜光庭 이

하 근세의 황관사黃冠師의 무리에 이르러서는 오로지 경전과교만을 말하고, 교敎 안의 한 항목으로서 부록을 언급할 뿐이다. 이에 이르러 단지 청정무위만이 아니라 연양이나 복식의 글조차도 일찍이 물어본 적이 없다"라고 한다. 마씨의 이 오설五說은 연대순에 따라 변천시킨 것으로서 어느 것이든 노자를 종宗으로 삼으면서 시대와 더불어 점차 노장의 정신을 상실하게 된다. 황黃, 노老, 장莊, 열列에서는 정신의 청정무위를 주로 삼고 아울러 신체를 단련하여 개인의 완성으로 말미암아 치국의 실질을 거두기를 기대하지만, 이후에 신선 부류인 적송자나 위백양에 이르러서는 정신의 청정보다도 신체 단련에 중점을 둔다. 이것은 오히려 그럴 수 있다고 하더라도 더욱 아래에 이르러서는 진秦나라의 노생이나 한漢나라의 이李나 난欒의 뒤를 추종하면서 단련하는 수고로움을 버리고 단순히 복식을 통해 신선의 영역에 들어가려고 하며, 이에 이르러 민중의 미신을 매우 크게 자극하게 된다. 더욱 아래로 장릉이나 구겸지의 무리에 이르러서는 한편으로 노자를 성화聖化한 점에서 종교적 요소를 가미했지만 부록과 장초章醮의 방법을 통해 신선이 되기를 기대하기에 이르러 한층 더 민중의 미신을 자극할 뿐이다. 이것은 불교의 의례儀禮만을 배우고 정신에는 도달하지 못하기 때문이다. 남북조시대 이후의 학자는 불교 경전에서 많이 배워 왕성하게 경전을 찬술하며 마침내 당나라의 두광정이나 사마승정 이하에 이르러서는 경전과교로 바뀌어 가게 된다. 이것 역시 단순히 불경의 문자를 옮기고 형식을 모방한 데 지나지 않으므로 인심을 얻지는 못한다. 마단림은 이 오설을 비판하면서 "청정무위의 말은 조상국曹相國이나 이문정李文靖이 그 의미를 취해서 다스림을 정성스럽게 하도록 한 점이 있다. 하안何晏이나 왕연王衍이 그 허망함[誕]을 즐기며 혼란해지도록 한 점이 있다. 득실이 반반이다", "연양의 말은 이단을 물리치는 데 급급한 구양공歐陽公이『황정黃庭』을 다듬어 바로잡고 주문공朱文公이『참동계參同契』를 칭송한 것을 보아하니 산림의 독선적인 인사가 이것으로써 생生을 기르며 나이가 들어 가는 것은 명교名敎에 죄가 있다고 할 수 없다", "경전과교의 말은 아주 비천한 말로서 황관黃冠의 의식衣食에나 보탬이 될 뿐이다. 그들은 항상 이것으로써 석씨釋氏에게 맞서려고 하지만 그 말이란 것이 석씨의 삼분의 일도 못 미친다. 따라서 세상의 큰 근심거리도 되지 않는다", "오로지 복식과 부록의 이가二家는 그 말이 본래부터 삿되게 치우쳐 있고 이것에 현혹된 사람은 적지 않게 화禍를 당한다. 난대와 이소군과 우길于吉의 무리는 이것으로써 그 몸을 해치고[殺], 유필柳泌과 조귀진趙歸眞의 무리는 이것으로써 더욱 그 진실[眞]을 잃어버리게 된다"라고 말한다. 적절한 비평이라고 해야 할 것이다. 도교를 중국 민족의 병病으로 여기고 이것에서 해탈하지 않으면 웅대하고 강건한 정신이 나타날 이유가 없다고 보는 것은 결코 불교자만의 편견이 아니다.

도가道家 외에 신선神仙을 설정한 일은 그 뒤『속문헌통고續文獻通考』도, 송나라, 요나라, 금나라, 원나라의 여러 역사도 모두 그 원칙을 지켰지만 명나라에 이르러서 처음으로 합쳐서 한 부류로 삼는다. 아마 세상을 도도하게 움직이던 것은 모두 도교道敎뿐이고 청정무위를 기대하는 도가는 아주 없어졌기 때문일 것이다.

3. 도교의 개조開祖, 교회教會, 교리教理

신선술神仙術의 종교화는 후한의 장릉과 우길 때이다. 거의 동시에 출현하고 시설한 것도 서로 비슷하지만 우길은 도계道系가 끊긴 반면 장릉의 자손은 매우 번창하여 60여 세대가 지난 오늘날에 이르고 옛날부터 도교의 개조로서 장릉을 받들며, 또는 갈현葛玄을 아울러서 장갈張葛이라고도 하고 또는 장릉張陵, 장형張衡, 장노張魯 및 갈현葛玄, 갈홍葛洪을 아울러서 삼장이갈三張二葛이라고도 부른다. 장릉의 도道는 다른 이들로부터는 귀도鬼道라고 불렸는데 이것을 몹시 싫어하여 스스로는 천사도天師道라고 부르며 천하에 임한다. 형식은 불교에서 배웠어도 내용은 중국의 특색을 철저하게 지켰기 때문에 민심을 매우 크게 얻으며, 세력이 커지게 되면 반드시 불교와 충돌한다. 이것은 노자를 종宗으로 삼았음에도 불구하고 마馬씨가 말한 대로 노자와 가장 멀어진 것이다. 내가 도교라고 말한 것은 장릉의 도를 말한 것으로서 석현광釋玄光의 『변혹론辨惑論』도, 북주 견란甄鸞의 『소도론笑道論』도, 석도안釋道安의 『이교론二教論』도 모두 이 의미로 도교를 보았다. 감히 나 한 사람의 사적인 견해가 아니다. 나는 이 의미에 의해 도교 일반을 서술하면서 당연히 장릉 이후에 대해서만이며 그 이전으로 소급할 필요를 인정하지 않는다.

도교는 위진시대에 마땅하게 발달했는데 교회教會 형식을 구비하게 된 것은 위魏의 구겸지 시대부터다. 아마 장안長安에서 나집이 불전佛典을 번역한 데 자극받고 특히 불교도가 큰 가뭄에 구름과 무지개를 바라듯이 갈앙한 광률廣律을 역출한 것을 본보기 삼아 신계新誡를 제정해서 아무래도 잡박하고 불순한 내부에 일종의 통일을 부여하여 이것을 정화할 만한 정신적 분자를 가미시킨 것으로 보인다. 그 후 남북조시대의 대부분을 통해 북방에서는 끊임없이 교회教會를 독립시키고 확정시키려는 노력이 있고, 남방에서는 또 불경에 자극받아 끊임없이 교리教理 문제로 고심한 점이 있다. 도경道經이 시대와 더불어 증가한 것은 이 요구에 호응한 것인데, 그러나 도사의 두뇌와 불경 사이에는 아무래도 거리가 있어서 대부분의 도경은 단순한 모방에 지나지 않고 따라서 교리상의 독립은 용이하지 않다. 양나라 도홍경陶弘景과 같은 걸물조차 도道와 석釋을 아울러 모시는 태도에서 벗어나지 못한 것을 보면 공평하게 보아 이것을 교리적으로 독립시킬 학식이나 기백이 있다고 인정할 수는 없다. 그렇지만 양나라 때에 삼교三教 정립鼎立의 상태였다는 것을 보면 도교의 세력이 번성했음을 짐작할 수 있다. 이렇게 번성한 시대를 지나 북제시대에 독립운동이 있고, 이어서 북주시대 도불道佛 이교二教 폐지 사건의 깊이에는 교리적 독립의 의미가 포함되어 있다고 생각한다. 교리적 독립의 중심 문제는 원시천존元始天尊이다. 천존天尊을 예배하게 된 것은 아마도 양대 초기부터일 것이다.

그 후 수당시대에 무착無著과 세친의 신新불교 경론이 활발히 번역되면서 도교는 삼교三教 담론의 필요 때문에 꼭 이것을 같이 연구할 수밖에 없었다. 이것을 연구한다면 또 신新교리에 접촉함으로써 자극을 받아 끊임없이 경전을 개정하고 새로 편찬하지 않을 수 없었을 것이다. 이렇게 불교 교리의 정리가 최고조에 도달한 수당시대는 도교의 교리적 진보 또한 아마도 도교 역사 중 최고 정점에 도달한 시대가 된다. 양兩 교도 사이의 교리적 교섭은 수에서 당에 걸친 시대가 가장 살펴보아야 할 것이 있다. 그러나 항상 불교의 뒤를 좇아가므로 엄격히 말한다면 결국 도교의 교리적 독립은 없었다고 볼 수 있다. 그래서 독립이란 말은 상대적인 것이다.

4. 불도佛道 이교二敎 혼동의 사례

요컨대, 도교는 의례儀禮에서도 교리에서도 항상 불교의 뒤를 좇으며 모방에서 습합으로 습합에서 독립으로 나아가려 하는데 그 폐단으로서 일찍이 양 교 사이의 혼동을 초래한다. 구겸지는 부처를 세계설世界說에서 주요한 인격의 하나로 여기고, 도홍경은 불佛과 도道 두 개의 사당을 세워 격일로 아침 예배를 올리며, 또 당시 천존天尊의 좌우에 금강장金剛藏과 관세음觀世音이라는 이대二大 보살菩薩을 협시挾侍하도록 한 것 등은 남북조시대에 불과 도를 혼동하게 된 원인을 배태시킨 것이라고 하지 않을 수 없다. 이 폐해는 점차로 조장되어 오늘날에 이르러서는 병病이 이미 심각한 상태가 된다. 이 병의 징후는 수당시대에 이미 나타난다.

『불도논형佛道論衡』을乙을 보면 수의 문제文帝 때 곡옥曲沃(하남도河南道 봉주로絳州路) 동남오곡東南烏谷의 영궁靈宮에 도불道佛 이상二像을 같이 앉힌다. 우연히 번개가 쳤을 때 노군老君은 머리 부분이 떨어져 나갔지만 불상佛相은 엄연한 채 손상이 없었기 때문에 특히 조칙을 내리게 되었다고 전해진다. 그와 같이 주무周武의 폐불 이후 이 사실이 있게 된 것은 도교도의 사상이 불교에서 독립하지 못했기 때문으로서 이러한 사례가 이 영당靈堂에만 국한되지 않는다는 것은 틀림없다. 또 『속고승전續高僧傳』22에서 전하는 바에 따르면, 다음과 같은 두 가지 사실이 있다. (1) 주의 조왕趙王이 촉蜀을 다스릴 때이다. 어떤 도사가 노군의 형상을 만들며 보살이 협시挾侍하도록 한다. 어떤 승려가 이 일에 대해 듣는다. 왕王은 곧 판결하기를 "보살을 이미 만들었으니 파괴할 수는 없다. 천존天尊은 마땅히 한 단계 위여야 한다"라고 하자 절 안으로 맞아들여 불상과 같이 두게 한다. 노군을 협시한 보살이란 앞서 말한 대로 천존상天尊像을 협시한 이대二大 보살菩薩을 가리킬 것이다. (2) 당의 정관貞觀 3년, 집선사集仙寺에 한 승려가 있다. 잘못된 스승의 관습을 받아들여 노자老子나 진인眞人 등의 형상을 주조하고 몸소 공양하며 마침내 널리 황건黃巾(도사)을 초청하여 경찬식慶讚式을 치른다. 홍제사弘濟寺의 상좌上座인 혜남율사慧南律師가 여러 승려들과 더불어 초청받아 참석했다가 이것을 보고서 그만두라며 꾸짖고는 대덕大德에게 알려 빈벌擯罰을 내리고 도상道像은 태원사太原寺로 가져가 불상으로 고치며 이후 이러한 혼동이 없도록 조심하게 한다.

이와 같이 주, 수, 당 시대에 혹은 도당道堂 안에 불상佛像이 있거나 혹은 불당佛堂 안에 도상道像이 있기 때문에 우스꽝스러운 비극이 연출된다. 주의 무제武帝가 통도관通道觀을 설치해서 삼교三敎를 귀일시키려던 계획이 이러한 혼란을 야기한 인연이 되었는지도 모를 일이다. 불교[佛]와 도교[道]의 혼동은 그 인연이 매우 멀고도 깊다고 해야 할 것이다.

도교 성립 일반

『수당隋唐』 경적지經籍志에 열거되어 있는 것은 당시에 성립한 도교의 개요를 다 보여 준다. 이것에 의거해 일반적인 사항을 서술하면 다음과 같다.

1. 천존天尊 및 천선天仙

먼저 종교적 귀의의 존체尊體로서 원시천존元始天尊 및 여러 천선天仙을 받든다. 원시천존은 태원太元보다 앞서 태어나 자연의 기氣를 내려 받으며 그 시작은 알 수 없다. 또 천지가 무너지고 겁수劫數가 다

사라질 때에도 그 체體는 항상 존재하며 사라지지 않는다[常存不滅]. 일
겁一劫의 수명은 41억만 세로서 천지가 새롭게 열릴 때마다 상존불멸
常存不滅하는 천존이 신비한 방법[祕道]으로 사람을 인도한다. 이것을
개겁도인開劫度人이라고 한다. 천선이란 천존에게 인도된 사람을 말
하며, 이것에 차등이 있는데 태상노군太上老君, 태상장인太上丈人, 천
진황인天眞皇人, 오방천제五方天帝는 상품上品의 사람이다. 이러한 천
선이 어떤 비도祕道를 계속 이어받으며, 인간은 이것에 참여할 수 없
다. ― 개겁도인을 설명한『도인상품묘경度人上品妙經』이란 것은 가장
중요한 근본 성전聖典으로서 도장道藏 가운데『통의通義』또는『소의
疏義』또는『주註』또는『주송註頌』또는『법法』이라는 명칭이 붙은 8종
種의 주석이 있다. 그 밖에 또 이 경經에 대한『결음의訣音義』또는『대
법大法』이라는 것이 있다. 그리고 천존의 무시無始나 불멸不滅, 천지의
겁진劫盡, 개겁도인을 말한 것은 불교를 모방한 것이지만 천존의 거소
를 옥경玉京의 위라고 하거나 또는 궁상窮桑의 들[野]이라고 하고, 겁劫
이 바뀔 때 연강延康, 적명赤明, 용한龍漢, 개황開皇과 같은 연호를 설정
한 것은 중국적 현실성을 유감없이 나타낸 것으로서 천존의 관념과
조화되지 않는 것 같다.

2. 경전經典 및 경지經旨

귀의歸依의 존체 다음에 오는 것은 경전經典이다. 경전도 또한 원일
元一한 기氣를 내려 받은 자연의 것으로서 인간이 만들어 낸 것이 아
니라 역시 항상 존재하며 사라지지 않으므로[常在不滅] 천지가 파괴될

때는 그대로 전해지지 않더라도 겁운劫運이 새로 열릴 때 저절로 드러난다고 간주된다. ─ 이것은 경전을 무위자연無爲自然의 천계天啓로 여기는 것으로서 상재불멸常在不滅이라고 한 것은 불교의 "부처가 있든 없든 법은 그대로 상주한다[有佛無佛法爾常住]"라는 법法 관념과 비슷한 것이지만 이 관념을 곧바로 문자적인 유형有形의 경전에 적용한 것은 조화롭지가 못하다.

다음으로 경전의 요지[經旨]를 인애仁愛와 청정淸淨으로 귀결한 것은 대체로 그럴 수 있다고 해도 법에 따른 수행[如法修行]의 종국을 점차 장생하면서 자연히 신화神化한다고 하거나 혹은 대낮에 신선이 되어 하늘로 올라간다[白日登仙]고 하여 도道와 합체한다고 한 것은 선도仙道에서 발달한 흔적을 말해 주는 것이다. ─ 신화하여 도에 합치한다[神化合道]는 것은 그렇다 치더라도 어디까지나 장생하여 등선한다[長生登仙]를 상실하지 않은 것은 또한 현실성에서 나온 것이다. 이와 같이 현실의 신명身命에 집착한 점에서 상당히 인심에 부합한 점도 있지만 결국 미신을 자극해서 영합할 수밖에 없게 된다.

3. 천사天師 및 사제師弟의 수수授受

천사天師의 자격은 매우 엄격하다. 도道를 받은 뒤 수습修習을 49년간 쌓아야 비로소 다른 사람에게 전수해 줄 수 있다. ─ 49년이라고 한 것은 석존釋尊의 설법이 49년이었다는 데서 나왔을 것이며, 이렇게 긴 세월에 걸친 수습修習이 과연 제대로 진행되었다고는 생각하지 않지만 천사의 자격을 결정하는 엄격함에는 다툼의 여지가 없다. 상즉相

卽 또는 원융圓融과 같이 심원한 이치를 갖지 못하고 필경 점교漸敎의 영역을 벗어나지 못한 도교로서는 수습 기간을 길게 하는 데 의미를 두는 것도 당연하다고 할 것이다.

천사天師가 제자를 이끄는 방법에는 순서가 있다. 먼저 전수하는 것은 『노자老子』오천문五千文이고, 다음은 삼통록三洞籙, 다음은 통현록洞玄籙, 다음은 상청록上淸籙이다. 녹籙은 모두 소서素書라고 하여 여러 천조天曹, 관속官屬, 좌리佐吏 등의 명칭을 기록하고 그 사이에 여러 부符를 뒤섞었는데 이 부의 문장은 기괴하게 어그러져서 읽을 수가 없다. 수수授受할 때는 받는 사람[受者]이 먼저 결재潔齋해서 심신을 청정하게 하고 그리고 다음으로 금환지폐金環贄幣를 스승에게 바치면 스승은 그 지贄를 받은 뒤 녹籙을 제자에게 주며 제자는 끈으로 묶어서 몸에 지닌다. 그리고 금환金環을 양분하여 각각 그 절반을 지님으로써 사제師弟의 약속으로 삼는다. 수자受者가 녹을 받기 전에 하도록 규정된 결재법潔齋法에는 종류가 있다. 바로 황록黃籙, 옥록玉籙, 금록金籙, 도탄재塗炭齋 등이다. 이때 단壇을 3층[三成]으로 쌓고 각 층[成]마다 비단 띠[錦緙]를 둘러서 경계를 만들며 옆으로 문을 열고 인원수를 제한하여 순서대로 금절錦緙 안으로 들이며, 어관魚貫하게 즉 물고기를 꼬챙이에 꿴 것처럼 줄지어서 면박面縛한 채 즉 손을 뒤로 묶고 얼굴을 앞으로 쳐든 채 신기神祇를 향해 잘못을 고백하는데 밤낮으로 쉬지 않고 혹은 127일간 멈추지 않는다. ― 이 결재법 중에서 행해지는 참회懺悔와 멸죄滅罪 중에 종교로서 건전한 요소가 있다. 도교가 사회의 힘이었을 시대에는 127일의 내적 경험 속에 새로운 생활로 들어가는 전기가 있다고 생각한다. 그런데 녹이라는 문자에 부록符籙의 경우와 황록黃錄 등의 경우가 있으며 이 양자는 동일하지 않다. 부록이라는 것은 남송 승민의 『융화론戎華論』 중에서 "부록을 판매하다[販符賣錄]"라고 한 것을 보면 그 안에 신비적인 위신력이 있다고 믿어졌던 것으로서 불교의 진언眞言이나 호부護符와 같은 것이다. 수록受錄은 불교의 수계授戒 작법作法을 본뜬 것이고 수록 이전의 결재법인 황록 등은 계율戒律과 같은 것이다. 이것에 종류가 있는 것은 불교의 오계五戒, 팔계八戒, 십계十戒 등을 본뜬 것이다. 『운급칠첨雲笈七籤』의 명정일록明正一錄 아래에 녹을 해석해서 "녹으로 성정을 경계시켜 허물이나 잘못을 막고 악의 뿌리를 끊어 도업을 발생시켜 보통 사람에서 성인이 되게 한다. 처음부터 끝까지 먼저 녹으로 경계한 연후에 진眞으로 올라간다[戒錄情性, 止塞愆非, 制斷惡根, 發生道業, 從凡入聖. 自始及終, 先從戒錄, 然後登眞]"라고 한 것을 보면 잘못을 막고 악惡을 그치게 하는 계법戒法의 의미를 갖고 있다는 사실은 다툼의 여지가 없다. 조송 이중집夷中集의 『삼통수도의三洞修道儀』 중에 규정된 수도修道 단계에 앞의 서술과 다른 곳이 있는 것을 보면 수록과 수도에는 발달도 있고 유파도 있음을 알게 된다.

4. 장초章醮 및 복식服食 방법

재앙을 없애며 액땜하는 방법으로서 장초章醮라는 것이 있다. 장章은 음양오행陰陽五行의 술수에 의해서 사람의 수명을 늘리기 위해 글을 써서 장표章表의 의식을 갖추고 지폐贄幣 즉 비단 등의 예물을 준비하여 향을 사르며 펴 놓고 읽음으로써 천조天曹에 주상하여 재앙을 없애 달라고 요청하는 것이다. 초초醮는 밤중에 많은 별[星辰] 아래서 초포 병이醮脯麰餌 즉 말린 육포나 떡 등의 폐물幣物을 벌어 놓고 천황태일 天皇太一 또는 오성열수五星列宿에게 제사 지내며 글을 지어 상장上章 의 의식에 따라 주청하는 것을 말한다. — 장도릉張道陵 이래 장초라 는 것은 제천기서祭天祈誓 즉 하늘에 제사 지내며 기도하고 맹세하는 것과 다르지 않다. 당나라의 두광정과 같이 제관祭官으로서 가장 중요 하게 활용된 사람의 장문章文과 초문醮文이 『전당문全唐文』 중에 다수 열거되어 있다.

이 외에 복이服餌, 벽곡辟穀, 금단金丹, 옥장玉漿, 운영雲英 등의 방법 이 있다. 진한 이후의 도사를 계승한 것으로서 도교가 선도仙道의 종 교화라는 사실은 이상에서 명백해진다.

이와 같이 도교 본래의 면목은 부록符籙과 장초章醮를 중심으로 하 고 이것에 복식服食과 연양鍊養을 가미한 것이다. 그리고 산속에서 수 도한 데는 연양의 흔적이 있고, 오천문五千文을 익힌 데는 청정무위淸 淨無爲의 요소가 있으며, 불교를 본떠 만든 경전에서는 후대 과교科敎 의 근원이 나타난다. 본래의 면목인 부록과 장초 두 가지 중 장초는 장릉 이래의 것이지만 부록은 아마도 위나라의 구겸지가 제정한 데서 기원한 것 같다. 그리고 수록受籙에 수반한 결재법潔齋法 중에 인심을 근본적으로 전향시킨 참회와 멸죄라는 종교적 의의가 있다. 장릉의 시대에는 몸의 병을 제거하려는 목적에서 참회하며 고백하지만 구겸 지 시대 이후는 마음의 병을 제거하려는 요구에서 멸죄를 애원하게 된다. 종교로서의 도교의 진지하고 건전한 요소는 여기에 놓여 있다. 경전에서도 없고 또 장초에서도 없다. 종국적 관념인 불사등선不死登

仙 즉 죽지 않고 신선이 된다는 것 등은 도교의 주요한 요소와 무관하며 사실 이것은 정화할 수 없는 장애라고 보아야 할 것이다.

도교의 존체尊體

제3장

1. 노군老君의 종교화

노자老子가 종교적 성자의 의의를 지니고 예배의 존체尊體로 받들어 지게 된 것은 불교가 도래한 뒤 적어도 60여 년 즈음의 일이다. 아마 불교 특히 부처의 전기[佛傳]에 자극받아서일 것이다.

후한 명제明帝 때, 초왕楚王 영英은 황로黃老의 미언微言을 암송하고 부도浮圖의 인사仁祠를 숭배했다고 한다. 황로와 부도를 나란히 숭배한 것을 보면, 당시 노석老釋 이교二敎 간에 사상이 일치한다고 인정한 것은 물론, 혹은 구별되는 부분을 알지 못해서 오히려 양자를 동일시하기에까지 이르렀던 것이다. 또 부도의 인사라고 한 것은 부처의 사리舍利와 같은 유물이라기보다도 도상圖像을 사용하는 식의 의례가 이미 행해졌다는 것을 보여 준다. 황로의 도道가 종교적 색채를 갖게 된 것은 이후 60여 년 즈음이다. 아마 불교의 자극이 이렇게 전환하도록 했을 것이다. 즉 순제順帝(재위 126~144) 때 낭야瑯琊 지역의 간길干吉(혹은 우길)은 태상노군太上老君으로부터 신서神書를 감득하고, 패국沛國의 장릉은 촉의 학명산鶴鳴山에서 주하사柱下史로부터 정일명위正一明威의 도道를 전수받았다고 한다(후자에는 비록秘錄도 있는데, 녹錄은 구겸지 이후라고 생각한다). 이 두 가지 사실은 노자에게 응현무방應現無方의 역용力用 즉 제약 없이 감응하여 나타나는 능력이 있다고 인정한 것으로서 장릉이나 간길과 같은 종교적 성격의 사람에게 노자는 성자聖者나 권자權者로서 응현하며, 신서나 비록秘錄은 하늘의 계시라는 의미로 감득된 것이다. 이것이 바로 도교의 기원이다. 이 시대에는 불교가 있었지만 아직 불전의 일부도 번역되지 않았으므로 이 시대의 원시적 신서나 비록에는 어떠한 불교적 색채도 없고 단순히 장초章醮와 복식服食에 의해 신선의 영역에 들어가고자 한 것에 지나지 않는 것이며, 물론 노자의 도상과 같은 것은 아직 등장하지 않는다.

시간이 지나 환제桓帝의 연희延喜 8년(165)에 이르러 중상시좌관中常侍左悺을 고현苦縣(하남성河南省 진주계陳州界)으로 파견해서 노군老君을 제사 지내고, 다음 해 황제가 몸소 약용궁躍龍宮에서 부도浮圖와 노군을 제사 지내는데 화개華蓋를 씌운 좌석을 설치하고 교천郊天의 음악을 사용했다고 한다. 이것은 명백히 노군을 종교적 존체尊體로 여기고 종교적 의례로써 제사 지낸 것이다. 이때에는 반드시 노석老釋의 도상圖像이 있었을 것으로 추정된다.

위나라 양현지의 『낙양가람기洛陽伽藍記』 제4에서 다음과 같이 말한다.

숭허사崇虛寺는 성城의 서쪽에 있으며 곧 한漢의 약용각躍龍閣이다(이본異本에는 약용원躍龍園으로 되어 있다). 연희延喜 9년에 환제桓帝가 약용원躍龍園에서 노자老子를 제사 지내며 화개華蓋를 씌운 좌석을 설치하고(실室인데 이본異本에는 설設) 교천郊天의 음악을 사용하는데 여기가 그곳이다.

고조高祖가 수도를 옮긴 처음에 땅을 백성들에게 나눠 준다. 쉬던 사람들이 요괴를 자주 보았다. 그래서 사람들이 모두 이 땅을 떠났고 결국 절을 세운다.

『가람기伽藍記』는 부도浮圖에게 제사 지낸 일을 언급하고 있지 않지만 만약 내 추측대로 노자에게 제사 지내게 된 것이 부도浮圖에게서 자극받아서라면 부도와 노자老子를 함께 제사 지내는 것이 적당하다고 해야 할 것이다. 『불조통기佛祖統記』 제35에는 이때 황금의 부도와 노자의 상像을 주조했다고 하지만 금상金像이 있었다는 것까지도 그대로 믿을 수는 없다. 이와 같이 노자가 종교적 성자로서 예배를 받게 된 것은 아마 새롭게 번역된 불전佛典 그중에 부처의 전기[佛傳]의 영향을 받고 불교의 의례를 배운 것으로서 노자가 도교의 개조開祖라는 의미를 가지게 된 것은 환제桓帝 이후인 것이다.

그 후 노군老君은 영제靈帝 때 천태산天台山의 선인仙人 갈현葛玄에게 응현하며, 더 내려가 위나라 때가 되면 문제文帝는 황초黃初 4년 (223)에 몸소 노자묘老子廟에 제사 지내고, 『낙양가람기』 제3에 따르면 앞서 제시한 대로 약용궁躍龍宮의 터에 숭허사崇虛寺를 세우기도 한다. 더 내려가 동진 만년에 안제安帝의 원흥 원년元興元年(402)이 되면 화산華山의 선인仙人 성공흥成公興에게 감응하여 그를 중악숭산中岳嵩山으로 옮기게 하고 선약仙藥을 하사하며, 후위後魏 명원제明元帝의 신서 원년神瑞元年(415)에 숭산嵩山의 도사 구겸지에게 시현하여 『운중음송신과계雲中音誦新科誡』를 전수해 주었다고 전해진다. 구겸지는 이 감응에 의해 도교에 상당한 형식을 부여하고 신선도神仙道의 틀을 벗어나 상류 사회의 종교적 요구에 호응할 수 있게 한다. 이것은 마침 나집이 장안長安에서 왕성하게 번역에 종사하며 번역 하나를 완성할 때마다 사해四海를 풍미하던 때이며 특히 『십송률十誦律』이 처음으로 번역되어 기나긴 세월의 갈망을 채워 주던 때로서 구겸지의 『신과계新科誡』라는 것은 여기서 영향을 받았던 것으로 추정된다. 신선술神仙術을 정화한 것은 실로 이 계誡로서 수록受籙할 때 행해지는 참회와 멸죄에서 깊고 높은 종교적 경험이 있는 것이다. 나중의 황록黃籙, 옥록玉籙, 금록金籙 등은 이 녹籙이 발달한 것이다. 이렇듯 도교는 장릉 이후 280년 위魏의 구겸지에 이르러 의례儀禮적인 면에서 독립적이게 된다.[1]

---

1 노자(老子)의 출생지는 하남성(河南省) 녹읍현(鹿邑縣)으로 간주된다. 이곳에 당대(唐代)에는 넓고 웅장한 태청궁(太淸宮)이 자리한다. 남송(南宋)시대 형남(荊南)의 보광(葆光)한 자손인 이중집(夷中集)의 『삼통수도의(三洞修道儀)』에서는 오대(五代) 이후 도교가 미약하지만 높이 우뚝 독존한 것은 박주(亳州)의 태청궁(太淸宮)뿐이라고 한다. 본인은 1921년 11월에 멀리 있는 이 땅을 방문했다. 이제 태청궁의 남은 모습을 보존해 둔다. 귀덕부(歸德府)로부터 남하하여 315리(里)에서 박주에 도달하고 나아가 황량한 평원을 서쪽으로 지나 50리에서 녹읍현에 도달한다. 현(縣)에 이르기 전 10리 지점(鋪)에 태청궁이 있다. 당대(唐代)의 것에 비하자면 소규모이지만 부근 일대의 지형을 통해 본래의 대규모를 살펴볼 수 있다. 단행본 『중국불교사적[支那佛敎史蹟]』에서 방문한 당시의 기사를 보고했다. 태청궁은 노자의

2. 인법人法 합일의 천존天尊

그 후 남송의 육수정, 양의 도홍경, 북제의 여러 도사, 북주의 장빈
張賓과 같은 수많은 걸물이 있어서 점차 경전을 제작하고 교리적으로
도 독립하려고 노력하지만 공평하게 말해서 결국 그렇게까지 되지는
못했다고 해야 지당하다. 그렇지만 원시천존元始天尊을 떠받들게 되
면서 의례만이 아니라 교리에서도 약간 독립적이게 된다고 볼 수 있
다. 천존天尊이란 무위자연의 대도大道를 인격화해서 이것과 노군老君
의 관계를 이이불이二而不二[2] 즉 둘이면서 둘이 아니라고 본 것으로서
기원은 도교의 교리적 발전이 지상地上의 노군으로부터는 일찌감치
통일할 수 없게 되었으므로 아마 불교 교리에서 자극받아 노자라는
관념이 심화되어 이신二身적 불신관佛身觀을 이것에 적용하면서 노군
의 본체이자 동시에 우주의 본체인 대도大道로 소급한 것이 바로 천존
이다. 불교적 술어에 따르면 천존은 법신法身에 해당하고 노군은 응신
應身이며 천존은 인법人法이 합일한 존체尊體다.

도장道藏 및 『광백천학해廣百川學海』에 수록된 『진령위업도眞靈位業

상(像)을 안치하고, 멀리 후방에는 후궁(後宮)이 있는데 노자의 어머니 선천태후(先天太后)
의 상을 안치한다. 태청궁 앞에 『도덕경』을 새긴 비석이 있고 후궁(後宮)의 왼편 저 멀리에
송(宋)나라 진종(眞宗)황제의 태후(太后)가 쓴 찬(贊)을 새긴 큰 비석이 있다. 전궁(前宮)과
후궁(後宮)의 관계를 통해 당대(唐代)에 얼마나 크고 웅장한 전각이 중첩되었는지를 살펴볼
수 있다. 본래 구룡정(九龍井)과 팔회(八檜)가 있었다고 한다. 예전의 흔적에 지나지 않는
태청궁 앞뜰의 회(檜: 전나무)는 당시의 팔회를 연상시킨다. [역주] 이 내용은 저본 514쪽 10째
줄~515쪽 4째 줄까지, 본문 중에서 들여쓰기하여 기술하고 있는 내용이다. 요즘의 글 형식
에 맞춰 각주로 처리했다.

2 [역주] 저본 515쪽 10째 줄에 '而二不二'로 되어 있다. '二而不二'의 오기인 것 같다.

圖』는 양나라의 박학한 도사 도홍경이 지은 것으로서 옛날부터의 신선술神仙術이나 천사도天師道에서 숭배된 존선尊仙을 망라할 뿐만 아니라 노장사상과 관계된 비유적 인격 및 역사적 인물을 섭취하고 덧붙여 민간 신앙의 대상을 모두 갖춘 것이므로 도교의 만다라曼荼羅라고도 이름 붙일 수 있으며, 양대의 도교를 알게 해 주는 강력한 재료다. 이것은 도홍경이 잡다한 도교의 교리를 조직하고 의례를 제정하기 위해 노력한 흔적을 보여 주는 것으로서 그러한 잡다함은 도교 본래의 성질에 기반한다. 비록 불완전하다고 해도 그중에 정리하고 있는 것에서는 도홍경의 조직적 두뇌를 인정할 만한 점이 있다.[3]

3. 도교 만다라曼荼羅로서 『진령위업도眞靈位業圖』

『진령위업도眞靈位業圖』는 선존仙尊을 7계급으로 구분하고 각 계급에 주존主尊을 설정하며 좌우로 수많은 군君, 선선仙, 부인夫人, 옥녀玉女, 왕후王侯, 현자賢者, 장군將軍, 사자使者, 역사力士 등을 열거한다. 왕후, 현자 중에는 역사적 인물이 매우 많고 게다가 그중에는 어떤 점에서 도교적 의의가 있는지를 의심할 만한 경우도 적지 않다. 먼저 7계급 중에서 존명尊名을 나열해 보면 다음과 같다.

• 제1 상합허황도군上合虛皇道君(마땅한 호칭은 원시천존元始天尊이다).

---

3 역주 저본 515쪽 14째 줄~516쪽 4째 줄까지. 이 단락은 내용상 바로 뒤 3항목에 해당하는 것 같다. 편집상의 오류인 것 같다.

- 제2 상청고성태상옥신현황대도군上淸高聖太上玉晨玄皇大道君(모든 도道의 주인이 된다).

- 제3 태극금궐제군성리太極金闕帝君姓李(임진壬辰년에 하교하는 태평주太平主).

- 제4 태청상노군太淸上老君(태청도주太淸道主로서 만민에게 강림한다) 및 상황태상무상태도군上皇太上無上太道君.

- 제5 구궁상서九宮尙書(성씨는 장張, 이름은 봉奉, 자字는 공선公先, 하내河內 사람, 이전에 하북河北의 하명금보후河命禁保侯였고 지금은 태극선후太極仙侯로서 북쪽을 다스리는 직책을 겸임하며 태극太極의 지위에 있다).

- 제6 우금랑정록진군중모군右禁郎定錄眞君中茅君(화양통천華陽洞天을 다스린다).

- 제7 풍도북음대제酆都北陰大帝(염제대정씨炎帝大庭氏, 휘諱는 경갑慶甲, 천하 귀신의 우두머리, 나풍산羅酆山을 다스리며 3천 년에 한 번 교체된다).

최상의 제1급에는 천존天尊을 가운데 삼아 왼쪽에 29군君, 오른쪽에 19군君이 있다. 제2급에는 대도군大道君을 가운데 삼아 왼쪽에 태미천제太微天帝와 적송자赤松子 이하 30군이 있다. 그 뒤로는 일역궁逸域宮, 칠령대七靈臺, 봉대경궐鳳臺瓊闕, 금신화궐金晨華闕을 세워 두고, 오른쪽에는 8군 30여 명의 여자를 늘어놓고 뒤로 태화전太和殿, 요양전寥陽殿, 예주궐蘂珠闕, 칠영방七映房, 장면루長綿樓를 세워 둔다. 제3급에는 이제李帝를 가운데 삼아 왼쪽에는 50여 군을 열거하며 그중에 윤희

尹喜, 갈현葛玄, 공구孔丘, 안회顔回, 헌원軒轅, 황제黃帝, 전욱顓頊, 제곡帝嚳, 제순帝舜, 하우夏禹, 주목왕周穆王, 소부巢父, 허유許由 등이 있고 오른쪽에는 30여 군을 열거하는데 그중에 장주莊周, 진일秦佚, 접여接輿, 노담老聃 등이 있다. 제4급에는 노군老君 및 대도군大道君을 가운데 삼아 왼쪽에 60여 명을 나열하며 그중에 장릉張陵, 귀곡선생鬼谷先生, 장자방張子房, 적송자赤松子, 동방삭東方朔, 묵적墨翟 등이 있고 오른쪽에는 100여 명이 있는데 그중에 서복徐福, 갈홍葛洪 등이 있다. 제5급에는 구궁상서九宮尙書를 가운데 삼아 좌우로 각각 19명을 열거한다. 제6급에는 모군茅君을 가운데 삼아 왼쪽 11명으로서 그중 포정鮑靚이 있고, 오른쪽의 30여 명 중에 허매許邁, 갈현葛玄, 정사원鄭思遠이 있고 비간比干이 있다. 제7급에는 북음대제北陰大帝를 가운데 삼아 왼쪽에 진시황秦始皇, 위무제魏武帝, 주공周公, 한고조漢高祖, 오계찰吳季札, 주무왕周武王, 제환공齊桓公, 진문공晉文公, 광무제光武帝, 사유여謝幼輿, 유원규庾元規, 두예杜預, 이광李廣, 하안何晏, 은호殷浩, 유비劉備 등이 있고 오른쪽에 왕방王放, 도간陶侃, 채모蔡謨, 마융馬融 등이 있다.

이 그림을 보면 노자는 네 번, 갈현과 적송자는 두 번 중첩된다. 즉 적송자는 제2급에서 좌성남극남악진인좌선공태허진인左聖南極南嶽眞人左仙公太虛眞人이라는 긴 수식어를 붙이고 이것에 주석하면서 황노군黃老君의 제자이자 배군裴君의 스승이라 하며, 게다가 제4급에서는 단순히 적송자라고만 한다. 이것은 적송자라는 관념의 이중성을 말해준다. 갈현은 제3급에서 태극좌선공갈현太極左仙公葛玄으로서 나열된 것 외에 제6급에서는 단순히 갈현으로만 되어 있다. 그 주석에 따르면 태극궁太極宮의 좌선공左仙公이 영보靈寶를 널리 펼치기 위해 오나라 때 내려와 지선地仙이 되었는데 이것이 갈현이라고 한다. 이것은 교도敎徒들의 갈현 관념이 인간으로부터 천상으로 진행한 경로를 보여 주는 것이다. 지선으로서의 갈현은 단양丹陽의 구곡句曲 사람이며 치천稚川의 종조從祖이고, 천선天仙으로서의 갈현은 장산長山에 있으면서 호랑이를 타고 귀신을 부리며 어디든 갈 수 있는 신통력이 있다고 간주된다. 가장 심한 것은 개조開祖인 노자로서 사중四重이다. 먼저 천존天尊으로서 가장 지극히 높은 위치를 가지며, 이제李帝로서 제3급에서 가운데를 점유하고, 더욱이 노자로서 제4급의 가운데에 있으며, 또한 제3급에 나열된 선인[列仙]들 중에 노담으로서 장주와 함께 있다. 이것은 교도들의 노군 관념에 진보가 있다는 것을 말해 주는 흔적이다. 전체적으로 노자 혹은 노담이라고 부르며, 또는 이이李耳라고 부르는데 의문스러운 인격들이기는 하지만 이 그림에서는 노담을 노자라고 하며 역사상의 인물로 여긴다. 역사상의 인물로서는 장주 등과 비견될 만한 위치를 가질 뿐이지만, 노군으로서는 바야흐로 도교道敎의 주존主尊의 위치를 가진다. 게다가 이 시대에서는 이이라고 하면서 이제로 간주할 뿐만 아니라 또한 교리의 발달상에서 마침내 우주의 본체인 천존으로 간주하게 된다. 이 그림은 이러한 사중의 노자 관념을 모두 섭취하면서 이것에 상당하는 위치를 부여한 점에서 일종의 조직이 엿보인다.

도道는 사상으로서 보면 노자 이상의 위치인 것이지만 종교상에서 본다면 인법人法이 합일된 천존天尊의 하위에 위치하지 않을 수 없다. 이것을 의인화해서 고상도군高上道君, 고상허도군高上虛道君, 상원궁사도군上元宮四道君, 중원궁자청육도군中元宮紫淸六道君, 고상천황도군

高上天皇道君과 같이 도를 이름으로 삼은 군君의 수가 32명에 달할 정도로 많고 게다가 모두 제2급 이상에 위치한다. 도교에서 도가 얼마나 중요한지는 일목요연하다.

역사적 인물 중에서 공구, 안회를 비롯해 요堯, 순舜, 우禹, 탕湯과 같은 성왕聖王들도 끌어온 것은 한편으로 보면 유교를 자가自家의 범주 속에 포함시키려는 것으로도 보이지만 이것은 분명히 『장자莊子』나 『열자列子』 속에 나타나는 노장화된 공자나 안회 등이므로 함부로 유교와 조화시키려는 것이라고 보아야 할 이유는 없다. 도교도들의 입장에서는 이러한 성현聖賢들이 누구든지 노자의 가르침[老子敎]를 체현한 사람으로서 윤희, 갈현 등과 동렬에 놓여야 한다. 더욱이 이것을 장주, 노담과 동급이라고 한 것은 오히려 좋은 위치를 부여했다고 할 것이다. 이것은 요, 순, 우, 탕, 공孔, 안顔이 단지 유교도만이 아니라 중국 민족 공통의 이상적 인격이라는 것을 나타내 준다.

이와 같은 신성한 도화圖畫 중에 인간성이 많은 것은 불교와 큰 차이점이다. 즉 ① 역사적 인물을 추가하고, ② 여자를 추가하고, ③ 천존天尊을 제외하고는 도군道君이 모두 천존의 칙명을 받아 도道를 배워서 군진群眞들을 호령한다고 하며, ④ 제2급의 태미천제太微天帝가 와서 일을 맡는다고 하며, ⑤ 제2급의 상청上淸 이하 제5급의 구궁九宮 이상의 고진선관高眞仙官들이 모두 조연朝宴에 참여한다고 하는 것 등은 상당히 지상地上의 인간적인 것으로서 이들과 교섭하는 천존도 역시 결국 인간적 성질을 벗지 못한다고 해야 할 것이다. 이것은 참으로 도교가 불교에 비해 근본적으로 다른 요구를 하기 때문이다. 불교의 요구는 현세現世의 현신現身을 초월한 데 있고, 도교의 요구는 현세의 현신을 영원하게 하는 데 있다. 각각의 종국終局 관념이 불교는 불생不生, 도교는 불사不死인 이유다.

불도 이교二敎는 이와 같이 근본적 의미에서 서로 허용하지 않기 때문에 이러한 잡다한 만다라曼荼羅에서조차 전혀 불교적 인격을 추가하지 않는 것이 두드러진 특색이다. 그럼에도 오히려 알게 모르게 불교의 영향을 방불케 하는 것은 시대적 반영이다. 즉 ① 하생下生 신앙이 있는 점, ② 부처의 십호十號 중 하나인 천존天尊이라는 칭호를 사용한 점, ③ 대극법사大極法師 서래륵徐來勒과 삼천법사三天法師 장도릉張道陵의 명칭 중에 법사法師라는 호칭을 사용한 점, ④『법륜경法輪經』과 같은 경명經名을 사용한 점 등이 바로 그렇다. 양나라 말기 이후 천존天尊의 좌우에 이대二大 보살菩薩을 배치한 것도 이 그림에는 나타나지 않는다. 또 위나라 구겸지는 부처를 32천天의 연진궁주延眞宮主로 간주한 일도 있는데 이 그림에서 보이지 않는 것은 도홍경의 요구가 완전히 불교로부터 독립하려는 데 있기 때문이다.

4. 천존상天尊像의 성립

노군老君의 진형眞形이 『포박자抱朴子』에 자세히 기술되어 있지만 이것은 도가道家의 이상적 인격으로서 당시 이러한 형상을 제사 지냈을 리는 없다. 당 이중경李仲卿의 『십이구미十異九迷』를 반박한 법림法琳의 『십유구잠十喩九箴』 중 제9미迷의 주석에서 혹은 "양梁, 진陳, 제齊, 위魏나라 이전을 살펴보면 오직 호려瓠廬만을 경본經本으로 삼고 천존天尊의 형상은 없다"라고 하며, 혹은 도은거陶隱居의 『내전內傳』

을 인용해서 "묘산茆山 안에 불도佛道 두 개의 당堂을 세우고 격일로 조례朝禮한다. 불당佛堂에는 상像이 있지만 도당道堂에는 상이 없다"라고 하고, 혹은 왕순王淳의『삼교론三敎論』을 인용해서 "근세의 도사가 살아남기 위해 꺼리지 않고 사람을 귀의시키고자 부처를 배워 형상을 제작하고는 임의로 천존이라 부르고 좌우에 두 명의 진인眞人을 배치하며 이것을 도당에 안치하고 이에 의지해 의식衣食을 마련한다"라고 하며, 아울러 "양의 육수정도 역시 이 형상을 만든다"라고 말한다. 육수정은 양대가 아니라 그 이전인 남송 사람이므로 수정修靜 위에 붙은 양梁이라는 문자에 무게를 둔다면 이상의 문헌은 모두 천존상天尊像이 양대 이후에 유행했다는 것을 보여 준다.

당나라 고종高宗 때 서화관西華觀의 도사 곽행진郭行眞이 동명관東明觀의 이영李榮, 요의현姚義玄 등과 함께 불교를 표절하여 도경道經을 개정하는데 이 때문에 서명사西明寺의 도세道世가 상서上書를 올림으로써 검문을 받았고 결국 잘못된 방식을 버리고 바른길로 돌아와 조상造像과 사경寫經을 하게 된다. 그때의 기원문 중에 다음과 같은 말이 있다.

도교[道]는 본래 형상이 없었는데 주周(북주)나라 위魏(북위)나라에서 형상화되고, 불교[佛]에만 형상이 있는데 그 형상은 사람과 하늘에 널러 퍼져 있습니다.

양梁나라 위魏(북위)나라 이전에는 도교에 의례 형식이 있었다는 말은 못 들었으며, 주周(북주)나라 제齊(북제)나라 이후에야 민간에 널리 퍼지게 되었습니다. 이리하여 부처의 교화를 모방하면서 잘 모르는 것을 빌미로 거짓되게

꾸미던 일은 끝나고 …. 　　　(『불조통재佛祖通載』 15, 『불도논형佛道論衡』 정丁)

　전자는 위나라와 송나라부터 주대에 걸쳐 천존상天尊像이 형성되었다고 말하며, 후자는 북제와 북주시대에 천존상이 형성되었다고 한다. 이것은 도사 자신의 고백이라는 점에서 충분히 신용할 가치가 있다. 따라서 천존상의 제정이 양위梁魏의 교체기에 있었다는 것을 알게 해 준다. 다만 양위라고 한 것은 매우 막연하다. 양나라 도홍경의 『위업도位業圖』에 따르면 적어도 대동大同 2년(536) 이전에 천존상을 예배하고 있다는 것을 알게 되고, 또 연창延昌 2년(513) 장상대張相隊의 조천존상명造天尊像銘 즉 천존상을 조성한 기록이 『금석췌편金石萃編』 제27에 있으며 현재 연창 2년의 기록[銘]이 있는 석상石像이 현존한다. 연창 2년은 양의 천감天監 12년(513)이므로 양나라 초기에 이미 천존상이 있었다는 것을 알게 해 준다. 현재 남아 있을 정도라면 이 즈음부터 왕성하게 유행했다는 것이 되므로 기원은 오히려 이보다 이전으로 소급한다. 『수서隋書』에서는 위나라 태무太武 이후 천존 및 여러 선仙의 상像을 조각해서 공양한다고 한다. 이것에 따르면 양나라 초기부터 80년을 더 소급하게 되는데 여기까지 소급하는 것은 어쩌면 지나친 것 같다. 앞서 제시한 여러 문헌을 참고해서 양나라 초기부터라고 한다면 조금도 걱정이 없다.

　천존상의 형태에 관해서는 당나라 초기 승광사勝光寺의 혜승慧乘이 도사 반탄潘誕과 문답한 내용 중에서 명쾌하게 서술하고 있다.

　머리에 금관을 쓰고 황색 베옷을 입었으며, 귀밑까지 흰머리가 자라 있고 손에는 옥장玉璋을 들고 있다. 별호는 천존으로서 대라大羅 위에 거주하는데 홀로 대도大道라 이름하며 옥경玉京의 안을 다스린다.

(『불도논형佛道論衡』병丙)

오무라[大村] 씨의 『중국조소편[支那雕塑篇]』의 부도附圖에 천존 석상 15개, 노군 석상 3개를 게재하고 있다. 북위시대의 셋 중 둘은 좌상坐像으로서 두 명의 협시俠侍가 있고, 하나는 의자에 걸터앉은 의상倚像으로서 두 명의 협시 외에 두 명의 옥녀玉女가 있다. 좌상은 손에 옥장玉璋으로 보이는 것을 쥐고 있으며, 의상은 손을 포개고 있다. 이러한 세 개의 상像은 아주 원시적인 것으로서 불상佛像을 모방했을 것으로 생각되지만 오히려 도상道像의 취향을 나타내며, 주대(북주)의 기록[銘] 있는 노군상老君像에 이르러서는 상당히 불상화佛像化된다. 더욱이 북주의 천화天和 2년(567)의 노군상을 그 이후 수나라 개황開皇 15년(595)에 만들어진 것과 비교하면 거의 차이가 없다. 시대적 신앙은 노군과 천존 사이에 구별을 짓지 않는다. 그런데 이후 당나라 천보天寶 6년(747)에 조성된 것으로서 천존의 입상立像과 노군의 좌상坐像을 나란히 조각한 것이 있는데 이로써 양자를 동일시하지 않은 것을 알 수 있다. 양자는 불자佛者의 이른바 불일불이不一不異 즉 동일하지도 다르지도 않은 존재인 것이다.

천존상天尊像이 불상佛像을 모방해서 조성된 사실은 그 형식을 보면 곧바로 알 수 있으므로 많은 말이 필요 없지만, 다음과 같은 몇 가지 점에서도 제대로 증명할 수 있다.

① 앞서 서술한 대로 천존天尊이라는 명칭은 부처의 십호十號 중 하나다.

② 그가 살고 있는 대라천大羅天은 3계界 28천天의 최상위에 있다고 한다. 이것은 불교의 삼계설三界說로부터 나온 것이다. 대라천이라는 명칭은 아마 마혜수라천摩醯首羅天에서 나왔을 것이다.

③ 좌우 두 명의 협시俠侍는 도교에서는 두 명의 진인眞人이라고 하지만 주(북주)나라 견란의『소도론笑道論』에 의하면 금강장金剛藏과 관세음觀世音 등 두 보살이다. 아마도『화엄華嚴』과『법화法華』라는 두 경전을 표현하는 것이다.『화엄』십지품十地品에서는 금강장 보살이 활동하고,『법화』보문품普門品은 관세음 보살이 중심이다.

④ 또 천존天尊에게 십호十號가 있다고 한 것은 부처의 십호를 모방한 것이다. 이 십호를『보현경寶玄經』에서는 자연自然, 무극無極, 대도大道, 지진至眞, 태상노군太上老君, 고황高皇, 천존天尊, 옥제玉帝, 폐하陛下라 하고,『화호경化胡經』에서는 태상노군太上老君, 원신지圓神智, 무상존無上尊, 제왕사帝王師, 대장부大丈夫, 대선존大仙尊, 천인부天人父, 무위상인無爲上人, 대비인자大悲仁者, 원시천존元始天尊이라고 한다.

이 외에 아직 여러 가지가 있지만『보현경』보다는『화현경』쪽이 한층 새로우며 불교와 유사한 정도가 증가한 것이다. 이러한 것들은 불도佛道가 뒤섞이는 매개가 된다. 점차로 더 뒤섞이면서 불교의 것인지 도교의 것인지 구별하기 어려운 사관寺觀(사원寺院과 도관道觀)과 경전이 나타나게 되는데 그 폐해의 근원은 육조六朝 말기에 있다.

5. 태상노군太上老君의 화현化現

도교는 어디서든 유행하지만 남북의 상황이 다르며 대체적으로 남방에서는 조화사상이, 북방에서는 독립운동이 활발한 것을 볼 수 있다. 조화사상은 교리의 발달을 돕고, 독립운동은 실제적으로 위대한 힘을 나타낸다. 북위, 북제, 북주의 불교 배척은 독립운동의 일환이며 더욱이 불교 배척이 극심한 곳은 항상 북방이라는 것을 주의하지 않으면 안 된다. 그리고 남북을 통일한 수대에 이르러 도교는 사회적으로도 교리적으로도 점점 독립적 면모를 발휘한다. 노군老君과 천존天尊의 관계가 『수서隋書』경적지經籍志에 보인다는 사실은 앞서 서술한 것과 같다. 노군을 최상으로 삼은 도교가 불교의 윤왕輪王이나 불타佛陀를 모방하여 물질적으로는 이제李帝라 하고 정신적으로는 천존이라 하게 되면서 노자 관념이 한층 깊어진다. 더욱이 이것에 불교의 응화應化사상을 가미하여 고래古來의 신화적 인물들이 모두 노군의 권화權化라고 함으로써 노자 관념은 바야흐로 완성된다. 이에 이르러 이름은 노군이지만 천존을 표현한 것 즉 불교적으로 말하면 법신에 즉卽하는 응신應身으로서 노자다. 조송의 도걸道傑인 임영소林靈素의 무리[徒] 사수호謝守灝(1134~1212)가 편집한 『태상노군연보요약太上老君年譜要略』이란 것이 있다. 이 안에서는 전한의 문제文帝 때 협하陝河 물가에 있는 하상공河上公을 노군의 강림이라고 할 뿐만 아니라 나아가 세 번 관문을 나갔다고 하거나 더 나아가 제주帝紂 때는 수장사守藏史였고, 요, 순, 우, 탕 때는 무성자務成子, 윤수자尹壽子, 진행자眞行子, 석즉자錫則子였으며, 더 소급해서 복희伏羲, 축융祝融, 신농神農, 황제黃帝, 소호少昊, 전욱顓頊, 제곡帝嚳 때는 울화자鬱華子, 광수자廣壽子, 대성자大成子, 광성자廣成子, 수응자隨應子, 적정자赤精子, 녹도자錄圖子로 강림하고, 게다가 천황天皇 때는 통현천사通玄天師, 일호현중대법사一號玄

中大法師가 되며, 지황地皇 때는 고선생古先生이 되고, 인황人皇 때는 반고선생盤古先生으로서 강림한다고 말한다. 따라서 당을 거쳐 송조에 이르러 노자 관념이 한없이 광대해진다는 것을 알아야 한다. 이러한 응화신應化身 중에 갈홍葛洪(283~343)의 『신선전神仙傳』에서 볼 수 있는 것은 겨우 광성자와 하상공 두 사람에 지나지 않는다. 더욱이 별로 노자와 관계 짓지도 않는다. 『대원지원변위록大元至元辨僞錄』에서 『화호경化胡經』이 거짓이라고 변별한 것을 보면 울화자 이하는 모두 설법한 경전이 있다고 한다. 경명經名은 원양元陽, 안마按摩, 통정通精, 태일太一, 원정元精, 재경在敬, 황정黃庭, 선화宣化, 통현通玄, 도덕道德, 원시元始, 장생長生, 적정赤精 등이다. 이와 같은 것은 바야흐로 마단림馬端臨의 이른바 경전과교經典科敎의 단점을 폭로하는 것이라고 해야한다.

도경道經 제4장

1. 위진魏晉시대의 경經과 남북조南北朝시대의 경經

위진은 노장老莊의 전성시대로서 불교 쪽에서 노장사상을 향해 조화하려고 노력하므로 선술仙術을 종교화시킨 것이 불교의 자극이었음에도 불구하고 불교의 영향은 아직 도경道經에 나타나지는 않는다. 도경이란 모두 연양煉養, 복식服食, 장초章醮에 관한 것에 지나지 않는다고 볼 수 있다. 동진 만년에 나집과 혜원이라는 두 걸물이 남북에서 웅비할 즈음부터 남북조에 걸쳐 불교가 갑작스레 사상계를 지배하게 되자 위치가 바뀌어 도교 쪽에서 불교를 향해 조화하는 태도를 갖게 되므로 이에 이르러 불교의 영향이 도경에 나타난다. 그 뒤 도교도들은 항상 불경佛經에서 배워 경전을 제작하며 불전佛典의 번역이 진행된 데 따라 도경의 수량도 점차로 증가한다. 불교의 영향이 도경에서 나타나게 된 것은 아마도 유송의 육수정 시대 당시부터일 것이다. 동진의 갈홍이 열거한 경부經符에는 조금도 불교의 영향이 보이지 않는다.

도경道經은 불경佛經과 다르게 원전原典을 가져온 사람도 없고 번역한 사람도 없으므로 이에 대한 연구의 출발점을 찾기가 어렵다. 아울러 내용은 모방이므로 내용상 필연적 경로를 발견하는 일도 곤란하다. 다행히『광홍명집廣弘明集』중에 보존된 주나라 견란甄鸞의『소도론笑道論』, 주나라 도안道安의『이교론二敎論』, 당나라 명개明槪의『결대론決對論』과 또『불조통재佛祖通載』에 보존된 당나라 도세道世의『표表』등에서 얼마간 도경에 관한 언급이 있다. 그중에 저자가 분명한 것이 있다. 이것을 합쳤을 때 다음과 같은 결과가 나타난다.

- 전한前漢의 양웅楊雄,『태현경太玄經』(명개에 의한다).
- 동同 왕포王褒,『통현경洞玄經』(명개에 의한다. 도세에서도 보인다).
- 동同 엄준嚴峻(자字는 군평君平),『지귀경指歸經』(명개에 의한다).
- 후한後漢의 간길干吉,『태평청령서太平淸領書』170권(『후한서後漢書』에 보인다).
- 동同 장릉張陵,『영보경靈寶經』(견란과 도안 모두 말하는데, 장릉에서 창시되어 오나라 적우赤羽 연간에 처음으로 출현한다고 한다. 도세에서도 보인다),『장초章醮』등 24권(도세에서 보인다).
- 동同 위백양魏伯陽,『참동계參同契』.

- 오吳 갈현葛玄(자字는 효선孝先), 『상청경上淸經』(견란과 도안 모두 말하는데, 갈현에서 창시되어 송제宋齊 사이에 유행한다고 한다. 도세에서도 보인다).

- 서진西晉의 왕부王浮, 『화호경化胡經』(『고승전高僧傳』에서 보이고, 명개에서도 보이며, 도세에서도 보인다. 원나라 상매祥邁의 『변위록辨僞錄』에서는 『명위화호경明威化胡經』이라고 한다).

- 동진東晉의 포정鮑靖, 『삼황경三皇經』(견란, 도안에 의한다. 명개에서도 보이고, 도세에서도 보인다. 원나라 상매는 나중에 삼청三淸으로 고쳤다고 한다).

- 동同 갈홍葛洪, 『포박자抱朴子』.

- 동同 장반張泮, 『개천경開天經』(명개에서 보인다).

- 위魏의 장달張達, 『묘법미다자경妙法彌多子經』.

- 제齊의 진현명陳顯明, 『육십사진보허경六十四眞步虛經』(도세에서 보인다).

- 양梁의 도홍경陶弘景, 『태청경太淸經』(도세에서 보인다).

- 동同 동同, 『중초의衆醮儀』(도세에서 보인다).

- 수隋의 보혜상輔惠祥, 『장안경長安經』(도세에서 보인다. 『열반경涅槃經』을 개조한 것이라고 한다).

- 주周의 장빈지張賓之, 마익馬翼, 이운李運이 발췌한 불경佛經 천여 권(도세에서 보인다).

전한의 것은 명개의 말처럼 속사俗士가 제작한 것을 도경道經이라고 한 것으로서 적절한 의미에서 도교에 속하는 것이 아니다. 후한의 장릉이 만든『장초章醮』, 간길이 감득한『태평서太平書』는 아마 도교에 속하는 성전聖典의 최초다. 장릉에게는『영보경靈寶經』을 감득했다고 하거나 또『정일명위비록正一明威祕錄』을 신神이 내려 줬다고 하지만 연구적으로 본다면 오히려 많은 의문이 있다. 이것의 다음은 갈현, 왕부, 포정, 갈홍이다. 송나라 때 영가永嘉 지역의 사수호가 만든『태상노군연보요약太上老君年譜要略』에서는 신격화된 태상노군이 응현해서 이익을 준다고 설명하면서 양웅揚雄(楊雄)과 왕포王襃를 거론하지 않고 간길, 장릉, 갈현에서부터 처음으로 시현示現이라는 말을 한다. 아마 도경의 성립은 노자의 신격화와 함께하지 않을 수 없는 것이다. 노자의 신격화는 후한의 순제順帝 이전에는 증거가 될 만한 흔적이 없다. 순제를 받든 지 20여 년 환제桓帝에 이르면 연희延喜 8년(165)에 중상시좌관中常侍左悺을 고현苦縣에 파견해 노군을 제사 지내며, 다음 해 9년에 궁궐[禁中]에서 노자와 부도浮圖(부처)를 제사 지낸다. 이것은 명백히 노자의 신격화다. 도경의 성립은 이것에 수반한 것으로 후한 만년 이후가 되지 않을 리가 없다. 그렇지만 여전히 아직 불경佛經을 상대할 필요가 없었으므로 그 내용은 연양煉養, 복식服食, 부서符書에 지나지 않는다. 서진 왕부의『노자화호경老子化胡經』은 불경을 상대한 최초의 것이다. 일찍이 사라져 버려서 유감스럽다. 화호化胡라는 이름을 가진 것이 그 후 많이 출현한다.『서승화호西昇化胡』,『명위화호明威化胡』,『화호소빙化胡消氷』등이다. 최근에 돈황敦煌의 석실石室에서『화호경化胡經』의 잔편殘編 권1과 권10 등 두 권이 발견되었지만 본래의『화호경』이 아니라 적어도 당대唐代에 보수된 것이다. 즉 ① 삼마저타왕三摩咀吒王, 구시나게라왕拘尸那揭羅王, 실라벌왕室羅伐王 등의 명칭이 있는 것은 현장玄奘이 귀국한 이후임을 나타내며, ② 불타佛陀, 공구孔丘, 말마니末摩尼가 모두 태상노군의 교화의 이익을 받았다고 말한 다음 "이때에 이르러 황백의 기운이 합쳐지고 삼교가 가지런하게 뒤섞여 다 같이 나에게로 돌아온다[當此之時, 黃白氣合, 三敎混齊, 同歸於我]"라고 한 것은 당대唐代에 말니교末尼敎가 도래한 뒤라는 것을 나타낸다. 그중에 있는 노군의 십호十號가『보현경寶玄經』에 비해 한층 더 불타의 십호와 유사해지게 된 것은 당연한 일이다.

2. 도경道經 중의 불교 영향

동진은 노석老釋의 두 사상이 융합한 시대로서 전술한 바와 같이 노장사상이 불교와 조화하려고 시도한다기보다도 도리어 불교가 노장사상과 조화를 도모한 시대다. 이 풍조는 도가 부류들[道家者流]에게 불경을 상대하거나 또는 불경을 모방할 필요를 느끼지 못하게 한다. 동진 만년에 나집을 중심으로 장안長安에서, 혜원을 중심으로 강남江南에서 불교가 아침 해가 떠올라 중천에 이르듯이 흥륭하자 이러한 대세는 도가자류道家者流들에게 커다란 공황 상태를 초래한다. 그래서 불경을 모방하면서, 더욱이 불경과 대치할 필요에서 도경道經을 빈번하게 제작하는데 유송 이후의 일이다. 주周의『소도론笑道論』에 송의 도사 고환의 말로서 "『영보靈寶』의 천문天文은 자연히 나오며 인위가 아닌데, 나집이 승조와 함께 이것을 개작해서『법화法華』라고 한다"라고 한 것은『법화』가『영보』에서 나왔다는 것이 아니라 도리어『법화』가 역출된 후 머지않아 도경에 영향을 주었다는 것을 말해 주는 것이다. 『영보경靈寶經』이라는 명칭은 삼국시대부터 있기는 하지만 볼만하게 된 것은 아마도 동진 만년에서 유송 초의 사이일 것이다. 당시 빈번하게 제작된 많은 도경은 불교와 대치하려는 요구가 있으며, 결국 불경佛經의 영향을 벗어나지 못하고 항상 불경을 한 단계 상위에 놓을 수밖에 없게 된다. 주의 『소도론』과 『이교론二敎論』에 인용된 『화호경化胡經』, 『서승경西昇經』, 『부자符子』, 『문시전文始傳』, 『소빙경消氷經』, 『현묘편玄妙篇』이나 당나라 법림의 『파사론破邪論』과 명개의 『결대론決對論』에 인용된 『도사법륜경道士法輪經』, 『태상대계상품경太上大戒上品經』, 『노자승현경老子昇玄經』, 『장릉별전張陵別傳』, 『영보소마안지경靈寶消魔安志經』, 『노자대권보살경老子大權菩薩經』, 『영보통현진일경靈寶洞玄眞一經』, 『영보대상비요경靈寶大上祕要經』은 모두 이것을 증명하며 더욱이 경명 그 자체조차도 도가道家로부터 불교를 향한 조화의 흔적을 나타낸다. 다음으로 그 예증을 이러한 여러 논론論에 인용된 것에서 찾아보자.

『화호경化胡經』 및 『서승경西昇經』에서 모두 "천하의 큰 방법, 부처의 방법이 제일이다[天下大術, 佛術第一]"라고 한 것은 불교가 무상법無上法 즉 그 이상의 위가 없는 가르침임을 인정한 것이다. 『문시전文始傳』에서 "도道는 동쪽에서 태어났고 나무, 남자에 해당하며 불佛은 서쪽에서 태어났고 쇠, 여자에 해당하는 것이다[道生東, 木南也, 佛生西, 金女也]"라고 하며, 『노자老子』 서序에서 "음양의 도는 만물을 길러 낸다. 도는 동쪽에서 태어나 나무, 양陽에 해당하고 불은 서쪽에서 태어나 쇠, 음陰에 해당한다. 도는 아버지이고 불은 어머니이며, 도는 하늘이고 불은 땅이며, 도는 삶이며 불은 죽음에 해당한다. 도와 불은 인연으로서 아울러 하나는 음이고 하나는 양이 되어 서로 떨어지지 않는 것이다[陰陽之道, 化成萬物. 道生於東, 爲木陽也, 佛生於西, 爲金陰也. 道父佛母, 道天佛地, 道生佛死. 道因佛緣, 並一陰一陽, 不相離也]"라고 한 것은 도불을 상관적으로 보고 그 사이에 갑을 관계를 인정하지 않는 것이다. 그럼에도 상관적으로 본『문시전』이 노자의 말로서 "나의 스승은 부처이고, 부처의 일은 무상無上의 도이다[吾師號佛, 佛事無上道]"라고 한 것은 불佛을 노老의 위에 두지 않을 수 없음을 인정하고, 간신히 도에 의거해 불을 억누른 것이다.『노자』서에 "부처는 도가 낳았다[佛者道之所生]"라고 한 것도 역시 그렇다. 다음으로『화호경化胡經』에서 "부처는 어째서 늦게 태어났으면서 니원 하나만큼은 왜 빨랐는가. 석가모니를 보지 못한 것을 마음속으로 항상 한탄한다[佛生何以晩, 泥洹一何早. 不見釋迦文, 心中常懊惱]"라고 한 것은『변정론辨正論』에 인용된『서역전西域傳』을 고친 것으로서『니원경泥洹經』을 근거로 바꿨으므로 당연히 서진의 백법조白法祖가 번역한『반니원경般泥洹經』 뒤에 나온 것임을 보여 줌과 동시에 석존釋尊에 대한 갈앙의 정情을 피력한다.『통현진일경洞玄眞一經』에서 "수많은 참되고 높은 선인[仙]들은 이미 부처의 도를 얻었다[衆眞高仙, 已得佛道]"라고 하고,『태상비요경太上祕要經』에서 "각자 현재에 똑같이 부처의 도를 얻는다[各於現在, 同得佛道]"라고 하며,『도사법륜경道士法輪經』에서 "사문을 보건대, 사념思念에 한량이 없고 일찍이 신분을 벗어나 부처의 진리를 배우고자 한다[若見沙門, 思念無量, 願早出身以習佛眞]"라고 하고,『태상청정대계상품경太上淸淨大戒上品經』에서 "사문니를 보건대, 마땅히 법도를 모두 밝게 이해하여 부처와 같이 도를 얻기를 원한다[若見沙門尼, 當願一切明解法度, 得道如

佛]"라고 하며, 『영보소마안지경靈寶消魔安志經』에서 "도로써 엄숙함을 앞세워 부지런히 나아가면 당연히 부처가 된다[道以齋爲先, 勤行當作佛]"라고 한 것은 어쩌면 장생불사長生不死라는 의미에서 부처를 바라본 것이지만 불교의 영향을 벗어나지 못한 것은 명백하다. 『노자승현경老子昇玄經』에서 천존天尊이 장도릉에게 동방東方으로 가서 부처에게 참배하고 가르침[法]을 받게 했다고 하며, 『장릉별전張陵別傳』에서 그가 곡명산鵠鳴山 속에서 금상金像을 공양하고 불경佛經을 전독轉讀했다고 한 것은 남북조의 삼장三張(장릉, 장형, 장노)의 법法이 불교에서 배운 점이 있다는 흔적을 보여 주는 것이다.

그렇다면 당시의 도사는 도사와 사문의 사이에 큰 차이를 인정하지 않았던 것이다. 『선공청문중성난경仙公請問衆聖難經』이 갈선공葛仙公의 말로 의탁하여 "나는 예전에 석도미釋道微, 축법개竺法開, 장대張大, 정사원鄭思遠 등 네 사람과 동시에 발원했다. 앞의 두 사람은 사문이 되기를 원했고, 뒤의 두 사람은 도사가 되기를 원했다"라고 한 것은 그러한 소식을 말해 주는 것이다. 더욱 심하게는 『승현경昇玄經』에서 "사문이 오면 경전을 듣고 재齋를 보게 되는데 불공을 주최한 사람은 음식비용을 계산하며, 도중에 중지시켜서 듣지 않겠다고 할 수는 없다. 상좌上座로 자리를 잡아 주고 도사나 경사經師는 스스로 그 아래에 자리한다"라고 한 것처럼 불타佛陀에 대한 갈앙에서 몇 걸음 더 나아가 사문에 대한 경의를 표하고, 스스로 불교 또는 불교도의 아래에 위치하는 것에 만족한다. 송제宋齊시대에 장융처럼 박학博學한 사람도 도道를 제1원리로 삼으면서 여전히 불교에 대해 조화를 도모한 것과 대조해 보면 비교적 무학無學한 도사가 자신이 없었던 것은 당연하다고 하지 않을 수 없다. 『안지경安志經』 신본新本에서는 "부지런히 나아가면 당연히 부처가 된다[勤行當作佛]"를 "부지런히 나아가면 금궐에 오른다[勤行登金闕]"로 개작했다고 한다. 이러한 개작은 주대 이후의 것이다.

눈을 돌려 도경道經에 나타난 남북조시대의 노자 관념을 살펴보면 동요가 많아서 일정한 주장이 없다. 이것은 도교도들의 사이에 안팎의 교리를 활용해서 유감없는 설명을 제시할 조직가組織家가 없기 때문이다. 『부자符子』에서 "노자의 스승은 이름을 석가모니라고 한다[老子之師, 名釋迦文]"라고 하고, 『문시전文始傳』에서 노자 스스로 "나의 스승은 부처라고 부른다[吾師號佛]"라고 한 것은 노자를 부처의 제자라고 하는 것이다. 『화호소빙경化胡消氷經』에서 "노자는 계빈국을 교화하고 자신은 부처가 되었다[老子化罽賓, 身自爲佛]"라고 하고, 『현묘편玄妙篇』에서 "노자가 관문으로 들어가 천축의 유위국에 이르러 부인의 청묘한 입속으로 들어가서 다음 해 4월 8일에 왼쪽 겨드랑이를 째고 태어나 손을 들어 보이며 하늘 위나 아래나 오직 나만이 존귀하다고 말했다[老子入關, 至天竺維衛國, 入於夫人淸妙口中, 至後年四月八日, 剖左腋而生, 擧手曰天上天下唯我獨尊]"라고 한 것은 노자를 곧 부처라고 한 것으로 부처의 전기를 바꿔서 노자의 전기로 삼은 것이다. 또 『광설품廣說品』에서 "서쪽을 여행하다가 천축[擅特]에서 3년간 조용히 지내면서 분타력왕을 교화하는데, 왕은 곧 머리를 깎고 옷을 바꿔 입으며 성씨를 석釋, 이름을 법法이라 하고 사문이라고 불렀고 석가모니불이 되는 결과를 성취한다[西遊, 隱擅特三年, 化憤陀力王, 王便剃髮改衣, 姓釋名法, 號沙門, 成果爲釋迦牟尼佛]"라고 한 것은 부처를 노자의 제자라고 하는 것이다. 왕의 이름인 분타력憤陀力(Puṇḍarīka)은 『법화경法華經』에서 얻었을 것이다. 나아가 또 『노자대권보살경老子大權菩薩經』에서 "노자는 바로 가섭보살이 변화해서 진단震旦(중국)으로 여행 온 것이다[老子是迦葉菩薩, 化遊震旦]"라고 한 것은 불교자가 화호化胡사상에 대해서 고안해 낸 화하化夏사상인 『대관정경大灌頂經』, 『청정법행경淸淨法行經』의 삼성수적설三聖垂迹說 즉 세 명의 성인이 남긴 자취라는 주장을 승인하여 교조敎祖인 노자를 가섭보살迦葉菩薩의 권화權化라고 한 것이다. 『화호경化胡經』에서 가섭보살의 말로서 "여래如來가 입멸한 뒤 500년에 동쪽으로 여행하여 도를 한중자韓中子에게 전해 주고, 또 200년이 지나 장릉에게 전해 주며, 이어서 영평永平 7년에 이르러 부의傅毅는 서쪽 태자의 성도成道를 통찰한다"라고 한 것은 불교가 도교의 뒤라고 하는 것임에도 불구하고 오히려 마찬가지로 삼성수적설三聖垂迹說에 복종한 것이다. 마찬가지로 『화호경』에서 부처가 입멸할 때 노자가 가섭迦葉으로 나타나 쌍수雙樹 사이에 있었다고 한 것은 『대반열반경大般涅槃經』의 가섭보살에서 부처의 제자인 대가섭大迦葉으로 바꾼 것이다.

3. 불교에 대립적으로 성립한 경전

이러한 여러 경전은 대부분 송대 이후의 것으로서 육수정이 정리한 1,228권 중에 속하는 것으로 보인다. 이후 제나라 양나라 때가 되면 총명한 승려가 환속하여 황관黃冠을 쓰고 도사가 되는데 도교에 종지宗旨가 없음을 알고 불경을 인용하여 윤색하며 『서승西昇』, 『묘진妙眞』 등 여러 경전의 의미를 해석한다. 『불조통기佛祖統記』 제37에 따르면 이것이 곧 도교에서 해의解義 즉 의미를 해석한 최초이다. 따라서 도경道經의 성립 및 해의에는 도교로 전향한 승려의 손에 관계된 것도 적지 않다는 것을 알 수 있다. 도교의 교리 발전에 힘을 보탠 것으로서 이 해의야말로 첫 번째라는 데에는 의심의 여지가 없다. 이렇게 하여 양나라에 이르면서 불교가 일대 발전을 이룩함과 동시에 도교 역시 크게 발전하고, 따라서 양 교 사이의 교섭도 논쟁도 더 격심해져 간다. 당나라 법림의 『파사론破邪論』에서 "양 무제 때 삼교는 서로 힘을 합치며, 세 가지 가르침은 서로 견주면서 어지럽게 달린다[梁武帝之世, 三敎連衡, 三乘並鶩]"라고 한 것은 양대에 도교의 발달을 말하는 것이다. 유교는 중국 사상계의 기조基調다. 표면적으로 나타나지 않더라도 은근하게 세력이 있는 것은 유교다. 그리고 때로는 황로의 사상이 유행해서 혹은 유불과 양립하거나 혹은 이것 즉 유불을 압도하려고 한다. 불교사상은 위진 이래 차츰차츰 공자와 노자라는 두 사상의 사이에 참가하며 입지를 점유하고 남북조의 절반이 지나지 않은 양대에 이르러 삼교사상의 세력이 바야흐로 서로 평균적이게 된 것은 불교의 입장에서는 상당한 성공이라고 하지 않을 수 없다. 『한법본내전漢法本內傳』은 후한 명제明帝시대 불교佛敎가 처음 전래된 사적을 기록하고 있는데 불교자들은 이것을 당시의 것으로 인정하지만 아마 제나라 말에서 송나라 초 즈음의 것이다. 이 추정에 큰 문제가 없다면 그 안에서 보이는 도경道經은 양대에 돌아다니던 것이다. 이것을 열거하면 다음과 같다.

· 남악도사南嶽道士가 받드는 것[所奉]: 영보진문靈寶眞文, 태상영보

옥결太上靈寶玉訣, 공통영장空洞靈章, 중현보허장中玄步虛章, 태상
좌선공청문太上左仙公請問, 자연오칭自然五稱, 제천내음諸天內音.
합계 7부部 103권卷.

- 화악도사華嶽道士가 받드는 것: 지혜정지智慧定志, 지혜상품계智慧
  上品戒, 선인청문仙人請問, 본행인연명진과本行因緣明眞科. 4부 62권.

- 항악도사恒嶽道士가 받드는 것: 본업상품本業上品, 법과죄복法科罪
  福, 명진과재의明眞科齋儀, 태상설통현진문太上說洞玄眞文. 합계 4부
  80권.

- 대악도사岱嶽道士가 받드는 것: 제천영서도명諸天靈書度命, 태상
  설태극태허자연멸도太上說太極太虛自然滅度, 오련생시五練生屍, 도
  자연처의度自然處儀. 합계 4부 85권.

- 숭악도사嵩嶽道士가 받드는 것: 태상안지상품太上安志上品, 삼천
  계품三天誡品, 태극좌공신선본기내전太極左公神仙本起內傳, 복어오
  아입성服御五牙立成, 조석조의朝夕朝儀. 합계 5부 95권.

- 곽산도사霍山道士가 받드는 것: 태극진인부영보문太極眞人敷靈寶
  文, 태상통현영보대문太上洞玄靈寶大文, 오부경五符經, 보허문步虛
  文, 신선약법시해품神仙藥法尸解品, 상천부록칙금上天符籙勅禁. 합계
  6부 84권.

- 아울러 모성자茅成子, 허성자許成子, 열자列子, 혜자惠子: 합계 27가
  家, 제자諸子의 경서經書. 총 245권.

                               이상 총계 53부 754권.

당나라 도세의 『표表』에 따르면 그 후 주(북주)나라 무제武帝 때 장

빈지張賓之, 마익馬翼, 이운李運 등이 불경佛經 천여 권을 발췌했다고
한다. 이에 이르러 도경道經의 수량이 갑자기 증가한다. 이것에는 환
속한 승려 위원숭衛元嵩의 힘도 있었다. 무엇보다도 양나라 주나라 시
대에 불승佛僧이 도교로 전향한 것을 볼 때 도교의 세력이 증대한 것
은 이 시대 즈음부터임을 증명함과 동시에 당시 상당한 형식과 내용
을 구비하게 되었음을 상상하게 한다. 이후 당나라 고종高宗 인덕麟德
원년元年(664)이 되면 서경西京의 도사 곽행진郭行眞, 이영李榮, 요의현
姚義玄, 유도합劉道合, 전인혜田仁惠, 곽개종郭蓋宗 등이 사라진 도서道
書들을 하나하나 모아 개정하며 불경을 표절해서 문구를 고치는데 인
법人法, 명수名數, 삼승三乘, 육도六道, 오음五陰, 십이입十二入, 십팔계
十八界, 삼십칠품三十七品과 같은 크고 작은 법문法門들을 훔쳐서 도경
에 적용하고, 아울러『장안경長安經』을 고쳐『태상영보원양경太上靈寶
元陽經』이라 하고, 여타의 불경을 고쳐서 별도로『승모니경勝牟尼經』
이라 부르거나 혹은『태평경太平經』등으로 부른 것을 보면 수나라에
서 당나라에 이르는 동안 더욱 많은 도경이 성립한다는 것을 알 수 있
다. 도세의『표表』는『불조통재佛祖通載』제15에 보이며, 이때 곽행진
등이 검문당하여 죄를 인정하면서 그 방법[道]을 버리고 바른 길로 돌
아와 조상造像과 사경寫經을 하게 된다고 한다. 도경이 모방하여 만들
어진 것임은 의문의 여지가 없다고 해야 한다.

4. 불경佛經 그 자체인 도경道經

　이리하여 당 이후 도경道經의 특색은 도사의 불교 공부가 한층 심해

진 데 수반하여 내용적으로 마침내 도교의 색채를 볼 수 없는 상태가 될 정도라는 것이다. 『문헌통고文獻通考』에서 경전과교經典科敎라고 한 것이 바로 이것이다. 조송의 진종眞宗 때 장군방이 편집한『운급칠첨雲笈七籤』중에는 아무래도 불경과 유사해서 불경과 대조해 조금도 다르지 않은 것이 있다. 마단림이 "그들은 항상 이것을 가지고 석씨釋氏에게 대항하려 하지만 거기서 말하는 것은 석씨의 삼분의 일도 안 된다"라고 한 것은 도경의 불교화를 비난한 것이다. 다음의 예를 통해 증명해 보자.

『도성론道性論』이라는 것이 있다. 불성설佛性說을 그대로 도성道性으로 말만 바꿨을 뿐이다. "일체 중생의 도성은 같지도 않고 다르지도 않으며 궁극적으로는 평등하여 마치 허공과 같다. 일체 중생은 똑같이 이것을 공유한다[一切衆生道性, 不一不二, 究竟平等, 猶如虛空. 一切衆生, 同共有之]"와 같은 말은 전적으로 불교도들이 말하는 것과 다르지 않다.

『삼상론三相論』이라는 것은 삼관설三觀說의 모방이다. 삼상三相이란 유상有相, 비유상非有相, 비무상非無相으로서 "삼상을 관찰하는 것이 제각각으로 같지 않다. 어떤 중생은 유상을 관찰해서 무상을 알게 된다. 어떤 중생은 무상을 관찰해서 유상을 알게 된다. 어떤 중생은 정신이 확고해서 저 두 가지 상相이 아니라 유무의 상을 알아본다[夫觀三相, 舛越不同. 自有衆生, 從有相觀, 入至無相. 自有衆生, 從無相觀, 入至有相. 自有衆生, 神意定然, 非彼二相, 而觀見有無之相]"라고 한 것은 불교의 말 그대로이다.

『진상론眞相論』이라는 것은 실상설實相說의 변형이다. "세간의 모습이란 곧 무명, 탐착, 진에, 우치 등의 여러 번뇌가 바로 세간의 모습이다. 만약 사람들이 번뇌의 본성이 공하고 본래 탐애나 무명이 없다는 것을 알 수 있다면 영원히 청정해져 끊을 만한 법이 없다. 그러므로 번뇌를 끊지 않고 참모습을 얻는 것임을 마땅히 알아라[世間相者, 即是無明, 貪著, 愛見, 瞋恚, 愚癡等諸煩惱, 是世間相. 若人能知煩惱性空, 本無貪愛無明, 永淨無法可斷. 以是當知, 不斷煩惱, 而得眞相]"라는 것 등은 나집의 『좌선삼매경坐禪三昧經』 등에서 변형한 것이다.

또 법성허망法性虛妄, 허성인연虛性因緣, 본성순선本性淳善, 유위무위법有爲無爲法, 관사대상觀四大相, 색신번뇌色身煩惱, 벌유栰喩, 병설病說, 구도이환求道二患, 몽유허망夢喩虛妄, 산화유散花喩, 논종자論種子, 진가眞假, 공법空法의 조목을 설정하여 설명해 나가는 점은 언구言句 그대로가 불교다. 법성허망에서는 선善을 닦아 삼청三淸이라는 묘토妙土에 왕생하는 것을 구경으로 삼지 않고 심心의 성性이 본래 공空하다는 것을 관찰함으로써 항상 삼청이라는 상락常樂한 정토淨土에 있다고 설명하며, 관사대상에서는 상진동자上眞童子의 말로서 "여러 중생을 관찰해 보면 사대의 모습 중에서 어떤 것을 나라고 한다. 마치 공중의 구름, 뜨거울 때의 불, 번개 속의 불빛, 환상, 거울에 비친 형상, 허공의 소리와 같다고 하는 것이다. 색色과 상想과 행行과 식識도 모두 이와 같다. 중생의 심상心相은 불가사의해서 이승二乘으로 다 알 수 있는 것이 아니다[觀諸衆生, 四大之相, 何大是我. 如空中雲, 如熱時火, 如電中火, 如水中月, 如幻如化, 如鏡中像, 如空中響. 色想行識, 悉皆如是. 衆生心相, 不可思議, 非是二乘之所能了]"라고 설명하고, "일체 중생의 선과 악 등 모든 업은 오직 일심이 짓는 것이며 다시 다른 법은 없다[一切衆生, 善惡諸業, 唯一心作, 更無餘法]"라고 한다. 이러한 것들은 『반야경般若經』의 마음의 본성은 공하다 즉 심성공心性空이나 경중상鏡中像 즉 거울에 비친 형상 등 여덟 가지 비유[八喩]와 『화엄경華嚴經』의 일심이 만든다 즉 일심작一心作 등에서 그대로 가져온 것이다. 그 밖에 단순히 어구만을 열거해 보면 육도六度, 사등심사홍四等心四弘, 오음五陰, 육진六塵, 육도六道, 사생四生, 육근六根, 육탁六濁, 육정六情, 육염六染, 사대四大, 삼도三途, 대승大乘, 일승一乘, 이승二乘, 삼승三乘, 법신法身, 법성法性, 법계法界 등으로서 도세가 불경의 어구를 훔쳐다가 도경道經에 사용한다고 한 말을 여실히 증명하는 것들이다. 다만 곳곳에서 상락현도옥경常樂玄都玉京, 도성道性, 삼청보성三淸寶城, 충막沖漠, 담박淡泊, 수일안신守一安神, 승선도세도장수궁昇仙度世到長壽宮과 같은 도교적 어구들을 섞은 점에서 도경이라고 한 데 지나지 않는다. 이상 인용한 경전은 『묘림妙林』, 『해공지장海空智藏』, 『진장眞藏』, 『승현昇玄』 등으로서 『승현경昇玄經』에서 자명子明이 "이미 가진 것이 없다면 무엇이 있는 것입니까?[旣無所有, 以何爲有]"라고 질문한 데 대해서 장도릉이 "무소유가 있는 것이다[以無所有, 而名爲有]"라고 대답한 것처럼 장릉을 철학자화하지만 단지 『반야경般若經』의 어투를 옮겼을 뿐 새로 추가한 것은 없다.

5. 도경道經의 증가 및 도장道藏

끝으로 도경道經의 변천과 증가를 전반적으로 개괄해서 도장道藏을 일별함으로써 이 장章을 마치고자 한다.

진晉나라 갈홍의 『포박자抱朴子』에서 연양煉養과 복식服食의 경서經書 650여 권, 부符 55권 이상을 열거하며, 또 당나라 도세의 『표표』에 따르면 갈홍의『신선전神仙傳』에서 재앙을 없애고 세상을 구하는 방법으로서 합계 930권, 부서符書 70권을 열거한다고 한다. 이러한 경經과 부에서 불교의 흔적을 찾아내는 일은 아마도 불가능하다.

송나라 육수정이 명제의 질문에 대답한 것 중에 "경서經書, 약방藥方, 부도符圖 등이 1,228권으로 그중 1,090권은 이미 세상에 돌아다니며, 138권은 아직 천궁天宮에 있다"라고 말한 것은 당나라 명개의『결대론決對論』및 도세의『표表』에서도 전하고 있다. 불교의 영향이 도경道經에 나타나게 된 것은 이때 전후부터이다.

수나라 때에는 경계經戒, 이복餌服, 방중房中, 부록符籙 등 네 종류를 합쳐서 377부部 1,260권이 있다. ―『수서隋書』경적지經籍志 및『성도문류成都文類』에 게재된 범진의『숭도관도장기崇道觀道藏記』에 근거한다.

당나라 때에는 6,363권이 있는데 그중에서 2,040권은 현존해 있고, 4,323권은 모두 아직 보이지 않는다고 한다. ―『결대론決對論』및 도세의『표表』에 근거한다.

범진의『숭도관도장기崇道觀道藏記』에서는 당나라 초기에 137가家의 1,240권이 있고, 현종玄宗의 다음에 이르러 분명하게 기록하지는 않았지만 158가의 1,383권으로 많아지게 된다고 한다.『설숭說嵩』권4에서 당의 개원開元 중에 책들을 정리하여 장藏으로 만들면서 항목을 분류하여 삼통경강三洞瓊綱이라고 한다, 총 3,744권이다, 그 후 난리를 겪으며 혹은 없어지거나 망가지게 된다고 한 것은 아마 근거가 있는 말일 것이다. 명나라 호원서胡元瑞는『필총筆叢』에서 현종시대의 것으로 3,740권(혼다 다쓰지로[本多辰次郎],『도서관잡지圖書館雜誌』)라고 하며, 청나라 정영상鄭永祥은 『백운관중수도장기白雲觀重脩道藏記』에서 당 천보天寶 연간에 편찬하여 하나의 장이 만들어지며 통틀어서 삼통三洞이라고 한다, 총계 1,838,383권이다라고 한다. 이것은 지나치게 많고 또 이것을 도장道藏이라고 이름 붙였다고 한 것도 사실이 아니다. 도세의 것이 당시의 사정을 말해 주는 것으로서는 가장 신뢰할 만하다.

송나라 진종眞宗(재위 997~1002) 때가 되면 상부祥符부터 천희天僖 연간에 비로소 도교道敎를 일으키며, 거짓된 글을 모아 잘못을 바로잡고 고쳐 써서 저장한다. ― 범진의 『숭도관도장기崇道觀道藏記』에 근거한다.

송조에 다시 관리를 파견해서 교정한 일은 『도석지道釋志』에 나와 있다. 일찍이 전해 받은 책이 7,000여 권이었으며 서현徐鉉 등에게 정리하도록 명령해서 중복된 것을 제거하자 3,730권이었다고 한다. 대중상부大中祥符(상부祥符) 연간에 왕흠약王欽若(962~1025)에게 명령하여 구목舊目 즉 이전 목록과 대조해서 통진부洞眞部, 통원부洞元部, 통신부洞神部, 태진부太眞部, 태평부太平部, 태청부太淸部, 정을부正乙部를 보완하고 합쳐서 새로운 목록 즉 신록新錄으로 삼는다. 모두 4,359권이다. 또 편목篇目을 만들어 헌상한다. 『보문통록寶文統錄』이라는 이름을 하사했다고 한다.

상부祥符 연간에 장군방이 모은 도서道書는 모두 4,565권이다. 송 휘종徽宗(재위 1100~1123)의 숭관崇觀 연간에 5,387권으로 증가한다. 군방이 요긴한 것을 간추려서 『운급칠첨雲笈七籤』이라고 했다. ― 이상은 『설숭說嵩』에 근거한다.

이와 같이 왕흠약 등의 노력에 의해 4,359권의『보문통록寶文統錄』
은 간행되었다. 송나라 초기에 불교의『대장경大藏經』이 간행되었고
이에 자극받아 만들어지게 된 것으로서 이것은 참으로 도장道藏의 기
초가 되는 것이다.

이때 그 관본官本을 사방으로 하사했지만 오직 검남劍南 지역 한 곳
에만 하사하지 않았으므로 인종仁宗(재위 1022~1063) 가우嘉祐 초기 성
도부成都府의 도사 왕약곡王若谷과 재주梓州의 도사 주희선朱喜善이 애
타게 분주히 찾아다녀 봉상부鳳翔府 및 호주湖州에서 2천여 권을 수집
하고, 영종英宗(재위 1063~1067)이 즉위하자 왕약곡은 그의 무리들과
더불어 관부[府]에 이르러 "석씨釋氏의 글들은 빠짐없이 주현州縣에 가
득한데 도서道書는 흩어져 완전하지 못한 점이 유감스럽습니다. 서울
[京師]의 도장道藏을 얻어서 완전한 도서를 만들고자 합니다"라고 주청
한다. 이에 관본官本을 공급해 준다. 모두 500질帙 4,500권卷이 되었
다. ― 이것은 영종 치평治平 2년(1065)에 기록한 범진의『숭도관도장
기崇道觀道藏記』에서 하는 말이며 중요한 사료로서 왕약곡 등이 고심
해서 만든 4,500권은 범진의 기록을 통해 명백히 도장이라고 부른다
는 사실을 알 수 있다.

원나라 때가 되면 태조太祖의 비妃가 전진교全眞敎를 대성한 구처기
丘處機 및 그의 법형法兄인 왕처일王處一에게 각각 도교道敎의 일장一藏
을 보내고, 태종太宗의 황후도 구처기의 뒤를 계승해 천하의 도교를
주재한 윤지상尹志常에게 일장一藏을 하사한다. 이 도장道藏의 권수가
6,000여 권(?) 정도라면 송대의 것을 더욱 증보하여 추가한 것이다. 당
시 금金, 송宋, 원元 등 3강强의 쟁탈 때문에 도서道書들이 있던 곳은

거의 잿더미가 되고, 뜻이 있어도 이것을 볼 수도 없는 상황이 되었으므로 윤지상이 법제法弟인 송덕방宋德方에게 명하여 경판을 목조木彫할 계획을 세우고, 송덕방은 통진자通眞子 진씨秦氏와 순성자純成子 이씨李氏 등을 독려하며 10년(약 1235~1244) 동안에 걸쳐 완전한 삼통영문三洞靈文을 완성한다. 권수는 기록되어 있지 않지만 5,000여 권 정도다. 원나라 태종太宗의 보호를 받으며 전진교도들의 손으로 완성한 것이다. 도장 중에 전진교에 속한 것이 상당히 많은 이유는 여기에 있다. ―『금련정종선원상전金蓮正宗仙源像傳』,『금련정종기金蓮正宗記』,『칠진연보七眞年譜』,『감천선원록甘泉仙源錄』 등에 근거한다.

명나라 영종英宗의 정통正統 연간(1436~1449)에 편찬한 도장道藏은 한층 증가해서 5,305권이 된다. 이것은 정장正藏으로서 480함函이며 천자문千字文의 자호字號를 붙였다. 함函의 수량도 자호도 전적으로 대장경大藏經을 모방한 것이다. 또 이것을 삼통三洞, 사보四輔, 십이류十二類로 분류한다. 불교의 삼장三藏, 십이분교十二分敎를 모방한 것이다. 그 후 여기저기서 발견된 것 또는 새롭게 만들어진 것이 점차로 추가되면서 신종神宗의 만력萬曆 35년(1607)에 이르러 정일正一파의 50대代 사법嗣法인 천사天師 장국상張國祥은 칙명을 받들어 32부部 180권을 속장續藏으로 만든다. 정장正藏과 속장을 합치면 바로 512부 5,485권이 된다. 이것을 하사받아 현재 북경 백운관白雲觀에서 안치하고 있다고 한다. ― 이상은『도장목록상주道藏目錄詳註』의 처음에 추가된 정영상의『백운관중수도장기白雲觀重脩道藏記』에 근거한다. 명나라의『이박고당고李博古堂藁』에서 "도장은 남쪽 것과 북쪽 것이 있으며, 북장北藏은 송나라 사람들의 예전 자료와 관계가 있고, 남장南藏은 명나라 초에 다시 개정한 것"이라고 한 것은 맞는 기사이지만 단지 남쪽 사람의 기사로서 북쪽에서 새긴 장藏에 관해서는 의도적인지 혹은 몰라서인지 완전히 침묵하고 있는데 유감스럽다.

6. 도장道藏의 분류법

도장道藏은 삼통三洞, 사보四輔의 7부部로 구분되며 삼통에 각각 12류類를 구분한다. 삼통십이부三洞十二部는 『백운관중수도장기白雲觀重修道藏記』에 따르면 당대唐代부터의 분류법이고 사보는 『삼통수도의三洞修道儀』에 따르면 송대부터의 분류법이다. 앞서 제시한 송나라 왕흠약의 『보문통록寶文統錄』은 삼통사보三洞四輔 분류법을 따른다.

삼통三洞은 통진洞眞, 통현洞玄, 통신洞神이며 이 명칭의 기원은 매우 오래되었다. 주나라 견란의 『소도론笑道論』, 도안의 『이교론二敎論』에 따르면 장릉의 것으로 전해지는 『영보경靈寶經』을 통진이라 하고, 갈현의 것으로 믿는 『상청경上淸經』을 통현이라 하며, 포정의 『삼황경三皇經』을 통신으로 부르는데, 그렇게 한 최초는 양나라와 위나라의 교체기다. 이것을 도서道書 분류로 사용한 것은 당대부터이며 명대에 이르러 이것에 대중소大中小라고 삼승三乘의 의미를 추가하여 순서대로 원시천존元始天尊, 태상도군太上道君, 태상노군太上老君으로 내세워 이를 따르는 사람이 얻는 결과는 성聖, 진眞, 선仙의 세 가지 종류라고 한다.

사보四輔는 태현太玄, 태평太平, 태청太淸, 정일正一의 4부部를 말한다. 처음 3부는 순서대로 삼통三洞을 보좌하고 뒤의 정일부正一部는 삼통을 관통하는 귀착점이 되는 것이다. 아마 불교에서 법화法華의 일승一乘이 삼승三乘을 개회開會하고 이들은 모두 법화法華 안으로 돌아온다고 한 것을 모방했을 것이다. 정일이라는 명칭은 일찍부터 사용된다. 『신선전神仙傳』에서는 장릉이 노군에게서 정일명위正一明威 즉 바르고 하나이며 밝고 위엄 있는 도道를 전수받았다고 하며, 나중에는 이것을 정일맹위비록正一盟威祕錄이라고 한다. 『수경적지隋經籍志』에는 『정일삼천법사전正一三天法師傳』이라는 것이 있다. 이 명칭은 후세에 강서성江西省 파양鄱陽의 용호산龍虎山에서 제4세대 장성張盛 이래 계속해서 거주한 장천사 가문에 의해 크게 사용되기도 한다. 제36세대 장종연張宗演은 원나라 세조世祖로부터 정일천사正一天師로 존중받고, 제38세대 장여림張與林은 성종成宗으로부터 정일교주正一教主라는 칭호를 하사받으며 모두 강남 도교를 주관하는데, 북방의 전진교주全眞敎主가 태조太祖 때 천하의 도교를 통솔하던 것과 상대하여 천하를 양분하고 절반을 지배하게 되며, 나아가 명대에 이르러 제42세대인 장정상張正常은 정일한 가르침의 승계자 즉 정일사교正一嗣教라는 좋은 명칭을 추가하며 그 후 대대로 이 명칭을 계승해 간다. 정일에는 전체를 통일한다는 의미가 부여되는데, 원대의 전진교全眞敎가 바로 이 의미를 실현한 것이라면 그들 역시 도교 통일을 자임한 것임은 틀림없다. 정일부 중에 전진교의 저술이 많이 추가된 것은 이를 증명한다.

삼통三洞 각각에 있는 12류類는 ① 본문本文, ② 신부神符, ③ 옥결玉訣, ④ 영도靈圖, ⑤ 보록譜錄, ⑥ 계율戒律, ⑦ 위의威儀, ⑧ 방법方法, ⑨ 중술衆術, ⑩ 기전記傳, ⑪ 찬송讚頌, ⑫ 표주表奏이다. 본문은 경전 그 자체, 신부는 주문呪文 같은 것, 옥결은 주석註釋, 영도는 도해圖解, 보록은 계보系譜, 계율은 소극적 작법作法, 위의는 적극적 작법作法, 방법은 비가 오거나 바람이 불도록 기도하는 등의 방법, 중술은 연양煉養과 복식服食의 기술, 기전은 역사歷史, 찬송은 시가詩歌, 표주는 제문祭文 같은 것이다. 이상은 명목名目을 언뜻 해석한 것이고 그 안에 들어 있는 것을 보면 정말로 잡다해서 이렇게 분류한 명목과 상응하지 않는 것도 많다. 혹평하자면 억지로 이렇게 12개로 구분했다고 생각할 뿐이다. 원래 12의 분류법은 불교의 십이부경十二部經을 모방한 것으로서 이것을 채용한 최초에는 특수한 12경經을 지칭했으며 나중에는 앞서 기술한 대로 분류법으로 사용된다. 청조淸朝의 정영상鄭永祥, 맹지재孟至才가 기록한 『백운관중수도장기白雲觀重脩道藏記』를 보면 당나라 천보天寶 연간에 성립한 도경道經 삼통三洞의 12부部는 다음과 같이 기록되어 있다.

- 통진경십이부洞眞經十二部: 상련上煉, 상묘上妙, 황림黃林, 묘림妙林, 상진上眞, 상청上淸, 태일太一, 개원開元, 도교道敎, 도중道衆, 선인仙人, 묘진妙眞.
- 통현경십이부洞玄經十二部: 원양元陽, 영화靈和, 무량無量, 연생煉生, 내음內音, 통현洞玄, 대겁大劫, 안마按魔, 원진元辰, 소마消魔, 상문上門, 상도上道.
- 통신경십이부洞神經十二部: 태청太淸, 내비內祕, 철시徹視, 통연洞淵, 집령集靈, 진일眞一, 소겁小劫, 황정黃庭, 중정中精, 무량無量, 집궁集宮, 집선集仙.

위와 같이 삼통三洞에 속한 12경전을 가리키며, 총계 36부部가 된다. 원나라 상매祥邁의 『변위록辨僞錄』에 따르면 원나라 헌종憲宗의 조정에서 도가자류道家者流가 내놓은 『노군화호성불경老君化胡成佛經』에는 다음과 같이 말하고 있다고 한다.

태상노군太上老君은 상삼황上三皇 때 출현하여 만태법사萬太法師가 되고, 또 현중법사玄中法師라고 부르며, 용한龍漢 원년에 이르러 상삼황에게 통진경 십이부洞眞經十二部를 전수받아 무극無極의 도道를 아래의 인간들에게 가르친다. 중삼황 때에는 유고선생有古先生이라 부르며, 적명赤明 원년에 중삼황 中三皇에게서 통현경십이부洞玄經十二部를 전수받아 무상정진無上正眞의 도를 펼쳐 사람을 교화한다. 하삼황下三皇 때는 금궐제군金闕帝君이라 부르고, 개황開皇 원년에 하삼황에게 통신경십이부洞神經十二部를 전수받아 태평太平의 도로써 사람을 교화한다.

이어서 통진洞眞, 통현洞玄, 통신洞神의 3개가 각각 12부部를 포함하고 합쳐서 36존경尊經이 된다고 말한다. 매길상邁吉祥(상매祥邁)은 12부라고 한 것은 불교의 12부를 가져간 것인데 심지어 그 뜻은 모르고 형식만 따라서 한 결과 이렇게 되었다고 비웃는다. 명대의 도장道藏 12류類는 12부경部經의 범주를 벗어난 분류법으로서 명칭이 당대唐代의 것과 완전히 다르다는 사실은 앞서 제시한 대로이다. 그러나 억지로 갖다 붙인 명칭이라서 내용이 명칭에 맞지 않는 결점을 수반하게 된다. 명실상부하지 못한 것은 단지 12류만이 아니라 삼통三洞 그 자체에서도 그렇다.

도장道藏 중에서 가장 중심적인 것은 『영보도인경靈寶度人經』과 『황제음부경黃帝陰符經』과 『도덕경道德經』이다. 이 3부部를 도교의 근본 성전聖典이라고 볼 수 있다. 그리고 『영보靈寶』과 『음부陰符』 두 경전이 대승통진부大乘洞眞部 중에 있는 것은 가장 그럴 만하지만 『도덕경』을 『장자莊子』 및 『열자列子』와 함께 소승통신부小乘洞神部 중에 배치한 것은 맞지 않는 일이라고 생각한다. 더욱이 『황극경세서皇極經世書』가 태현부太玄部 중에 있고 『포박자抱朴子』, 『묵자墨子』, 『한비자韓非子』, 『회남자淮南子』, 『태상감응편太上感應篇』이 태청부太淸部에 배치된 이유도 불분명하다. 『도법회원道法會元』, 『도문과범대전집道門科範大全集』, 『도문정제道門定制』, 『도문통교필용집道門通敎必用集』, 『도문십규道門十規』, 『홍도록弘道錄』과 같은 일반적인 것을 정일부正一部 안에 배치한 것은 그렇다고 해도, 역시 『운급칠첨雲笈七籤』과 『도추道樞』가 태현부 안에 배치된 것과 『도교의추道敎義樞』가 태평부太平部 안에 배치된 것도 큰 이유가 있어 보이지 않는다. 가장 공평한 것은 『정일론正一論』과 『장천사세가張天師世家』가 정일부 중에 있는 것과 동시에 『전진청규全眞淸規』와 『중양입교십오론重陽立敎十五論』도 역시 정일부 안에 있는 일이다.

일본의 구나이쇼 도서관[宮內省圖書寮]에 소장된 도장道藏은 곳곳에 정통正統 10년(1445) 영종英宗의 제지題識와 만력萬曆 무술戊戌년(1598)에 임금의 뜻을 받들어 인쇄한다[奉旨印造施行]는 제지題識 즉 표기가 있는 관본官本으로서 총계 439질帙 4,150첩帖 4,808권卷(이 중 81권은 보충해서 쓴 것 즉 보사補寫)이다. 이것을 목록과 대조하면 698권이 부족하지만 아마도 비교할 수 없을 만큼 잘 갖춰진 판본으로서 북경北京 백운관白雲觀에도 이 정도로 구비된 것은 없다(혼다 다쓰지로[本多辰次郎] 씨의 보고報告, 『도서관월보圖書館月報』 제18호). 각각의 첩帖이 한 면은 다섯 줄[五行], 한 줄에 17자字인 것은 전적으로 불경의 체제를 그대

로 모사한 것이다. 분류법, 권수, 함수函數, 천자문 번호, 오행십칠자五
行十七字 등 전부 불전佛典을 뒤따라 한 것임을 알게 해 준다. 이 정도
까지의 모방은 단지 외형에만 그치지 않고 결국 내용에도 미치지 않
고서는 끝나지 않는다(이상은 『동양학보東洋學報』 제10권 제3호에 게재한
것을 약간 수정한 것이다).

또 스승인 구장춘을 중심으로 한 7진인眞人의 상像이 있다. 뒤에 전
진교 조목에서 자세히 설명할 것이다. 또 산동山東의 태안泰安 지역에
당나라 도세의 『표表』 때문에 검문을 당해 죄罪를 인정해서 그 방법
[道]을 버리고 바른길로 돌아온 도사 곽행진의 이름을 새긴 통칭 원앙
비鴛鴦碑가 있다. 어느 것이든 주의해야 할 것이다.

하

도교사道教史
대관大觀

도교는 노자를 개조로 삼고, 신도神道(종교)의 생명을 옛 신선도神仙道에서 받았다. 신선도가 진한秦漢시대 이후 점차 세력을 확장하는 것은 방사方士의 배출에서 나타난다. 그들은 오래도록 세상을 살아가는 방법을 말함으로써 왕들의 호감을 얻었다. 한나라 장량張良이 복식服食과 연양煉養으로써 신선이 된다고 했던 말 등은 인심을 매우 자극한다. 이 신선도에서 탈바꿈한 도교의 기원은 후한의 장릉張陵이다. 순제順帝 영화永和 6년(141) 혹은 한안漢安 원년(142)에 촉蜀의 명곡산鳴鵠山에서 처음으로 법法을 말하고 술術을 펼쳤다고 한다. 장릉은 장량의 7세손世孫이라고 한다. 이 도道에 부수적인 장초章醮의 방법은 옛 무축도巫祝道에서 유래한 것이다. 그는 이러한 신선神仙, 무축巫祝의 방술方術 위에 노장의 치심양성治心養性 즉 마음을 다스리고 본성을 기르는 도를 추가하고, 또 민간에서 유행하는 많은 신神들을 포섭해서 일종의 통일을 시도하며, 교회敎會를 유지하는 방법으로서 오두미법五斗米法을 실행함으로써 불사不死의 가르침을 베풀어 인심을 모았다. 얼마나 인심을 모았는지는 영제靈帝가 궁중에서 단장壇場을 설치하고 예禮를 표했다고 한 데서 알 수 있다.

불교의 대장경大藏經은 삼장三藏 십이부경十二部經으로 구분한다. 도장道藏은 이것을 모방해서 삼통三洞 십이류十二類로 구분한다. 불교의 선종禪宗에는 남과 북 2종宗이 있다. 원나라 이후의 도교는 이것을 모방하여 남과 북 2종을 구분한다. 남방은 정일교正一敎라 하고 부록符籙과 과교科敎에 입각하며, 북방은 전진교全眞敎라 하고 연양煉養과 복식服食에 입각한다. 전자는 교리를 가미하고, 후자는 실행을 주로 한다. 도교의 역사를 보면 북방의 교도들이 끊임없이 노력해서 교회敎會의 기초를 세우고, 비록 불교에서 배웠지만 상당히 성형해서 불교와 유교 이외에서 독립적 입지를 점유했다. 남방의 교도들은 이것과 상대적으로 이론을 진행하고 장엄하는 데 힘썼다. 도교의 발전사는 대략 5기期로 구분되는데 우선 여기서는 5기의 요지를 서술한 후 본론에서 각각의 시기[期]를 각각의 장章으로 삼아 논하기로 한다.

제1기 개교開敎시대

후한後漢의 장릉이 처음으로 천사도天師道를 개창한 시대(142)부터 동진東晉 말기(491)에 걸친 277년간을 임의로 개교시대라고 부른다. 이 사이에 도사로서 인물은 장릉張陵과 동시에 간길干吉이 있고, 조금 뒤에 갈현葛玄이 있으며, 서진西晉에 이르러 진서陳瑞와 왕부王浮, 동진이 되면 포청鮑鯖이 있다. 그들은 장초章醮와 부서符書를 통해 가르침을 유포한다. 이 외에 후한의 위백양魏伯陽과 동진의 갈홍葛洪이 있다. 그들은 연양煉養과 복식服食의 방법을 말한다.

이상은 모두 도교 안에서 함께 얘기되지만 이것을 구분한다면 ① 삼장三張의 법法은 부서와 장초다, ② 간길의 법은 음양오행陰陽五行이다, ③ 위魏와 갈葛의 법은 연양과 복식이다. 이 시대의 경전은 이것들과 관련된 것들뿐 다른 것은 없다.

제2기 교회敎會 조직시대

유송劉宋이 시작(420)된 뒤 머지않아 북위北魏의 구겸지寇謙之가 수록受錄의 의례儀禮를 제정하고 교회敎會를 독립시킨 시대부터 북주北周의 무제武帝를 거쳐 남북조 말기(580)에 이르는 160년간을 임의로 교회 조직시대로 이름 붙인다. 이 기간의 유력한 도사로서 북방에서는 위魏의 구겸지가 있고, 주周의 장빈張賓이 있으며, 남방에서는 송宋의 육수정陸修靜이 있고, 고환顧歡이 있으며, 제齊의 맹경익孟景翼, 장융張融, 진현명陳顯明이 있으며, 양梁의 도홍경陶弘景이 있다. 이 도사들은 동진東晉 말기부터 갑자기 천하를 풍미하게 된 불전佛典의 체재와 내용을 모방해서 도경道經을 만들어 내며 점차로 도교 나름의 형식을 정비하고 이것에 내용을 부여하는데 양대에 이르러서는 상당히 볼만한 성적을 내놓는다. 양의 지릉智稜이나 주의 위원숭衛元嵩처럼 환속한 승려가 도교에 입문함으로써 도교가 발달하게 되고 동시에 그들을 통해 도경 해석이 진보하게 된다.

제3기 교리教理 연구시대

수隋에서 오대五代에 이르는 378년간(581~959)을 임의로 교리教理 연구시대라고 이름 붙인다. 이 기간을 편의상 당唐 현종玄宗을 중심으로 삼아 전후 2기期로 구분한다. 전기(581~755) 173년간에는 수에 여영통余永通이 있고, 당에 부혁傅奕, 이파李播, 채황蔡晃, 이영李榮, 방혜장方惠長이 있다. 삼교 담론에서 불교 학자들 사이의 교리적 갈등이 심하게 나타나기도 한다. 다음으로 현종시대의 오균吳筠, 사마승정司馬承禎에 이르러 도교의 내용이 한 단계 심화된다. 이 시기는 불교문화가 완성된 건전한 시대임에 따라 도교도 역시 건전한 점에서 전후로 비교할 데가 없다. 불경을 모방한 도경道經 제작이 한층 많아지고 천보天寶 연간에 도서道書 삼통三洞을 편찬했지만 교리상에서 불교의 영향을 벗어나지는 못한다. 후기(755~959) 204년간은 계속적으로 불교의 추세에 수반하여 교리상으로 점차 쇠퇴한다. 무종武宗과 후주後周의 세종世宗때 있었던 폐불廢佛은 내용적인 것이 아니다. 학자로서는 희종僖宗시대의 두광정杜光庭, 후주 세종시대의 진박陳搏이 있기는 하지만 전기에 비할 바는 못 된다.

제4기 교권敎權 확립시대

조송趙宋 초기부터 명明나라 만력萬曆 35년(960~1607)에 걸친 647년간을 임의로 교권敎權 확립시대라고 이름 붙인다. 이 기간을 편의상 전前, 중中, 후後의 3기期로 구분한다.

① 전기. 북송北宋 166년간(960~1126)은 도장道藏을 편집하고 교회敎會를 통일시키려고 노력한 시대다. 이 기간에서는 진종眞宗시대에 요약곡姚若谷, 왕흠약王欽若, 장군방張君房이 있고, 휘종徽宗시대에 임영소林靈素, 왕방지王方志, 왕자석王仔昔과 천사天師 장사종張嗣宗 및 장계張繼가 있다.

② 중기. 남송南宋부터 원元나라 세조世祖에 이르는 167년간(1127~1294)은 도교 교회의 통일을 확정한 시대다. 금金나라의 왕중부王中孚가 전진교全眞敎를 주창(1153)하고, 원元나라의 역희성酈希誠이 대도교大道敎를 주창(1268)하며, 원元나라의 장종연張宗演이 정일천사正一天師라는 칭호를 하사받고 그의 아들 장여림張與林이 정일교주正一敎主가 되어 함께 강남의 도교를 관장한 것은 1276~1306년 사이다. 정일교의 장종연과 동시적으로 전진교를 관장한 전진장교全眞掌敎는 기지성祈志誠, 대도교를 관장한 대도장교大道掌敎는 이덕화李德和이다.

③ 후기. 원元나라 성종成宗에서부터 명明나라 신종神宗에 이르기까지

313년간(1295~1607)은 도교 완성의 시대다. 도장道藏이 480함函 5,305권卷이 된 것은 명나라 정통正統 연간(1436~1449)이고, 천사天師 장국상張國祥이 32함 180권을 추가하여 편찬한 것은 만력萬曆 35년(1607)이다.

제5기 계승 퇴화시대

명明나라 만력萬曆 36년부터 현대에 이르는 312년간(1608~1930)을 임의로 계승 퇴화시대로 이름 붙인다. 이 기간 동안의 발전은 보이지 않는다. 양대梁代 이후 나타난 불도佛道의 혼합은 폐해가 더욱더 심해져서 단지 도교에만 독毒이 될 뿐만 아니라 불교에도 독이 되어 마침내 양 교는 인심을 지배하기에 부족해지게 된다.

요컨대 중국의 문화를 변화시킨 것은 인도문화이며 더욱이 인도문화를 바탕으로 사상적으로도 예술적으로도 한 단계 진전하므로 남북조시대 이후 중국 사상계는 앞다투어 이 새로운 문화를 이해하고 자기 것으로 조직화하려 한다. 이 풍조에서 도교가 항상 불교의 뒤를 좇은 것은 당연하다. 즉 남북조시대의 도전道典은 어느 것이든 모두 불전佛典을 모방해서 만든 것이고, 수당隋唐시대의 교리는 모두 불교 교리의 외관을 취하며, 송대宋代의 도장道藏은 송宋 초기에 새긴 불교 장경藏經의 흔적을 모방한 것이다. 그런데 도교道敎는 민족교民族敎 다시 말해 민족적인 가르침이다. 원元을 경유해 명明에 이르러 최후에는 불교를 압도할 교권敎權을 확립한다. 그 후 양 교의 퇴화는 논할 가치도 없다.

개교開敎시대

1. 개조開祖 장릉張陵 및 삼장三張

도교는 옛 신선도神仙道에서 발달한 것으로 노자를 개조로 삼고 삼장三張 이후에 이르러 신도神道(종교)로서 생명을 얻었다. 신선도는 진한 이래 점차 세력을 얻었다. 당시 방사方士라는 사람들은 이 도道의 실행자다. 모두 장생불사長生不死의 법法을 내세운다.

- 진시황秦始皇 때: 노생盧生, 한종韓終, 서복徐福, 안기생安期生, 선문자고羨門子高.

• 한무제漢武帝 때: 이소군李少君, 오리장군 난대五利將軍欒大.

장량이 이 방법[術]으로 연양煉養하고 신선이 되었다는 등의 전설은 인심을 매우 자극하며 멀리 일본에까지도 전해진다.

신선도神仙道를 종교의 영역으로 고양시킨 장릉은 장량의 7세손世 孫이라고 부른다. 따라서 도교와 신선도 사이에 직접적인 관계가 있음 을 당연히 알 수 있다. 도교를 조직한 요소는 복잡하다. 물질적인 복 식服食과 연양煉養 이외에 정신적인 치심治心과 양성養性의 도道가 있 다. 이것에 부수적인 것으로서 예배를 올리는 다신多神에 대한 장초章 醮라는 방법[法]이 있다. 복식과 연양은 신선도에서 온 것이며, 치심과 양성은 노장의 철학에 기반하고, 다신은 민간신앙에서 나왔고, 장초 는 무축도巫祝道에서 나온 것이다. 이들을 종합하면서 그 사이에 일종 의 통일을 시도한 것을 도교라고 한다. 도교로서의 교회敎會가 기초를 다지면서 경제 문제 해결법으로서 오두미법五斗米法을 실시한다. 이 렇게 단체로 성립할 수 있는 기초를 세우고 불사不死의 문을 열어 교 묘히 인심을 모은다. 장릉부터 장형을 거쳐 장노에 이르기까지를 세 상에서는 삼장三張의 법法이라고 한다. 또 갈현, 갈홍을 합쳐서 장갈張 葛의 법이라고 한다. 스스로 천사天師라고 불러서 천사도天師道라고도 하고, 혹은 오두미도五斗米道라고 하며, 다른 데서 이것을 배척하며 귀 도鬼道라고도 부른다. 이것이 유포된 일은 영제靈帝의 궁중에 단장壇 場을 설치하고 예禮를 올린 것이 마땅한 증거다.

『후한서後漢書』 및 갈홍의 『신선전神仙傳』에 따르면 장릉은 패국沛 國(강소성江蘇省 예주豫州) 출신이고 태학太學의 서생書生으로서 널리 오경五經에 통달했다고 한다. 따라서 가르침을 만들어 낼 만한 학력을 갖췄다고 보아야 한다. 만년에 탄식하며 "수명에는 도움이 안 되는구나"라고 말한다. 마침내 장생長生의 도道를 배워 황제黃帝의 구정단법九鼎丹法을 얻고 이것에 합치하는 약재를 구하려는데 재물이 부족했다. 촉나라 사람들이 순수해서 교화하기 쉽고 아울러 명산名山이 많으므로 제자와 함께 촉으로 가서 곡명산鵠鳴山(혹은 명학산鳴鶴山)에 머물며 도서道書 24편을 만들고 정밀하게 사유하며 뜻을 단련한다. 『불조통기佛祖統記』에는 장초章醮 등 24권이라 하고, 『위서魏書』에는 천궁장본天宮章本 1,200권이라고 한다. 『위서』의 기사는 매우 확대된 것이다. 갑자기 천인天人이 수많은 무리[千乘萬騎]를 대동하고 내려온다거나 혹은 자칭 주하사柱下史라고 하거나 혹은 동해산동東海山童이라 하고, 장릉에게 전수된 것은 새로 출현한 정일명위正一明威의 도道라고 한다. 도교의 기원은 신비적 경험에 있다. 장릉이 이것을 전수받아 병을 잘 치료했다. 순제順帝의 영화永和 6년(141) 혹은 한안漢安 원년(142) 때의 일이다. 백성들이 한꺼번에 봉사하면서 제자들이 수만 호戶에 이른다. 곧 좨주祭酒를 정하고, 호구戶口를 분류하며, 제자들에게 일에 따라 쌀, 비단, 종이와 붓, 땔나무, 집기 등을 관리하도록 하는 규칙을 세운다. 오두미五斗米의 규정이다. 장릉은 곧 많은 재물을 얻어 약재를 구해서 단丹을 합친다. 단이 완성되자 반제半劑 즉 약藥의 절반을 복용하고 분신술을 펼친다. 제자 중에서 왕장王長 및 새로 온 조승趙昇 두 사람만 구정九鼎의 대요를 전수받고, 그 밖의 제자에게는 행기行氣, 도인導引, 방중房中의 일을 전해 주거나 또는 풀이나 나무를 복식服食하고 수백 년을 살 수 있는 방법을 전해 준다. 나중에 세 사람은 구름

없이 맑은 대낮에 하늘로 날아간다. 조승에게 법法을 전수할 때의 시험이었다고 하는 7법法은 모두 부사의不思議한 것들뿐이다. 이상은 장릉의 전기로서 그가 개조로 여겨지는 이유가 나타나 있다.

삼장三張의 운동이 시대를 풍화風化한 이유로서 두 가지 놓치지 말아야 할 것이 있다. 모두 도교의 장점이다. 하나는 사회운동이고, 둘은 교화운동이다. 『후한서後漢書』에 따르면 모든 좨주祭酒에 각각 의사義舍를 세워 쌀과 고기를 준비해서 여행자에게 배급하며 양에 차도록 가져가게 하는데 지나치게 많으면 귀신이 병들게 할 것이라고 말한다. 의사義舍라는 시설은 인도의 복사福舍와 같으며, 중국에서는 중요한 사회사업이 된다. 『화양국지華陽國志』 안에 수록된 진晉나라 상거常據의 『한중지漢中志』에 따르면 의사, 의미義米, 의육義肉은 참으로 장노가 시설한 것이다. 다음과 같이 말한다.

초평 중(190~193)에 장노는 독의사마督義司馬라는 신분으로 한중漢中의 단곡도斷谷道에 간다. 장노는 도착해서 너그러운 은혜를 베푸는데 귀도鬼道로써 의사義舍라는 기구를 설치하고 쌀과 고기를 그 안에 놓아두도록 가르친다. 지나가는 사람은 이것을 양껏 가져갈 따름이지만, 지나치게 많이 가져가지 않도록 귀신이 병들게 할 것이라고 말한다.

따라서 장노가 지방의 민중에 대해 종교적 감화를 일으킨 것은 우연이 아니라는 것을 가늠할 수 있다. 또 사람을 시켜 도로를 정비하고, 일하지 않는 사람을 병들게 함으로써 백성들이 모두 나와 풀을 베고 더러운 것을 치우는데 하나같이 모두 그의 의도대로였다고 한다. 도로 정비 또한 중국의 사정상 참으로 중요한 사회사업이다. 현재 중국에서는 곳곳의 산간벽지에서 여전히 명나라 원료범袁了凡의 『공과 격功過格』 덕분에 도로나 교량 설치가 상당히 대규모로 이루어지고 있다. 하물며 한대 당시 장노의 너그러운 은혜가 한중漢中 지역의 민심을 근본적으로 감동시킨 것도 당연하다고 해야 한다. 삼장三張의 법法이 들불 같은 기세로 한중에서 유행한 이유의 대부분은 바로 이 사회사업이라는 것을 알게 해 준다.

이러한 사회사업 외에 역시 주의해야 할 한 가지는 교화운동이다. 장노는 형벌이 아니라 염치를 아는 마음에 호소하여 사람을 다스리고자 하며 이에 규칙을 만들고, 질병이 있는 사람은 태어난 이래 저지른 잘못을 쓰도록 하여 3통을 써서 하나는 하늘에 바친다는 뜻에서 산 위에 두고, 하나는 땅에 묻고, 하나는 물에 던지는데(『위지魏志』에서 인용한 어환魚豢의 『전략典略』) 이것을 삼관수서三官手書라고 한다. 이것에 의해 자신이 죽었다[身死]고 신명神明에게 맹약하고 또 저지른 것들을 없던 일로 한다. 이에 백성의 질병을 해후하게 되면 항상 잘못을 앞세워 한편으로는 곧 치료해 주고 다른 한편으로는 부끄러움을 느껴 고치게 하며 천지가 두려워서라도 다시는 저지르지 않게 한다. 『후한서後漢書』에 따르면 가르칠 때는 성실하게 하고, 거짓말은 듣지를 않고, 범법자는 우선 세 번 호령한 다음 형벌을 집행한다. 장리長吏를 배치하지 않고 좨주祭酒로써 다스린다. 인민들이 즐거이 복종하고 이후 민속民俗은 크게 바뀐다고 한다. 장릉의 운동의 종교적 의의는 여기에 있다.

장릉은 연양煉養해서 승선昇仙하는 것을 최종 목적으로 삼는다. 이것은 중국 민족 고유의 동경憧憬으로서 이것을 가르침을 세우는 즉 입교立敎의 근본 목적으로 삼은 점에 대해 함부로 오직 장릉에게만 책임을 물을 수는 없다. 불교자는 혹 부수축법符水祝法 즉 부적이나 기도 등의 방법으로써 병을 치료하는 것을 비웃거나(당唐 법림法琳의『파사론破邪論』) 혹 큰 뱀한테 먹혀서 죽은 것을 두고 제자가 승천했다고 소리친다며 조롱하지만(이응李膺의『촉기蜀記』), 이것은 한 면만을 본 것이다. 장릉이 천 년 뒤에도 영향력을 행사한 이유는 다음과 같다.

① 치밀하게 사유하고 단련해서 실행한다.
② 문자로 치닫지 않고 생명의 근원에 닿고자 하는 경건한 정신이 있다.
③ 교회 조직을 구성하는 행적적 수완이 있다.
④ 의사義舍나 도로 정비와 같은 사회적 운동을 통해 민중을 사회에 봉사하도록 한다.
⑤ 질병을 매개로 해서 배우지 못한 민중이 자기의 죄악을 알게 하고, 신명神明의 존엄을 받들게 하여 갱생의 체험을 얻도록 한다.

이것은 요컨대 입교立敎의 정신은 신명神明의 보살핌 아래 자기를 비판하고 사회에 동화하며, 안으로는 부끄러움을 알고 밖으로는 속이지 않으며, 그렇게 해서 건전한 다른 사회를 건설한다는 데 있다. 최종 목적이 죽지 않고 신선이 되는 것이고, 운용의 수단은 질병을 매개로 행부칙수行符勅水 즉 부적을 사용하여 조심하게 하는 등의 방법이고, 세상을 떠나 해탈한다는 것과 같은 최고 목적을 도저히 그 안에서 발견할 수가 없지만, 어떤 시대에도 나타나는 소박하고 청정한 만족이나 점차로 아집我執을 버리게 하는 공동 정신의 환희가 이 교회 안에 충만하다. 한나라 말기 유교의 형식주의, 정치계의 타락, 악화된 인심, 부패한 사회를 구하는 데 효과적이고 쓸모 있었다는 것은 다툼의 여지가 없다. 이것을 현대에 비추어 보면 중국의 홍만자회紅卍字會, 일본의 천리교天理敎와 같은 것들이 바로 이것과 비교된다. 『위서魏書』에서 이것을 개괄하여 다음과 같이 말한다.

① 삿된 것들을 모두 제거하고, 마음과 정신을 눈 쓸어 내듯 하며, 수행을 쌓아 공덕을 키우고, 덕을 쌓아 선을 늘린다.
② 3원과 9부 120관에 모든 신들이 다 포함되어 있다.
③ 쇠를 변화시키고 옥을 엮으며, 부적을 사용해 경계하도록 하고, 기묘한 방술과 만 천여 개의 조항으로 높게는 날개를 달고 하늘로 날아간다 하고 다음으로는 재앙을 없앤다고 한다.
④ 제사를 지내며 무릎을 꿇는데 각각 정해진 방법이 있다.

『위서魏書』의 이 기사는 중요한 사회운동을 엿보게 한다.

『후한서後漢書』에 따르면 장릉은 이것을 그의 아들인 장형에게 전하고, 장형은 아들인 장노에게 전한다. 장노 자신은 천사군天師君이라 부르고 배우러 온 사람들을 귀졸鬼卒이라 이름 붙이며 그중에서 부중部衆을 통솔하는 사람을 치두治頭라고 한다. 장노의 어머니는 용모가 뛰어나고 아울러 귀도鬼道에 능통하며, 익주자사益州刺史 유언劉焉이 집안을 왕래한다. 민중적 종교를 설립할 때 부인婦人의 힘을 필요로 하는 것은 예나 지금이나 똑같다. 유언이 장노를 독의사마督義司馬로 삼는다. 장노는 별부사마別部司馬 장수張脩와 함께 한중漢中(구체적으로는 남정南鄭 지역)의 태수太守인 소고蘇固를 엄습해 죽이고 한중을 얻으며, 또 장수張修(張脩)를 죽이고 그 무리들을 병합한다. 때마침 일족인 장각張角 등이 그 세력을 이용하고, 한나라 말기 인심이 쇠약해진 것에 편승해 대중의 마음을 사로잡기 위한 방법으로서 신탁을 구실로 황의왕黃衣王이라고 하면서 황건黃巾을 두르고 황포黃布의 베옷[褐]을 입고 부중을 집합시킨다. 조정에서는 토벌할 수가 없어서 장노를 진이중랑장鎭夷中郎將에 임명하여 공헌貢獻하도록 한다. 장노는 파한巴漢(촉蜀)을 약 30년간 다스리는데 영내를 24치治로 구분하며 양평陽平이라는 1치가 가장 컸다. 24라는 숫자는 당나라 명개의 『결대론決對論』에 따르면 한고조가 24절기에 맞춰 24산山에 제사 지냄으로써 천하를 왕의 소유로 삼았다는 예로부터 전해지는 말에 근거해 소[牛]를 잡아 24곳에 제사 지내는데 흙으로 단壇을 쌓고 풀로 집을 만들어 설치한 이것을 24곳이라고 지칭하며, 윤희尹喜의 한 곳은 함양咸陽에 있고 다른 것은 모두 촉蜀에 있다고 한다. 이것은 삼장三張의 종교운동이 동족인 장각張角 등의 정치운동에 이용당한 것이다. 정치운동이라는 것은 한편으로 당시의 부패한 정치 이외에 건전한 사회를 건설하려는 의도에 따른 것이지만, 한편으로는 본래의 근본적 의미가 정신에 기초를 둔 것이 아니라 육체를 목적으로 한 것이 아니면 안 된다. 도교가 결국 순수 종교로까지 순화되지 못한 이유가 여기에 있다. 헌제獻帝의 건안建安 20년(215) 조조曹操가 이것을 정벌하러 양평陽平에 도착한다. 장노는 항복하려고 한다. 동생인 장위張衛가 말을 듣지 않는다. 조조는 장위를 격파하고 참살한다. 장노는 양평이 함락당했다는 소식을 듣고 항복하려고 한다. 염보閻圃가 "급하게 가면 공功이 가벼워지며 파중巴中 지역에 의지하여 인질을 맡긴다면 공이 많아집니다"라고 말한다. 이에 남산南山으로 달아난다. 좌우에서 모두 보물 창고를 불태우자고 한다. 장노는 "내 목숨을 국가에 바치려 했지만 아직 이루지 못했다, 오늘 도주하는 것은 예봉을 피하는 것일 뿐 악의惡意가 아니다"라고 말한다. 결국 창고를 잠그고 떠난다. 조조가 남정南鄭으로 들어가는데 이 일을 매우 기뻐하며 장노에게 선의善意가 있음을 알고 사람을 파견하여 위로한다. 곧 가속家屬과 함께 나와서 환영한다. 조조는 그를 진남장군鎭南將軍에 임명하고 낭중후閬中侯로 봉封한다. 황건적黃巾賊은 비로소 평정된다. 조조의 명령을 받들어 황黃을 적赤으로 대체하고 그해를 황초黃初라고 부른다. 송나라 현광玄光의 『변혹론辨惑論』에서 "공자는 지명知命 즉 천명을 아는 것을 귀하게 여기고, 백양은 기상奇尙 즉 기이한 일이나 숭상받는 일을 버린다. 삼장三張의 귀법鬼法은 노자의 뜻이 아니다. 노자가 어찌 귀부鬼符 즉 귀신이나 부적 따위를 가지고 장수하기를 바라겠는가"라고 한다. 주나라 도안의 『이교론二敎論』에서도 "지금의 도사는 장릉에서 비롯하며 이에 바로 귀도鬼道로서 노자와 관계없다"라고 한다.

장릉의 도교에서 문제가 되는 것은 불교의 영향이 있는가 없는가이다. 다시 말하자면 한나라 말기 노자의 신격화는 어떤 외부적 자극 때문인지 아니면 내부로부터의 자연스러운 발로인지, 무엇이라고 해야 하는가이다. 이 문제는 초왕楚王 영英이 황로黃老와 부도浮屠를 함께 숭배한 때로 소급된다. 부도교浮屠敎(불교)에 가입한 후 황로에 대한 영향이 어디까지였을까? 아마 커다란 연구 제목일 것이다.

2. 우길于吉, 갈현葛玄, 위백양魏伯陽

1) 우길于吉(간길干吉)

후한시대에 장릉 외에 음양가 간길이 있다. 조금 내려오면 연양가煉養家 갈현이 있다. 위백양도 있다. 모두 도교에서 중요한 위치를 차지한다.

간길은 낭야琅琊 지역의 도사로서 오행五行, 무축巫祝, 의술醫術에 능통하며 도교 방계傍系의 조사祖師이지만 이름이 간길인지 우길인지도 명확지 않고 또 연대도 불분명하다. 연대에 관해서 진晉나라 갈홍의 『신선전神仙傳』에서는 전한의 원제元帝(재위 B.C.E. 48~B.C.E. 33) 때라 하고, 조송시대 사수호의 『노군연보老君年譜』에서는 전한 성제成帝의 하평河平 2년(B.C.E. 27)이라 하고, 『후한서後漢書』 및 『삼국지三國志』에 인용된 『지림志林』에서는 후한의 순제順帝(재위 126~144) 때라 하고, 『삼국지』에 인용된 『강표전江表傳』 및 진晉나라 간보干寶의 『수신기搜神記』에서는 후한 헌제獻帝의 건안建安 5년(200) 즈음이라고 한다. 즉 기원전 40년 즈음부터 기원후 200년 즈음에 걸친 240년간이나 되므로 매우 불분명하다. 『후한서』에서 양해襄楷의 상서上書를 보면 순제 때로서 장릉과 동시대라고 하는데 이것은 아마 가상의 인물일까? 간길이 방계 조사의 위치에 선 것은 태상노군太上老君에게서 『태평경太平經』을 감득하고 그 도道가 오회吳會(오월吳越 지방)의 땅에서 유행했기 때문이다.

『태평경太平經』에 관해 『신선전神仙傳』에서는 "푸른 비단에 붉은 글씨로 쓴 『태평경』 10부에서는 대부분 음양이나 길흉 또는 재난과 평화에는 하늘과 땅과 사람의 도가 있다고 논한다. 나라를 다스리는 데 이것을 사용한다면 오래도록 살 것이라고 말한다[靑繡朱字太平經十部, 多論陰陽否泰災眚之事, 有天道地道人道. 云治國者用之, 可以長生]"라고 하며, 『후한서後漢書』에서는 "천지를 받드는 일은 오행에 따르는 것이 기본이다. 또 나라를 일으켜 후손을 퍼뜨리는 방법이 있다. 그 글을 알기가 쉬워서 같은 경전을 참고한다[以奉天地, 順五行爲本. 亦有興國廣嗣之術. 其文易曉, 參同經典]"라고 하며 『태평청령서太平淸領書』가 170권이라고 한다. 또 진나라 갈홍은 『태평경』이 50권이라고 하며, 당나라 현의玄嶷의 『견정론甄正論』에서는 "『태평경』 180권은 촉나라 사람 우길이 만든 것이다"라고 한다. 따라서 이설異說이 많다는 것을 알아야 한다. 그리고 『후한서』에서 이것을 신서神書라고 한 것을 보면 일찍이 이미 성전聖典으로 간주했던 것이다. 천문天文과 음양陰陽의 재주가 능숙했던 양해가 궁숭宮崇으로 하여금 이것을 조정에 바치도록 한다. 글 속에 무격巫覡의 잡스러운 말들이 많았다고 한다면, 담당 부처에서 요망불경姚妄不經 즉 요망하고 국법에 맞지 않는다고 여겨 수장收藏해 둔 채 실행하지 않았던 것이다. 양해는 곧 환제桓帝의 만년(166)에 글을 올려 이것을 실행하지 않으면 안 된다고 말한다. 영제靈帝 때가 되자 양해의 상서上書에 따라 비로소 그렇게 한다. 『문헌통고文獻通考』에는 장각이 이 책을 가지고 부적으로 병을 치료했다고 하며, 아울러 현존하는 『태평경』에 관해서 "수나라 이래 『예문지藝文志』의 도서道書 중에는 이 책을 수록하지 않는다. 송나라의 『중흥사지中興史志』에서야 바야흐로 이것을 수록하며 양해의 찬술이라고 한다. 글 속의 말들은 비천하며 고상한 논의는 없다. 나라를 일으켜 후손을 퍼뜨리는 방법이라는 것도 방중술 같은 비루한 얘기에 지나지 않을 뿐이다"라고 한다. 그렇다면 후한의 『태평경』은 일찍이 이미 사라진 것이나 마찬가지다. 『도장道藏』의 사보四輔 중에 태평부太平部에서 『태평경』 119권을 수록하고 이것에 다음과 같이 주석하고 있다.

이에 동한東漢 때 우길은 일찍이 태상노군을 우연히 만나 『태평경』을 친히 전수받았다. 그 경전을 갑, 을, 병, 정, 무, 기, 경, 신, 임, 계로 구분하여 각 부분마다 17권씩 150권으로 편성한다. 모두 수신하고 양성해서 정기를 보존하고 신령에게 친밀함으로써 안으로는 자신을 다스려 장생하고 밖으로는 나라가 태평하도록 다스린다. 재난을 없애고 질병을 치료하는데 효험을 못 본 사람이 없다.

1부部에 17권이고 각 부는 모두 10부이면 총 170권인데 이것을 편집해서 150권으로 만들었지만 그 안에 결권缺卷 즉 빠진 것이 있어서 119권으로 되어 있다.

- 제35에서 50은 빠져 있다.
- 제51에서 90 가운데 결권이 있다.
- 제91에서 107 가운데 94와 95가 빠져 있다.

단순히 부部와 권卷만으로 본다면 『신선전神仙傳』에서 10부라 하고, 『후한서後漢書』는 170권이라 하고, 당나라 현의가 180권이라고 하듯이 반드시 모순은 아닌 것으로 보인다. 그런데 『문헌통고文獻通考』에 따르면 수나라 이래의 『예문藝文』에서는 이것을 생략하고 조송에 이르러서야 비로소 추가하며 양해의 찬술로 보았다고 한다. 그렇다면 『후한서』 시대의 것은 일찍이 사라지고, 도장道藏 안의 것은 새로 만들었다는 의심이 들게 한다. 당나라 인덕麟德 원년(664)에 곽행진 등이 위작僞作한 것 중에 『태평경太平經』이 있다. 그것이 혹시 이것일까? 후일의 연구를 기다린다.

　혹은 『태평경太平經』의 찬술자로 여겨지는 양해가 환제桓帝에게 바친 상서上書 중에서 ① 궁중에 황로黃老와 부도浮屠의 사당이 있다고 한 것, ② 노자가 이적夷狄에게 들어가 부도가 된다는 전설이 있는 것, ③ 석가가 마귀를 굴복시킨 사건의 흔적 즉 항마降魔의 사적事跡을 알고 있다는 사실들은 시사하는 바가 있다. 이 시대에 불도 이교二教가 종교로서 궁중에서 행해지고 있었다는 것과 일찍이 이미 부처의 전기에 대한 지식이 있었고 이 때문에 노자가 부처라는 노자불타설老子佛陀說이 있었다는 것을 알게 된다. 중국불교사를 통해 불도 이교가 충돌한 중심 문제였던 노자화호설老子化胡說 즉 노자가 호인胡人을 교화한다는 주장의 싹이 이미 한나라 말기에 존재한다는 것을 알게 된다. 이것은 도교도가 불교를 고려했음을 증명하는 것으로서 그렇게 고려한 것은 이 시대에 불교가 이미 상류사회에서 상당한 세력이 있었음을 보여 준다. 양해의 상서(166) 중에 부처의 전기 즉 불전佛傳을 알고 있었다는 것은

천신이 아름다운 여인을 보내 주었다. 부처는 "이것은 단지 피가 그득한 가죽 주머니다"라고 말하고는 끝내 거들떠보지 않는다. 이렇게 한결같았으며 이에 도道를 성취한다.

라는 구절에서 명료해진다. 이것은 항마의 사적을 전해 주는데 이 한 단락은 도교도인 양해조차 감동시키며 이로써 순제順帝의 음욕淫欲에 대해 간언하도록 하게 만든다. 또한 아직 당시에 불전佛傳 번역이 있었다는 말은 못 들었지만 그럼에도 부처의 사적은 식자들 사이에 알려지게 된다. 불전 지식은 이윽고 화호설化胡說이 생겨난 필수조건이된다. 노자 이상의, 적어도 노자와 동등한 가치를 부도에게 인정하지 않는다면 어떻게 화호설을 생겨나게 하겠는가. 한나라 말기의 불전지식은 어디로 소급해야 할까? 양해의 상서 중에는 또 다음과 같이 말한다.

> 또 궁중에 황로와 부처의 사당을 세웠다고 들었다. 이 도道는 청허하고 무위無爲를 귀하게 숭상하며, 살리는 것은 좋아하고 죽이는 것은 싫어하며, 욕망을 반성하고 사치는 버린다.

> 부처는 뽕나무 아래에서도 3일을 머물지 않는다. 오래 사는 일이나 은혜나 애정을 바라지 않는다. 지극히 정묘하다.

드디어 불교에 대한 지식이 있다는 것이 입증된다.

양해의 상서 중에서는 노자가 부도浮屠가 된다고 한다. 『삼국지三國志』에 인용된 『위략魏略』의 서융전西戎傳에는 노자가 호胡 즉 이적夷狄을 교화했다고 한다. 이것은 바로 노자불타설에서 노자화호설로 옮겨 간 첫걸음이다. 다음과 같이 말한다.

> 부처의 기록과 중국의 『노자경』이 서로 연관된다. 아마 노자가 서쪽 관문으로 나가 서역을 지나 천축에 가서 이적을 교화하는데 부처로서 제자들을 거

두었다. 별도의 호칭들을 합치면 29개라서 자세히 기재할 수가 없다. 따라서 이와 같이 줄인다.

이것은 불교와 『노자경老子經』 사이의 공통점을 인정하고, 그 이유를 노자가 호인胡人을 교화했다는 데서 찾는다. 당시의 식자들은 불교의 장점을 인정했다. 그렇더라도 『노자경』의 이상이라고 하지는 않은 것이다. 이에 대해 불교자들 쪽에서는 삼성화현설三聖化現說이 등장했다. 제일착第一着은 백시려밀帛尸黎密이 번역한 『대관정경大灌頂經』으로서 그 안에는 아직 삼성三聖이라는 명칭이 없다. 따라서 삼성화현설이 화호설化胡說에 대응해서 나타난 것임을 살펴볼 수 있다.

2) 갈현葛玄

갈현의 자字는 효선孝先이고 태극좌선공太極左仙公이라는 호號가 있으며 오나라 사람이다. 한나라 영제靈帝 때 천태산天台山에서 노군老君으로부터 『상청경上淸經』을 감득함으로써 연양가煉養家임과 동시에 도교의 조사祖師이기도 하다. 도교의 조사로서는 개조開祖인 장릉과 나란히 일컬어져 장갈張葛의 법法이라고 불리며 『상청경上淸經』 외에 『영보靈寶』와 『대통大洞』이라는 경전을 전수받았다는 전설이 추가되고, 연양가로서는 종손從孫인 갈홍을 배출한다. 갈현 이후 천태산은 선술가仙術家들에게 이상적 장소로 여겨진다. 도장道藏 중에서 갈선옹葛仙翁(갈현)에게 속하는 것은 다음과 같은 몇 부部가 있다.

· [폐陛] 갈선옹葛仙翁의 『시후비급방時後備急方』, 8권.

- [역亦] 태극좌선공이 여러 학인들을 위해 설명한 계율인『통현영 보천진과洞玄靈寶千眞科』.

- [자字] 태극선공이 요청해서 태극법사가 설명한『태상통현영보지 혜본원대계상품경太上洞玄靈寶智慧本願大戒上品經』, 1권.

- [우雨] 태극진인이 좌선옹에게 전수한『태상십이상품비천법륜관 계묘경太上十二上品飛天法輪觀戒妙經』.

- [우雨] 태극진인이 설명한『이십사문계경二十四門戒經』.

3) 위백양魏伯陽

진나라 갈홍의『열선전列仙傳』에 오나라 사람이라고만 하고 시대는 나타나 있지 않지만,『연감류함淵鑑類函』에서『열선전』을 인용하며 후 한의 위백양이라고 한다. 후한 서경휴徐景休의『전주箋註』에서 환제桓 帝 때라고 한다(쓰마키[妻木]). 본래 부귀한 집안의 자식으로서 도술道術 을 좋아하는 성향이고, 제자 3인과 산으로 들어가 신단神丹을 만든다. 위백양의 찬술로 알려진『참동계參同契』와『오행상류五行相類』는 총 3권이다. 어구는『주역周易』이지만 실제 내용은 효상爻象을 가차해서 단丹을 만들려는 생각을 논한 것이다. 이것은 참으로 연양가煉養家의 성전聖典이다. 그러나 어구가『주역』이라서 유자儒者들이 적잖이 조 롱한다. 주희에게『고이考異』1권이 있다.『어록語錄』에서 "『참동계』 에서 말하는 수水, 화火, 감坎, 리離와 용龍, 호虎, 홍汞, 연鉛 등은 단지 이름을 서로 바꾼 것이고, 단지 정精과 기氣 두 개뿐인데, 정은 수, 감, 용, 홍이고 기는 화, 리, 호, 연이다. 그 법法은 신묘하게 운행하는 정 과 기를 결합해서 단으로 만든다. 양기陽氣가 내려와 비로소 수가 되

고 화로써 이것을 단련하면 곧 응집하여 신단神丹이 된다" 등등이라고
한다. 갈홍은 "세상의 유자들이 신단을 알지 못하고 『역易』의 음양陰
陽으로 이것을 이해하는 것은 그 뜻을 잃어버리는 것이다"라고 한다.
그렇다면 음양으로 이것을 주해한 것은 진대晉代 이전부터가 된다. 연
양煉養과 양성養性의 책으로서 『포박자抱朴子』와 함께 쌍벽을 이룬다.
이에 대한 도가道家의 주해는 매우 많다.

- 한음장생漢陰長生의 『주註』, 3권.
- 진일자眞一子(본명 팽효彭曉, 자字 수천秀川, 촉蜀나라 사람)의 『분장
  통진의分章通眞義』, 3권. 『명경도결明鏡圖訣』, 1권.
- 송유염宋愈琰의 『발휘發揮』, 9권. 『석의釋義』, 1권.
- 송진현미宋陳顯微의 『해解』, 3권.
- 무명씨無名氏의 『주註』, 3권. 『주註』, 2권.
- 화용華容의 『주註』, 3권.
- 대단기大丹記 대소진인大素眞人의 『구결口訣』, 1권.
- 『참동계오상류비요參同契五相類祕要』, 1권.

3. 삼국三國시대의 도교

삼국시대의 도교를 알려 주는 사료史料로서 무제武帝의 넷째 아들
동아군왕東阿郡王 조식曹植(자字는 자건子建, 시諡는 진사왕陳思王)의 『변
도론辨道論』이 있다. 『홍명집弘明集』에서 수록하고 있다. 조식은 어려
서 세간의 예술을 다 마치며, 영천潁川 지역의 한단순邯鄲淳이라는 사

람이 놀라서 천인天人이라고 부를 정도로 재능이 있다. 조식은 불경을 읽을 때마다 지극한 도道의 종극宗極이라며 감탄하면서 즐기고, 칠오 승강곡절七聲升降曲折이라는 전독轉讀하는 소리를 제작하는데 세상에 헌장憲章이 된다. 일찍이 어산魚山에서 노닐다가 공중에서 울리는 범천 의 소리를 듣고 본떠서 후세에 전한다. 구체적으로는 양나라 때의『법 원집法苑集』에 나타나 있다고 한다. 이것은 한인漢人의 손으로 만든 최초의 범패梵唄로서 불교가 의례儀禮적인 면에서 한漢 민족의 소유가 되었음을 나타낸다.

때때로 위나라는 방사方士를 초빙한다. 그중에 감릉甘陵(산동山東 동 창부東昌府 청평현남淸平縣南)의 감시甘始, 노강盧江의 좌자左慈, 양성陽 城(예주豫州 영천군潁川郡)의 극검郤儉이 있다. 감시는 도인술導引術에 능통하다. 좌자는 방중술房中術에 환하고, 극검은 벽곡술辟穀術을 잘 한다. 모두 300세라고 부르짖는다. 위나라가 이들을 초빙한 것은 그 들이 사람들을 현혹시킬까 봐 모아 놓고 금지시키기 위해서다. 조식 은 도道의 출처를 총괄하며 선仙의 기록을 정밀히 연구해서 거짓이 매 우 많다며 이에『변도론辨道論』을 짓는다. 그 안에서 "빈틈없는 논의 를 중흥시킨 사람으로 환군산桓君山이 있다. 그의 저술은 매우 많기는 한데 그 말에 일정한 논지가 없다. 또 방사 동중윤董仲尹이 생사生死에 대해 논한 것은 가소로울 따름이다"라고 말한다.『광홍명집廣弘明集』 5에서는 군산君山이 후한 초기 사람으로서 내면에 생각을 집중하고 외부를 생각하지 않음으로써 쇠약해지지 않으려 했고, 방사의 주장은 배척했다고 한다. 군산의 이름이 환담桓譚, 패국상沛國相 지역의 사람 이고 아버지는 한나라 성제成帝 때 대악령大樂令이었다. 광무光武 때

의랑議郎이 되어 시정時政을 펼친다. 제帝가 참위설로 의심을 해결하려 한다. 담담譚은 참위설이 경전에 없는 것이라고 직언한다. 제는 노여워한다. 육안군승六安郡丞으로 물러난다. 『신론新論』을 지어 당시에 있었던 일들을 말한다. 조식이 인용한 것은 『신론』중의 사상이다.

4. 양진兩晉시대의 청담격의清談格義

1) 동진東晉시대의 칠현七賢, 칠도인七道人

동한東漢 말기 환관宦官이 발호하고 외척外戚이 권세를 전횡한다. 기백과 절의가 있는 선비[士]들이 크게 일어나 조정朝政을 비판한다. 이에 당고黨錮의 화禍가 발생한다. 화를 당한 사람은 대부분 유교도儒教徒이다. 지식인들은 곧 세상을 구해 보려는 생각을 접고 종적을 감춘 채 사람의 바깥으로 높이 나아가 세상과 격리되는 도道를 선택한다. 이에 방외方外의 도에 대해 장점이 있는 노장자류老莊者流가 유교를 대체할 실마리를 제공한다. 당시의 유교는 복건服虔, 마융馬融, 정현鄭玄, 가규賈逵와 같은 박학들이 있었지만 훈고訓詁에 치중하고 형식에 갇혀서 자연을 등지고 자유를 속박하며, 조금이라도 형이상形而上적 사상이 있는 사람 또 자연을 즐기며 자유의 공기를 호흡하려는 사람은 도저히 껍데기뿐인 도덕道德에 속박당하고 싶어 하지 않았다. 노장의 무위염담無爲恬澹한 즉 작위적이지 않고 안정적이며 여유로운 도가 점차 유포된 것은 이 때문이다. 이러한 정치적 결함에서 나온 염세적 풍조와 사상의 변천에서 기인한 자연적 풍조가 결합해서 후한 만년 이후 청담자류清談者流를 발생시키며 위진시대의 커다란 특색을 이룬다. 그 특색은 바로 ① 노장과 역학[易] 연구, ② 자유롭게 떠돌아다니는 태도, ③ 청허淸虛하고 고원高遠한 담론이다. 확실히 청담자淸談者의 선조는 위나라 하안何晏과 왕필王弼로서 하안의『논어論語』에 대한 주석과 왕필의『주역周易』에 대한 주석은 모두 노장의 허虛를 취지로 삼아 해석한 것이라고 한다. 하안은 고위직에 있으면서 정사政事를 도외시하고 담론을 일삼으며 무위無爲로써 세상을 돌아가게 한다고 자랑한 사람이다. 왕필은 노장을 좋아하고 변론을 잘했고 하안에게 초청받기도 하며, 겨우 24세에 죽은 인물이다.

삼국시대가 지나고 서진시대에 이르러서는 사회의 변천에 따라 인심은 더욱더 요동치고 파괴적 사상과 방일放逸하는 풍속이 천하의 풍조가 되며, 죽림칠현竹林七賢, 왕연王衍, 왕징王澄, 악광樂廣, 위개衛玠, 완수阮修 등의 무리가 서로 따르며 세외世外의 얘기를 하면서 일시에 이름을 날린다. 죽림칠현이란 청담자류淸談者流의 한 집단으로서 모두 박식하고 변론에 능숙해서 서로 높여 부른 것인데 세상의 동경을 받았다. 동진의 손작이『도현론道賢論』을 지어 천축天竺의 7도인道人을 죽림竹林의 7현인賢人과 비교한 것은 단순히 성향이나 행적이 유사해서만이 아니라 당시의 불교가 노장적이었다는 점에서 사상적으로도 일치한다는 말을 한 것이 아니겠는가. 손작의 비교를 살펴보기 위해 우선 칠현七賢의 이름을 제시하자면 다음과 같다.

① 산도山濤: 완적阮籍 등과 죽림竹林에서 교유한다. 무제武帝의 조정에서 이부상서吏部尙書부터 복야僕射, 시중侍中으로 승진한다. 고위직에 있으면서 국사國事에 뜻이 있다. 자주자주 인물을 발탁해서 천거하며 "산공山公의 계사啓事"라는 말이 이 때문에 생긴다. 일찍이 자신

을 대신하게 하려고 혜강嵇康을 천거했다가 절교의 편지를 받는다. 그렇지만 강康은 사형을 당하면서 그의 아들 소소紹에게 "거원巨源이 있어서 너는 혼자가 아니다"라고 말한다. 거원은 산도의 자字이다.

② 혜강嵇康: 『양생론養生論』(『연감류함淵鑑類函』에서 이것을 인용한다)을 서술해서 정기靜氣와 허신虛神을 논하고, 또 『고사전高士傳』을 편찬해 자신의 이상적 인격을 이것에서 추구한다. 문제文帝 때인가(?) 사건에 연루되어 사형당한다.

③ 완적阮籍: 세상을 구제하려는 뜻이 있지만 명사名士들이 화禍를 당하는 것을 보고 깊이 숨어 버리고, 『대인선생전大人先生傳』을 만들며 예법禮法에 얽매여 명리名利에 급급한 사람들을 꾸짖는다. 또 『위장론違莊論』이라는 저술이 있다.

④ 유령劉伶: 술을 좋아하며 예禮는 버리고, 『주덕송酒德頌』을 짓는다. 완적, 혜강과 서로 교류한다. 형해形骸 즉 자신의 몸을 토목土木으로 여기며 만물과 같아지기를 기대한다.

⑤ 상수向秀: 『장자莊子』에 주석을 달다가 다 마치지 못한 채 사망한다. 곽상이 이것을 더욱 보강한다. 『곽주장자郭註莊子』가 그것이다. 일찍이 같은 군郡의 산도에게 알려졌다.

⑥ 완함阮咸: 완적의 형의 아들이다. 비파를 잘 연주하며 술자리를 즐긴다. 산도가 천거해서 이부랑吏部郎이 된다.

⑦ 왕융王戎: 위의威儀에 구애받지 않고 담론을 잘한다. 진晉나라 왕실이 혼란해져도 시대와 더불어 부침할 뿐이다. 완적보다 20세가 어렸음에도 불구하고 동년배처럼 교류한다. 원강元康 연간에 사도司徒가 된다.

손작은 서진의 축법호竺法護를 산거원山巨源과 비교하여 다음과 같이 말한다.

축법호의 덕망은 만물의 으뜸이고, 거원의 지위는 도道를 논하는 데까지 오른다. 두 분의 풍모와 덕망은 높고도 멀어서 비슷한 부류라고 하기에 충분하다.

또 서진의 백법조白法祖를 혜강과 비교하여 다음과 같이 말한다.

백조帛祖(백법조)의 조짐은 관번管蕃이라는 사람에게서 시작하고, 중산中散(혜강)의 재앙은 종회鍾會에게서 생겨난다. 두 현인 모두 빼어난 기상을 지녔지만 세상일 밖에 마음을 두느라 세상을 가볍게 여겨 화를 불러들인 것이 거의 다르지 않다.

또 동진의 우법란于法蘭을 완사종阮嗣宗(완적)과 비교하여 다음과 같이 말한다.

우법란은 몸소 고상하고 오묘한 행적을 남겼으며 거의 지인至人의 부류다. 완적은 보병으로 홀로 날뛰어 비할 바 없이 뛰어났으며 역시 우법란과 짝할 만하다.

또 동진의 지도림支道林(지둔)을 상자기向子期(상수)와 비교하여 다음과 같이 말한다.

지둔과 상수는 『장자』와 『노자』를 숭상한다. 두 분이 시대는 다르지만 현玄

을 숭상한 모습은 같다.

또 동진의 축법심竺法深(축도잠)을 유백륜劉伯倫(유령)과 비교하여 다음과 같이 말한다.

축법심의 도道는 깨끗하고 깊고 무거우며 멀고도 크게 헤아린다. 유령은 방자한 생각으로 방탕하게 생활하면서 우주가 작다고 한다. 비록 고상한 점에서는 유령이 미치지 못하지만 광대한 것 자체로는 똑같다.

또 동진의 우도수于道邃를 완함과 비교하여 다음과 같이 말한다.

비록 자취에는 높고 낮음이 있지만 고상한 모습은 한가지다.

이것은 어떤 사람이 "완함은 여러 번의 원한이 있고, 우도수는 맑디 맑은 명예가 있다. 어떻게 상대가 되겠는가[咸有累騎之譏, 邃有淸冷之譽. 何得爲匹]"라고 한 것과 대조적이다.

또 동진의 축법승竺法乘을 왕준충王濬沖(왕융)과 비교하여 다음과 같이 말한다.

법승과 안풍安豐(왕융의 작위爵位)은 어려서부터 슬기로운 통찰력이 있었다. 비록 도인과 속인으로서 다르게 지녔더라도 동서와 남북으로 나뉜 밭둑길처럼 서로를 비교할 수 있다.

『도현론道賢論』은 현존하지 않지만 『양고승전梁高僧傳』 중에서 인용하고 있다. 당시 단지 7현賢뿐만 아니라 아류들이 넘쳐 났으며 대개 멈출 줄을 몰랐다.

왕연은 왕융의 동생이다. 날마다 옥병玉柄의 진미塵尾를 붙잡고 온종일 청담淸談하면서 들어 올리며 자신을 다스렸다는 소문이 있다. 돈을 비하하여 돈이라 하지 않고 아도물阿賭物 즉 이것저것이라고 그냥 부른다. 왕징은 왕연의 동생이다. 악광은 왕융에게 천거받으며 혼자가 아님을 기뻐한다. 위개는 악광의 사위다. 완수는 완함의 조카다. 모두 다 노장과 역학에 능통하고 담론을 잘해서 한 시대를 이끌 만한 중요한 인물들이지만 시대를 구제하지 않았을 뿐 아니라 도리어 시대적 폐해에 빠져 조장한 감이 있다. 그렇더라도 이들은 참으로 시대의 이상적 인격이었다. 이로써 양진시대의 사조思潮를 알아야 할 것이다.

이에 대한 반동으로서 진晉의 유송劉頌이 치도治道를 논하고, 진의 부함傅咸이 옳고 그름을 따지기도 하지만 도리어 세상 사람들에게 속리俗吏로 매도당한다. 배위裴頠의 『숭유론崇有論』, 강순江淳의 『통도숭검론通道崇檢論』 또한 시대적 폐해[時弊]를 구하기 위해 만들어진다. 그러나 도저히 그 풍조를 어떻게 하지 못한다. 『문헌통고文獻通考』에 "하안과 왕연이 헛소리를 즐기며 제멋대로인데 혼란해지기에 충분하다[何晏王衍樂其誕而自肆則足以致亂]"라고 한 것은 청담자류淸談者流가 시폐時弊를 구제하지 않을 뿐 아니라 도리어 조장하고 결국 진晉나라 왕실의 멸망을 초래했음을 가리킨다. 이 풍조는 도도하게 천하에 넘쳐 흐르고 불교도 역시 벗어나지 못한다. 동진 초기 남하南下한 강법창康法暢, 강승연康僧淵, 지도림 등은 왕성하게 청담淸談하며, 청담격의淸談格義로부터 불교를 구해 내려 한 도안조차도 습착치와의 문답에서 청담의 그림자가 나타나기에 이른다. 아마 불교도들 사이에 청담적 담론의 풍조나 무위염담無爲恬澹의 풍조가 있는 것은 노장자류老莊者流의 영향이다. 당시 노장적 풍조는 그 누구든 벗어날 수 없을 정도로 사상계를 풍미하며 인심의 밑바탕을 흔들어 놓는다.

　여기서 한 가지 문제가 있다. 이 청담淸談이란 것이 단순히 노장자류老莊者流가 만들어 낸 것인지 혹은 불교의 영향인지 어떤지가 문제다. 청담의 형식, 제목, 효과 등은 아무래도『유마경維摩經』과 비슷한 점이 있다. 그리고『유마경』이 오나라 지겸에 의해 번역되어 크게 애독愛讀되었다는 것은 승조가 이것을 읽고 출가의 뜻을 내어 양주涼州에 가서 나집을 따르며 나집과 함께 장안長安으로 왔다는 사실이 잘 말해 준다.『유마경』이 얼마나 사상가들에게 애독되며 감화를 주었는지는 남북조시대의 금석金石이나 석굴石窟 등에『유마경』을 소재로 하거나 배경으로 삼은 수효가 거의 무한할 정도의 상태라는 것을 통해 알 수 있다. 일단 이것을 본다면 청담의 풍조가『유마경』을 유행시켰다고 할 수도 있지만, 한 걸음 나아가 생각해 보면『유마경』의 전역傳譯이 어쩌면 도리어 청담이라는 일종의 사상적이고 탈속脫俗적인 취미를 창조한 것은 아닐까? 아니면 청담의 풍조가 있는 사상적 취미가 불교와 교섭이 없이 발생했다고 하더라도 오나라시대에 일찍이 번역되었던『유마경』이 이것에 큰 성원을 해 주어 진짜 청담을 나타나게 했다는 것에는 다툼의 여지가 없다. 남북조시대에 그렇게나 왕성하게 애독된 이 경전이 바로 이전의 삼국시대나 서진시대에 애독되지 않았을 이유가 없고, 그렇다면 영향을 주지 않을 이유가 없다. 이 점에 관해서는 후일에 좀 더 자세한 연구가 이루어지기를 기대한다.

2) 서진西晉시대의 도사道士와 도서道書

서진시대의 도사道士 중에 유명한 사람은 왕부와 진서 두 사람이다. 양나라의 『고승전高僧傳』에 따르면 왕부는 백법조와의 다툼에서 굴복했기 때문에 『화호경化胡經』을 제작해서 불교를 폄하하려 한다. 수나라 법경法經 등이 편찬한 『중경목록衆經目錄』의 대승경위망부大乘經僞妄部에 따르면 이 경전은 『왕화내외경王化內外經』이라고도 부르며 3권이라고 한다. 당나라 법림法琳(572~640)의 『변정론辨正論』 중에 진세잡록晉世雜錄 및 배자야裴子野(469~530)의 『고승전高僧傳』을 인용하여 이 책이 『위략서융전魏略西戎傳』에 가탁해서 만든 것이라고 한다. 이 『화호경』은 중국불교사를 통틀어 도교도들을 움직이게 만든 것으로서 이 책의 유포는 많은 화호경을 만들어 냈을 뿐 아니라 우전于闐 지역 서쪽 5리里에 있는 비마사比摩寺를 화호성불化胡成佛 즉 호인胡人을 교화해서 성불하게 한 유적으로 삼도록 하기에 이른다. 화호경은 원나라 시대에 금지된 이후 자취가 끊어졌는데, 최근에 스타인에 의해 돈황석굴에서 한 가지가 부분적으로 발견되었다. 내용적으로 볼만한 것이 못 된다고 하더라도 도교도에게는 최고의 권위를 갖는다는 점에서 간과할 수 없는 것이다. 불교도의 삼성화현설三聖化現說은 아마 이것에 자극받아서 발생한 것이다. 대개 화호化胡라는 이름으로 불리는 것에는 『노자화호경老子化胡經』, 『노자서승화호경老子西昇化胡經』, 『명위화호경明威化胡經』, 『화호소빙경化胡消氷經』, 『노자개천경老子開天經』이 있다. 또 돈황석굴에서 나온 잔편殘篇 2권 역시 그중의 한 가지로서 20권 중의 1권과 10권이다. 그 안에 ① 삼마저타왕三摩咀吒王과 구시나게라왕拘尸那揭羅王과 실라벌왕室羅伐王 같은 왕명王名이 있고,

② 불타佛陀와 공구孔丘와 말마니末摩尼가 모두 태상노군의 교화의 이익을 받았다고 하면서 "이때에 이르러 황색과 백색의 기氣에 합쳐져 삼교가 하나로 뒤섞여서 다 같이 나에게로 돌아왔다[當此之時, 黃白氣合, 三敎混齊, 同歸於我]"라고 한 것은 당대唐代 이후의 것임을 나타낸다. 조송의 종의從義(1042~1091)는 『보주집의補註集義』 중에서 왕부의 경전과 후세의 경전은 동일하지 않다고 논한다. ③ 노군老君의 10호號 명칭으로서 『보현경寶玄經』의 10호와 다르게 태상노군太上老君, 원신지圓神智, 무상존無上尊, 제왕사帝王師, 대장부大丈夫, 대선존大仙尊, 천인부天人父, 무위상인無爲上人, 대비인자大悲仁者, 원시천존元始天尊이라고 한 것은 『보현경』보다도 한층 더 불교화해서 부처의 10호와 더 많이 닮은 점이 있다.

불교자가 공로孔老 이교二敎를 불교의 지파支派로 삼으려고 기획한 것은 동진시대에 나타나는데, 서진시대의 화호성불化胡成佛사상에 반항한 것임을 짐작케 한다. 이러한 반항사상의 대표적인 경전은

『천지경天地經』, 『청정법행경淸淨法行經』,
『공적소문경空寂所問經』, 『관정경灌頂經』

으로서 내용 중에 노자[老]와 공자[孔]와 안회[顏]의 화현설化現說뿐만 아니라 복희伏羲와 여와女媧도 권화權化라고 한다.

왕부는 학자이지만 진서는 바로 삼장三張의 뒤를 이은 도사道士다. 당나라 명개의 『결대론決對論』에서 서진 무제武帝의 함녕咸寧 2년(276) 좌도左道로써 민중을 현혹시키며 스스로 천사天師라 부르는데 그 무리

가 수천 명이다, 익주자사益州刺史 왕준王濬에게 토벌당한다고 한다.
당나라 법림의 『파사론破邪論』에서도 『진양춘추晉陽春秋』를 인용하며
"도道를 익혀서 멸족당한다[習道而滅族]"라고 한다. 그들이 정치적 압박
을 받은 것은 그들의 운동이 사회 조직에 대해 위협적으로 보였기 때
문이다.

3) 동진東晉시대의 불교와 도교

위진시대 청담淸談의 풍조는 격의格義라는 것을 발생시키게 된다.
격의란 외서外書를 예시로 삼아 불교를 설명하는 것을 말한다. 축잠竺
潛(축도잠)은 34년간 천태산天台山에서 가까운 회계會稽의 섬산剡山에
서 『노자老子』와 『장자莊子』를 해석하고, 그 뒤를 쫓아 섬산에 도달한
지둔 또한 『장자』 소요유逍遙遊에 주석[註]하기도 한다. 따라서 불교를
설명하면서 노장으로 하는 경우가 있다. 북방北方에서는 중산中山 지
역의 강법랑康法朗과 하간河間 지역의 축법아竺法雅가 격의를 가장 잘
했다. 법아는 도안道安과 법태法汰(320~387)의 학우學友다. 격의의 특
색은 『노자』와 『장자』를 표준으로 삼아 불교를 대응시킨 데 있다. 노
불사상의 조화이기는 하지만 노장을 주로 삼아 불교를 포용하는 것이
특색이다. 도안은 그 풍조에 만족하지 않고 불교를 독립적으로 연구
해야 한다고 주장한다. 도안은 348~349년 사이 법아 및 승선僧先과 함
께 불교를 연구할 때 이 주장을 하는데 승선은 망령스럽게 선배들한
테 시비를 따져서는 안 된다고 하고, 도안은 도道에 선후배의 구별은
없다고 말한다. 여전히 완전하게 『노자』와 『장자』의 영향에서 벗어
나지는 못했다고 하더라도 불교사상에 해방의 기운을 만든 최초의 사

람으로서 도안을 내세워야 한다. 당시의 불교학자는 누구든 『노자』, 『장자』, 『역易』에 능통해서 다소 격의적 특성을 지니지 않을 수 없었다. 도안의 제자 혜원조차 격의적 특징이 있는 것은 배운 데 따른 자연스러운 영향이다. 당시의 불자佛者들이 배운 것은 다음과 같다.

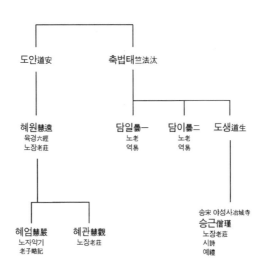

동진의 불교자에는 육경六經이나 『노老』와 『장莊』에 만족하지 못하고 내던져 버린 혜원이나 승조 같은 사람이 있고, 혹은 『노』와 『장』에 의해 불교를 설명한 축잠이나 지둔 같은 사람이 있다. 누구든지 간에 주요한 불교학자로서 『노』, 『장』, 『역易』에 능통하지 않은 사람은 없다. 또 노장가老莊家로서 불교에 통달한 극초郗超(치초郗超, 336~378)와 하점何點(437~504) 같은 사람이 있다. 극초는 지둔을, 하점은 우법개于法開를 조술祖述한다. 극초는 억억의 자식이고 자字는 가빈嘉賓이며, 아버지 음愔이 극담郗曇과 함께 천사도天師道를 신봉하고 하충何充과 하준何準이 불교에 귀의한 것을 두고 세상 사람들이 "두 명의 극郗은 도교에 빠지고, 두 명의 하何는 불교에 귀의한다[二郗諂於道, 二何依於 佛]"라고 한 말을 들어 가면서도 불교에 마음을 맡겼던 것은 양 교 사 이가 무위無爲와 청허淸虛라는 점에서 일치해서다. 시류時流에서 초연 한 지둔도 항상 그를 존중한다. 극초의 저술로서『봉법요奉法要』가 있 다.『홍명집弘明集』에 보존되어 있다. 내용상『이출십이문異出十二門』, 『정재正齋』,『니원泥洹』,『십이문十二門』,『차마갈差摩竭』,『성구成具』, 『현자덕賢者德』,『본기本起』,『유마維摩』,『보요普曜』등 여러 경전을 인용하여 불교의 줄거리를 서술한다. 양나라 승우의『출삼장기집出三 藏記集』에 의하면 극초가 축법태竺法太의 본무난本無難 즉 본무 개념에 대한 의문에 대해 답변한 것이 있고, 지법사支法師와 개법사開法師 그 리고 법준法濬에게 보낸 편지가 있으며, 사경서謝慶緒와 주고받은 편 지 5통이 있고, 부숙왕傅叔王과 주고받은 편지 3통이 있으며, 또 전생 론全生論과 오음삼달변五陰三達辨과 통신주通神呪와 명감론明感論 그리 고 논삼행論三行 상하上下와 서통삼행叙通三行 등의 글이 있다고 한다. 이로써 그의 학문의 깊이를 알 수 있다.

동시대의 손성은 불교사상에서 얻은 것을 유교에 활용하며 시대의 사조에 반항하여『노담비대현론老聃非大賢論』을 쓰고 또『노자의문반 신老子疑問反訊』을 지어 노자를 비판하지만, 그의 동생 손작은『유도 론喩道論』을 지어 불교를 중심으로 한 삼교의 조화를 논하고 또『도현 론道賢論』을 지어 칠현七賢과 칠도인七道人을 비교한다. 어느 것이든 노장사상의 유포를 보여 준다. 격의格義가 발생한 것은 당연하다.『노 담비대현론』과『노자의문반신』은『광홍명집廣弘明集』에,『유도론』은

『홍명집弘明集』에 수록되어 있다.

격의格義의 풍조는 양진에 그치지 않고 남북조시대 초기까지 이어
진다. 송 초기에는 동진의 뒤를 이어 연구자가 상당히 많았지만 점점
줄어들어 제齊나라에 이르러서는 급격히 그 수가 감소한다. 불교가 융
성하여 이교二敎를 능가했기 때문이다. 양나라『고승전高僧傳』에서 조
사하여 알아낼 수 있는 것은 다음과 같다.

- 송宋 도생道生: 야성사冶城寺 승근僧瑾(『노老』, 『장莊』, 『시詩』, 『역易』).

  야성사冶城寺 혜통惠通(『노老』, 『역易』).

  혜엄慧嚴(『노자약주老子略註』).

  혜관慧觀(『노老』, 『장莊』).

  팽성사彭城寺 도연道淵: 혜림慧琳(『모毛』, 『장莊』).

  지빈智斌(『모毛』, 『시詩』, 『장莊』, 『노老』): 담도曇度(『노老』, 『장莊』,

  『역易』, 『춘추春秋』)(『승근전부설僧瑾傳附說』).

  오흥소산吳興小山 담요曇瑤(『노老』, 『장莊』).

  호구산虎丘山 담제曇諦(『역易』, 『예禮』, 『춘추春秋』).

  팽성사彭城寺 도성道盛(『주역周易』).
- 제齊 혜기慧基(주옹周顒과 장융張融의 친구).

  승혜僧慧(종병宗炳과 유규劉虬의 친구).

  홍충弘充(『노老』, 『장莊』).

이들을 대략 관찰할 때 우선 주목해야 할 것은 양진시대 불교자佛敎
者의 격의格義가 제대齊代에 와서 위치가 바뀌어 유자儒者와 도사道士

의 격의가 된다는 바로 이 점이다. 풍조가 정반대가 된다고 해야 한다. 요컨대 양진시대는 노불 이교二敎가 유교의 범위를 잠식하면서 위치를 차지하기 위한 투쟁의 시기로서 삼교가 쇠약해지거나 성장하는 동안에 활기가 충만해진다.

동진시대의 도사 중에 노송盧悚과 손은孫恩이 있다. 연양가煉養家로서 포정鮑靚, 허매許邁, 갈홍葛洪이 있다. 노송은 팽성彭城의 도사다. 당나라 명개의 『결대론決對論』에서 "진晉나라 문제文帝(?)의 태화太和 원년(366)에 스스로 대도좨주大道祭酒라고 부르며 사술邪術로써 민중을 현혹시키고, 새벽에 광한문廣漢門을 공격했다. 환비桓祕 등이 주살했다" 등등이라고 한다. 손은은 종산鐘山에서 무리를 모아 난동을 일으킨 사람이다. 당 법림의 『파사론破邪論』에서 『진서晉書』를 인용하여 "선仙을 익혀서 진나라를 깨뜨린다[習仙而敗晉]"라고 하고, 법림의 『십유구잠十喩九箴』에서도 진나라를 손상시킨 일[敗晉]을 이야기한다. 모두 삼장三張의 교도敎徒로서 삼장의 장점은 얻지 못하고 미신迷信과 야심野心만을 계승한 것 같다. 어쩌면 이름을 삼장의 법法에 가탁한 흉악한 무리라고 해야 할까? 양나라 이전 석현광의 『변혹론辯惑論』에서 삼장 이래의 천사도天師道에 관해 종류, 특색, 기치의 차이를 말하고 있는데 정리하면 다음과 같다.

- 장릉張陵: 천사도天師道라고 일컬음. 오두미교五斗米敎를 설립. 황부黃符.
- 자로子魯: 귀도鬼道라고 일컬음. 도탄재塗炭齋를 제정. 대강戴絳.
- 노송盧悚: 자표紫標.

· 손은孫恩: 자도紫道라고 일컬음. 합기合氣를 실행. 고허孤虛.

포청鮑靚(포현鮑玄)은 진류陳留 지역 사람이고 남해태수南海太守다. 갈홍과 사이가 좋다. 갈홍은 그의 딸을 아내로 맞이한다. 이미 흔적이 사람 바깥으로 사라졌고『삼황경三皇經』을 찬술했다. 허매는 구용句容 지역 사람이다. 포청을 따르며 지요至要 즉 지극한 요체를 탐구하고, 왕의지王義之와 친구다. 벽곡辟穀하며 복기服氣하고, 일기천식一氣千息했으며 아마 죽산竹山에 들어가 지선地仙이 되었다고 전해진다.

4) 갈홍葛洪

『포박자抱朴子』의 맨 뒤에 추가된 자서自叙에 따르면 갈홍은 자字가 치천稚川이고 단양丹陽 구용句容 지역(양주揚州 건강建康의 동남쪽) 사람이다. 20살 무렵부터 저술에 종사하고, 나중에 초청받아 광주廣州에 갔을 때 관직에 나오도록 요청받았지만 나아가지 않고 산림으로 물러나 송교松喬(적송자赤松子와 왕자교王子喬)의 도道를 닦으며 복식服食하고 양성養性하는 데 힘써서 일가一家의 말을 확립하여 자서子書 즉 일종의 사상서를 만들기 시작하며, 동란動亂을 맞닥뜨렸음에도 붓을 던지지 않기를 10여 년, 건무建武 중(371)에 이르러서 마무리 짓는다. 찬술한 것 중에 중요한 것은 다음과 같다.

· 『포박자抱朴子』내편內篇 20권, 외편外篇 50권.
· 『신선전神仙傳』10권.
· 『은일전隱逸傳』10권.

내편內篇은 도가道家에 속하며 신선방약神仙方藥 즉 신선이 되는 처방약, 귀계변화鬼悸變化 즉 귀신의 기이한 변화, 양성연년養性延年 즉 양성을 통한 수명 연장, 양사각화禳邪却禍 즉 액땜하기 위한 푸닥거리 등을 말하고, 외편外篇은 유가儒家에 속하며 인간의 득실得失이나 세간의 장부臧否 즉 선악을 얘기한다. 『포박자抱朴子』중의 「색난塞難」과 「명본明本」 등에서 도유道儒를 대립시키고 있기는 하지만 불교를 논한 것은 없다. 따라서 불교의 영향을 인정할 것은 없다. 그 유도관儒道觀 즉 유가와 도가에 대한 관점은 도가는 멀고 유가는 가깝다 즉 도원유근道遠儒近과 도가가 근본이고 유가는 지말이다 즉 도본유말道本儒末이다.

중니는 유자로서 성인이고, 노자는 도道를 얻은 성인이다. 유교는 가깝고 알아보기 쉽기 때문에 이것을 받드는 사람들이 많다. 도의 뜻은 멀고 알기가 어렵기 때문에 이것에 도달한 사람이 적다. 도는 모든 갈래의 근원이다. 유교는 순박한 커다란 흐름이다. 삼황 이전에는 도치 즉 도로 다스렸고, 제왕 이래는 유교다.　　　　　　　　　　(내편內篇 권2의 「색난塞難」 제7)

누군가 유교와 도가의 선후를 물었다. 포박자는 도가가 유교의 근본이고 유교는 도가의 지말이라고 답한다. 혹은 도道가 근본이고 유교는 말류로서 이미 명령을 듣는 것이다, 지금은 좀 다른데 사실은 무엇인가라고 물었다. 포박자는 유교는 제사를 지내며 복을 바라고 도가는 올바른 실천을 통해 삿된 것을 물리친다, 유교에서 애착하는 것은 권세와 이익이고 도가에서 소중히 여기는 것은 무욕無欲이다, 유교는 명리에 급급하고 도가는 하나를 간직하는 것이 유일한 선善이다, 유교에서 가르치는 것은 다듬어 놓은 부령簿領이고 도가에서 익히는 것은 정情을 털어 내는 교계敎戒라고 답한다.　　　　　　　　　　(내편內篇 권2의 「명본明本」 제10)

이 말에 특이한 것은 없지만 유교에 대한 도가의 비판적 태도 및 사상적인 면에서 도가의 요구 중에 주목할 만한 것이 있다.

내편內篇 권4의 「하람遐覽」 제19에서 도경道經의 명칭을 열거하는데 190부部 650권卷 이상이고, 대부大符가 55종種이며 소부小符는 기록하지도 않는다고 말한다. 경經 안에는 다음과 같은 것이 있다.

- 『삼황내문三皇內文』 3권, 『양생서養生書』 105권.
- 『태평경太平經』 50권, 『태청경太淸經』, 『영보황자심경靈寶皇子心經』.
- 『오악경五嶽經』, 『위백양내경魏伯陽內經』, 『황정경黃庭經』.
- 『문시선생경文始先生經』, 『현통경玄洞經』 10권.

당시 이미 연양煉養과 복식服食에 관한 전적典籍이 매우 많았다는 증거다.

『포박자抱朴子』에 불교의 영향이 있는지 여부는 불분명하지만 「하람遐覽」편에 범부凡夫라거나 중생衆生, 신앙심이 독실하지 않다[信心不篤], 이것을 베풀어 사용해도 실행되지 않는다[施用之亦不行]라고 한다. 영향이 있는 것 같다. 갈홍은 후세 도교의 성전聖典인 『태상감응편太上感應篇』의 작자로 간주되지만 이 책은 아마 유송시대 이후에 만들어졌을 것이며 유송 이후가 아니고서는 나타나지 않는 삼교三敎 혼화混和의 사상으로 작성된다. 그렇기는 해도 그 요소는 『포박자』 중에서 나타난다.

도장道藏 중에서 갈홍에 속하는 것으로 다음과 같은 몇 부部가 있다.

- 치천진인稚川眞人,『교증술較證術』1권.

- 『환단주후결還丹肘後訣』3권(갈홍葛洪진인眞人 찬찬撰, 당唐 오달령作
達靈진인眞人 기記, 여조呂祖 사진寫眞 및 자찬自贊).

- 『포박자신선금약경抱朴子神仙金約經』3권.

- 『금목만령론金木萬靈論』.

- 『원시상진중선기元始上眞衆仙紀』1권(갈홍침중기葛洪枕中記).

- 『태청옥비자太淸玉碑子』: 갈치천葛稚川에게 전수한 금석구결요병
가金石口訣瑤瓶歌를 포함.

- 『대단문답大丹問答』: 갈포박葛抱朴에게 전수한 말 외의 단기丹記.

도교가 교회敎會로서 독립한 것은 북위의 구겸지 이후이지만 후한
이래 신격화된 노자는 동진시대에 와서 일종의 형식을 갖춘다.『포박
자抱朴子』에서는 다음과 같이 말한다.

노군의 진짜 모습을 생각해 보자. 성은 이李씨, 이름은 담聃, 자字는 백양伯
陽이다. 키는 9척尺 즉 약 270센티미터이고, 황색 피부에 입이 튀어나와 있
고 코가 높다. 눈썹 길이가 5촌寸 즉 약 15센티미터이며 귀의 길이는 7촌 즉
약 21센티미터다. 이마에 주름이 3개 있다. 위에서 아래로 쭈욱 발끝까지 8괘
가 그려져 있는 신상神象이 형상이다. 누각은 금으로 되어 있고 집은 옥이며
계단은 은으로 되어 있다. 오색구름으로 된 옷을 입고 이중으로 된 모자를 쓰
며 무딘 칼과 창을 갖고 있다. 종횡으로 동자 120명이 있다. 왼쪽에는 13마
리 청룡, 오른쪽에는 26마리 백호, 앞에는 24마리 주작, 뒤에는 72마리 현무
가 있다. 12궁기가 앞을 이끌고 36벽사가 뒤를 따른다. 천둥과 번개가 위에
서 번쩍번쩍 빛난다. 이 사실은 선경仙經에 나온다. 노군을 만나면 수명이

연장되고 마음은 일월과 같아진다. (내편內篇 권3의 「잡응雜應」 제15)

양대 교체기에 이르러 도가道家의 본존本尊이 된 천존상天尊像은 이와 같은 노군상老君像의 내용과 형식을 모두 완비한 것이다. 천존상에 이르러 내용과 형식 모두 불교의 영향을 받게 되지만『포박자抱朴子』의 노군상에서는 아직 그 영향이 없다는 점에서 전후를 대조할 경우 주의를 기울이게 만드는 점이 있다. '이마에 3개의 주름이 있고, 위에서 발아래까지 8괘가 있고, 이중의 모자, 날카로운 칼과 창'이라고 하고, 전후좌우에 네 마리의 신수神獸를 따르게 한 것은 완전히 중국적인 특색이다. 이러한 도상道像이 나중에 천존상이 되는 과정은 이윽고 도교의 불교화를 말해 주는 것으로서 남북조에서 도교의 불교화는 일개 조상造像에서도 표현되고 있다.

교회敎會 독립시대(남북조南北朝)   제2장

1. 서序

위진魏晉 이래 250년 동안 노장사상과 불교사상은 서로 인연이 되며 국민들에게 보급되지만 민족의 동요는 문화의 개조를 촉진하고, 남북조에 이르러서는 불교의 고원한 이치가 점차 노장사상의 위로 나아가 기존의 천박한 조화설을 제거하고 은연중에 사상 통일의 원리가 됨으로써 조야朝野가 모두 불교로 달려가게 된다.

이 시대의 도교는 또 불교 경전을 모방해서 많은 도전道典을 새로 제작하고, 불교 의례를 모방해서 종교로서의 면모를 구비함으로써 민

속의 관심을 끌어모아 세력이 융성해져 진한秦漢 이래의 신선도神仙道
와 비교하면 아주 달라진 점이 있다. 새로운 세력인 도교는 나아가 불
교를 완전히 없애려고 기획하기에 이른다. 이렇게 된 데는 자체적으
로 두 가지 원인이 있다.

① 신선도神仙道의 발달이 불교에 대항할 정도가 된 것.
② 민족적 자각이 외국문명의 속박을 벗어나려고 한 것.

북위北魏 태무太武시대의 구겸지寇謙之는 도교를 의례적으로 독립시
킨 큰 인물이다. 조금 뒤로 내려와 송宋에서는 육수정陸修靜과 고환顧
歡이라는 박학한 도사가 동시에 등장해 대론이나 논란에서 불교를 배
격하여 도교 독립의 기세를 보태고, 송제宋齊의 장융張融은 삼교三敎
일치를 주장하며 주옹周顒을 상대로 도불이 같은지 다른지 논란을 주
고받아 사상적인 면에서 도교의 기염을 쏟아 내고, 제齊에 이르러 맹
경익孟景翼은 이교二敎일치를 주장하고 동시에 『삼파론三破論』이 등장
하며 제양齊梁의 사상계를 떠들썩하게 하고, 양梁의 도홍경陶弘景은
불교와 도교를 함께 익히고 동시대의 지릉智稜은 도교에 대해 의미를
해석하여 윤색하며, 북위에서는 담모최曇謨最와 강빈姜斌 사이의 대론
이 있다. 도경道經이 끊임없이 제작된 것은 이 시대다.
　불도 이교二敎는 이와 같이 남북 양쪽 지역에서 혹은 손을 잡거나
혹은 서로 반발하며 이 때문에 양 교兩敎에 유리해지는 수많은 위경僞
經이 등장하는데 불경佛經을 모방한 도경道經뿐만이 아니라 도경에서
배운 불전佛典도 적지 않았다.

2. 국교國敎의 발흥

원래 위魏의 황실은 노불과 깊은 관계가 있는데 북위의 태조太祖인 도무제道武帝는 태산泰山의 승랑僧朗을 예배하고, 천흥天興 원년(398) 에 조칙을 내려 불도佛道를 신봉하도록 권장하며, 서울[京城]에 궁사宮 舍를 정돈하여 신도들이 머물도록 했고, 오급불도五級佛圖 즉 5단계로 된 불도佛圖를 제작하게 하지만, 역시 노자의 말도 좋아해서 암송하기 를 게을리하지 않고, 천흥 연간에 훈밀薰謐이 복식선경服食仙經 즉 복 식服食에 관한 선경仙經을 헌상하자 선인仙人박사를 배치하고 선방仙 坊을 설립해 백약百藥을 제조하게 한다. 종교적인 황실은 특히 도교에 마음을 맡긴다. 태종太宗인 명원제明元帝는 법과法果라는 사문에게 귀 의하며 보국의성자충신후안성공輔國宜城子忠信侯安城公이라는 호號를 주었고(모두 사양함) 항상 그가 있어서 행복해할 정도로 종교적이다. 그 뒤를 계승한 세조世祖인 태무제太武帝는 8세 때 왕위에 오른다. 그 때 도교에는 인물이 있었으며 바로 도사 구겸지이다. 선인인 성공흥成 公興이란 사람과 더불어 처음에는 화산華山의 석실石室에서 나중에는 숭고산崇高山의 석실에서 수도하고 신서神瑞 2년(415)에 구름을 타고 용龍을 부리며 갖가지 신령[百靈]을 이끄는 태상노군太上老君을 감응하 여 만나『운중신과雲中新科』20권을 얻어서 삼장三張의 거짓된 법法인 조미전세租米錢稅 즉 오두미五斗米와 남녀합기男女合氣 즉 방중술房中 術 등을 제거하고 청허한 대도大道에 따르는 예의와 법도를 추가함과 동시에 복식폐연服食閉練과 도인벽곡導引辟穀의 법술法術로써 일반의 관심을 얻었다. 그는 불교를 평가하면서 용맹과 고苦라는 가르침 때문에 제자들은 모두 삭발하고 물들인 옷을 입으며 인간의 도리를 단절한다고 했음에도 불구하고, 이의二儀 즉 하늘과 땅 사이에 36천天과 36궁宮을 설정하고 부처를 32천의 연진궁주延眞宮主라고 함으로써 불교를 포섭하려고 한다. 이와 같이 도교화된 불교는 도홍경의 도표에 나타나지 않는다. 『운중신과계雲中新科誡』는 분명히 불교를 모방한 계율로서 그는 이것에 의해 도교의 부패를 구제하고 의례를 제정해서 도교를 교회教會로서 처음으로 인정할 만하게 만든다. 사도司徒인 최호崔浩는 서역西域과 삼한三韓 지역을 정벌한 공훈이 있다. 먼저 이것에 귀의해 스승으로 섬기며 가르침을 받들고, 『도덕경道德經』을 임금에게 권한다. 왕위에 오른 지 2년 후 시광始光 2년(425)에 태무太武의 나이는 겨우 9세, 구겸지를 천사天師로 삼고 도읍인 평성平城에 도장道場을 건설해 신법新法을 현양하여 천하에 포고하면서 도업道業이 크게 실행된다. 또 겸지의 권유로 도단道壇에 올라 부록符籙을 받고(442) 정륜천궁靜輪天宮이란 것을 건립한다. 그 위에 태평진군太平眞君을 모시면 선도仙道를 획득한다는 말이 있다. 이에 따라 연호를 태평진군으로 바꾼다. 9년(448)에 겸지가 사망하면서 천궁天宮은 결국 완성되지 못하고 중단된다.

세조世祖가 처음에는 불법佛法에 동정하며 혜시惠始를 예경했지만, 유년이 되면서 노장이 먼저 마음속에 자리를 잡았고 또 군사력[武功]에 뜻이 굳건했기 때문에 선화仙化의 술법을 좋아한 데다가 배불가排佛家인 최호의 말을 듣고서 불교를 허망하고 거짓되어 사상을 해롭게 하는 것으로, 쓸데없이 비용만 축내서[冗費] 사회에 독이 되는 것으로 생각하게 된다. 우연히 장안長安의 절에서 음주를 하고, 재산을 쌓아 두고, 활과 화살이 있고, 저장해 둔 물건이 있는 것을 보게 되자 그릇된 법法이라고 화를 내며 장안의 사문沙門을 주살하고 불상을 불 질러 버리며 자신의 치하에서 더 이상 사문이 되는 것은 금지시키고(444), 이어서 "불교는 인정人情에 근본하지 않고, 예의를 파괴하고, 왕법을 멸시하는 오랑캐의 법으로서 한인漢人인 유원진劉元眞(서진시대 사람, 축잠의 스승)과 여백강呂伯强의 무리가 거짓으로 의탁해서 나온 것이다. 비상한 사람이 아니고서는 비상한 일을 할 수 없다. 짐朕은 역대의 가짜[僞物]를 제거하겠다"라고 하며 각 지역에 조칙을 내려 사문들을 어리든 어른이든 모두 묻어 버리고 경전이나 불상은 때려 부수거나 불태워 없앤다(446). 이것은 중국에서 도불 이교二敎의 충돌로 인해 발생한 첫 번째 폐불廢佛로서 매우 심각했는데, 이후 6년이 지나서 문성제文成帝 때 불교가 왕정王政을 보조하며 어질고 지혜로운 선한 본성에 유익하다면서 부흥시키는 조칙을 내린 것을 보면 이 폐불은 결국 실패로 끝났지만, 북제의 무제武帝 때에 이르기까지 왕이 즉위할 때마다 부록符籙을 받드는 고사故事를 남기게 된다. 이 폐불의 원인에는 윤상倫常 문제가 있고(출가出家, 예경禮敬에 어긋남), 사회 문제가 있고(용비冗費, 유민遊民), 사상 문제가 있고(가탁假託, 허탄虛誕), 국가 통일의 요구(안녕安寧, 질서秩序)가 포함되어 있다는 사실을 잊어서는 안 된다. 게다가 과감하게 단행한 바탕에는 종교가 있다는 것 또한 물론이다.

북위에서 성립한 것은 훈밀薰謐의 복식服食에 관한 선경仙經 및 구겸지의 『운중신과雲中新科』 20권이다. 『문헌통고文獻通考』에 인용된 『수서경적지隋書經籍志』 중에는 『운중음송과계雲中音誦科誡』 20권으로 되어 있고, 구겸지가 노군老君의 현손玄孫으로 일컬어지는 이보李

普라는 신인神人을 만나서 온갖 신을 부리는 도록과 진경[圖錄眞經劫召 百神] 60여 권 및 금단이나 운영, 팔석, 옥장 등을 가공하는[銷鍊金丹雲 英八石玉漿] 방법을 얻어서 시광始光 초에 그 책을 헌상했다는 기록이 있다. 그리고 천존天尊 및 여러 선상仙像을 조각해서 공양했다고 한다.

태무太武가 부록符籙을 받들게 되면서 도업道業이 크게 실행되고, 왕이 즉위할 때마다 반드시 부록을 받드는 고사故事가 생기게 되었지만 제의 무제武帝가 업鄴 지역으로 옮겨 가면서 마침내 그만한다. 주(북주) 나라에 이르러 다시 위魏를 계승해 도법道法을 숭봉하고, 왕들마다 예전의 위나라같이 녹錄을 받들게 되었지만 불법佛法과 한꺼번에 이것을 없앤다.

3. 유송劉宋의 육수정陸修靜과 불도佛道 대론

북위의 태무太武가 단행한 폐불廢佛(466) 이후 20년, 유송에 육수정과 고환이라는 두 사람의 도사가 출현해 함께 사상 방면에서 배불排佛을 시도한다. 모두 오吳 지역 사람이다. 육陸에게는 당나라 법림의 『변정론辨正論』에 따르면 논서 8부部가 있다.

육수정은 연대가 매우 분명하지 않으므로 우선 이것을 결정하기 위해 그의 사적을 서술해 보자. 그는 일찍이 같은 오군吳郡의 재사才士인 장융에게 백로진미선白鷺塵尾扇 즉 백로의 꼬리 깃털로 만든 부채를 기증하면서 "이것은 원래 기이한 물건인데 이것으로써 기이한 사람을 받듭니다[此旣異物, 以奉異人]"라고 말했다고 한다. 그때 장융의 나이는 약관弱冠 즉 20세였다. 20세였다면 463년경이다. 또 명제明帝는 태시

泰始 3년(467)에 여산廬山의 육수정의 도道에 대해 듣고 숭허관崇虛館을 건축해 예禮를 갖춰 바치자 풍속에 순응하고 도를 물어 조야朝野의 마음을 귀의하게 한 일이『통기統記』36에 전해진다. 또 태시 7년(471), 명제明帝의 조칙에 따라 경전 목록을 헌상한 일이 주의 견란의『소도론笑道論』및 당 명개의『결대론決對論』에 나타난다.

송나라 조정에서 도사 육수정이 송나라 명제에게 "도가의 경서와 아울러 약방과 부도는 총 1,280권이 있으며 오직 이것만이 맞고, 나머지는 모두 잘못된 것입니다"라고 답한다.

이로써 육수정이 송대의 학자라는 것은 알 수 있다. 조송의 장군방은 육陸을 찬양하면서 도장道藏을 정리한 공적이 지금에 이르러 법식法式이 되었다고 하지만, 도장은 조송 이후의 것이라서 육의 공적은 오직 도장의 기초를 만든 데 지나지 않는다. 육수정이 우화羽化한 즉 사망한 연대에 관해『여산십팔현전廬山十八賢傳』에서는 태시泰始 3년(467)이라 하고,『운급칠첨雲笈七籤』의 본전本傳에서는 원휘元徽 5년(477)이라고 부기한다. 태시 3년은 그가 출경出京한 연도라고 한다면 원휘라고 한 말이 타당할 것이다. 당의 오균이 찬술한 간적선생육군비簡寂先生陸君碑)(『전당문全唐文』926)에 따르면 그가 우화한 연도는 72세 때이다.

그때 단양윤丹陽尹 지역의 심문계沈文季(자字는 백달伯達)라는 사람이 황로黃老를 받들고 능인能仁(부처)을 시기하며 배척하고 의부승국義符僧局이라는 기관을 세워 승려들의 국적이나 소속 등을 문제 삼으며 검열하려고 한다. 이 연도에 조칙을 내려 건양문建陽門에 흥황사興皇寺를 세우고 도성道盛을 강령綱領 즉 책임자로 삼은 효과로 그 일이 잠잠해진다. 도성은 패국沛國 사람이고, 『열반涅槃』과 『유마維摩』를 잘 알며 『주역周易』에도 능통하다. 처음에는 상주湘州 지역에 있었는데 명제明帝의 칙명에 따라 서울[京師]의 팽성사彭城寺에 머물며, 사초종謝超宗이 한 번 만나고서는 스승의 예禮로써 공경한다. 『술교론述交論』, 『생사본무원론生死本無源論』 등을 지었고, 나중에는 천보사天保寺에서 머문다. 천보사에 있을 때는 명제가 붕어한 뒤(473 이후)이다. 심문계가 천보사에서 모임을 마련해 육수정과 도성이 논의하도록 한다. 도성은 이치에서 뛰어나고 또 문장의 기품도 탁월하며, 조롱 섞인 말들이 오고 가도 말하면서 잠시도 흔들림이 없었다. 수정은 생각을 펼치지도 못하고 부끄러워하며 물러난다. 이것이 불도佛道 변론의 처음이다.

육수정에 관한 모순적인 두 가지 사적이 전해진다. 하나는 여산삼소廬山三笑라는 사적이다. 그는 천보天保 5년(555)에 북제의 승통僧統이었던 법상法上과 법法을 경쟁한다. 삼소三笑라는 사적은 가령 혜원이 입적한 연도(417)라고 해도 천보 5년까지는 138년의 시간이 있다. 삼소의 한 사람인 육수정이 북제에서 법을 경쟁할 이유가 없으므로 이 두 가지 사적 사이에는 도저히 양립할 수 없는 모순이 있다. 게다가 모두 사실이 아니다. 육수정의 연대는 장융과의 관계, 명제明帝의 칙소勅召, 도경道經 목록 편찬, 도성과의 문답으로부터 태시泰始에서 원휘元徽까지(465~477) 12년간이 전성기라는 것을 알게 된다. 72세로 장수했지만 혜원이 입적한 연도에는 겨우 12세였을 뿐이다. 84세의 혜원 및 52세의 도연명과 서로 나란히 삼소라는 칭송을 받을 만한 이유가 없다. 아마 삼소라는 전설은 수정이 여산廬山의 도사였다는 사실에서 생겨나 그 안에 삼교 조화의 의미를 부여한 것이다. 제의 장융이 죽음에 임박했을 때 오른손에『소품小品』과『법화法華』를, 왼손에『효경孝經』과『노자老子』를 쥐고 있었다는 재치 있고 뛰어난 행적은 삼교 조화사상이 왕성했음을 알게 해 준다.

　법法을 경쟁한 사적은『광홍명집廣弘明集』4에 나온다. 이것을 간략히 말하자면, 수정은 송과 제 두 시대에 삼장이갈三張二葛을 퍼뜨리고, 왕의 뜻에 맞추기 위해 폭넓게 재의齋儀 즉 의전을 제정하며 소비가 매우 많아졌다. 양조梁祖(양나라 무제武帝)가 조칙을 내려 도道를 버리게 하자 분에 못 이겨 문인들과 함께 망명하다가 제나라로 들어가 금과 옥을 뇌물로 뿌린다. 임금이 이것에 혹惑하게 되면서 천보天保 5년에⁴ 여러 사문들과 도사 10인을 불러 직접 만나서 살펴본다. 도사의 주문은 신통치 않았다. 임금은 대통大統인 법상法上에게 상대해 보도록 한다. 법상은 아래 자리의 승려 담현曇顯에게 응대하도록 했는데 담현은 도사들을 향해 그대들은 하나를 보여 주면 두 개를 보여 줄 수 있다고 하는데 사실인가라고 묻고는 스스로 한쪽 발을 들고 서서 도사들에게 두 발을 들고 서 보라고 함으로써 도사들을 굴복시킨다. 또 조칭 선사禪師의 옷에 도사들이 주문을 걸어 움직이려 해도 옷은 꿈쩍도 하지 않았고, 더욱이 불교는 내법內法이고 도가는 외법外法이라 하는데 안은 작고 밖은 큰 것이라는 도사들의 말에 왕은 안에 거처하고 백관은 밖에 머무는데 왕은 작은 것인가라고 담현이 반론하자 그들의

4　역주 이것은 저본 583쪽 9째 줄의 내용인데, 현존하는『광홍명집』원문에는 5년이 아니라 다음과 같이 6년으로 되어 있다. "천보 6년 9월에 조칙을 내려 여러 사문과 아주 잘 배운 도사 10인을 불렀다[於天保六年九月, 乃下勅召諸沙門與道士學達者十人]"(『廣弘明集』4, 歸正篇第一之四,『大正藏』52, 0112c15~16쪽).

말문이 막히는 등 여러 가지 경쟁을 통해 도사들은 굴복하고, 결국 임금은 불교에 귀의하며 제나라 안에서 두 가지 믿음은 없다는 조칙을 내리게 되었다 등등이다. 이 전설은 아마 주나라 무제武帝의 폐불(574) 이후에 불자들이 배도排道할 의도로 구성한 것으로서 갖가지 모순이 포함되어 있어 도저히 지지할 수 없다.

① 수정의 연대를 송, 제, 양, 북제에 걸친다고 보는 것은 큰 잘못이다. 태시泰始 3년(467)의 칙소勅召에 응한 때를 40세라고 해도 128세로 장수하지 않고서는 북제에서의 법法 경쟁은 있을 수 없다. 그가 사망한 때는 원휘元徽 5년(477)이다. 남제시대(479~502)에서조차 생존하지 않는다.

② 장융, 명제, 도성과의 관계를 볼 때 단순한 도사가 아니며 학자다. 『광홍명집廣弘明集』에 나와 있듯이 술책으로 장난치는 하열한 사람이 아니다.

③ 양조를 배반하고 북제로 망명했다는 말에는 변호하기 힘든 모순이 있다. 양조가 도道를 버리라고 한 것은 504년이다. 북제는 550년부터 시작한다. 그 사이에 46년의 간격이 있다. 하물며 양대에는 수정이 원래 존재하지도 않았다. 당나라 이도사李道士(이중경)의 『십이론十異論』에 대한 주註에서는 육수정이라는 이름 앞에 여본麗本(고려 판본)은 양梁이라고 하지만 명본明本(명나라 판본)은 송宋으로 되어 있다고 한다. 아마 여본에서 양이라고 한 것은 이 전설이 성립한 뒤에 수정된 것으로 도리어 오류에 빠졌고, 예전 그대로를 보존한 명본이 우연찮게 옳았을 것이다.

④ 법상에 관해서는 수나라 『역대삼보기歷代三寶記』에 북제의 문선

왕文宣王에게서 부처의 탄생일과 논서의 저자 등에 대한 질문을 받은 일은 전하고 있지만 법法을 경쟁한 일은 없다.

아마 북제의 법法 경쟁은 도성과 육수정 사이의 문답 및 문선왕과 법상 사이의 문답을 합쳐서 교묘하게 날조되었을 것이다.

① 북제라고 한 것은 송대의 도성과 육수정의 문답을 남제시대로 보고, 남제를 문선왕으로 연상하며, 그리고 북제의 문선왕으로 변화시킨 것이다.

② 천보天保 5년이라고 한 것은 도성이 머물던 천보사天保寺에서 변화한 것이다.

③ 승통僧統인 법상은 강령綱領인 도성에서 한 번 바뀐 것이다. 이미 법상으로 바뀐 다음에 문선왕과 법상의 문답이 더욱 바뀌어 문선왕 앞에서 도사와 법상이 경쟁한 것으로 된다.

④ 조칭稠 선사의 의발衣鉢에 관한 일은 『속고승전續高僧傳』 16에서 보인다. 조칭稠는 문선왕에게 하루 종일 좌선하게 할 정도로 감화를 준 대선사大禪師다. 왕은 어느 날 부처의 위령威靈을 보고 싶다며 강요한다. 조칭稠는 곧 가사袈裟를 땅에 던진다. 수십 명이 가사를 움직여 보려 하지만 하지 못한다.

⑤ 법法을 경쟁한 일은 북주와 당나라 초기의 논문 중에서 인용하고 있는 것이 없다. 만약 사실이라면 도안이나 견란의 글에서 인용하지 않을 이유가 없다.[5]

---

5 여산(廬山)에 있는 육수정(陸修靜)의 유적지는 간적관(簡寂觀)이며 지금도 남아 있다. 대한 양봉(大漢陽峰)의 지봉(支峰)인 금계봉(金鷄峰) 아래에 있고, 귀종사(歸宗寺)의 동북쪽에

위치한다. 저자 본인은 1920년 12월에 이곳을 방문했고 이에 대한 간략한 보고를『고현(古賢)의 유적에』라는 글 속에 게재했다.『여산지(廬山志)』중에서는 간적관(簡寂觀)과 나란히 동악묘(東嶽廟)라고 기록하고 있지만 지금은 간적관이라는 명칭은 존재하지 않고 동악묘라고 한다. 아마 매우 쇠퇴해져 두 개를 합치면서 묘(廟)라는 이름만 남게 되었을 것이다. 문밖에는 돌다리가, 뒤쪽으로는 좌우로 폭포가 있어서 육수정이 살던 때와 상응하는 것이 있다. 문의 벽에 끼워진 작은 비석 중에 "진(晉)의 선사 육수정의 집[晉之仙士陸修靜之居也]"이라는 말이 있어서 간적관 유적지라는 것이 명백해진다. 송(宋)나라 희녕(熙寧) 연간에 진순유(陳舜愈, 자字는 영거令擧)가 편찬한『여산기(廬山記)』중에는 양(梁)나라 천감(天監) 14년에 건립하고 당(唐)나라 보대(保大) 12년에 재건한 사도(司徒)인 오흥(吳興) 지역의 심선(沈璿)이 지은 여산간적관비[廬山簡寂觀之碑]와 당나라 보대 5년에 다시 세운 중악도사(中岳道士) 오균(吳筠)의 간적선생육군비(簡寂先生陸君碑) 이하 6개의 비(碑)를 기록하고 있지만 하나도 현존하고 있지 않아서 매우 유감스럽다.『여산기』는「서산남편(叙山南篇)」아래에서 태허간적관(太虛簡寂觀)에 관해 기록하고 있다. "이곳은 오흥 지역의 육수정이 살던 곳이며, 육수정이 여기에 머물렀던 것은 대명(大明) 5년이다. 태시(泰始) 3년에 명제(明帝)가 칙명으로 소환하자 여러 번 사양하다가 결국 궁궐로 들어가는데 숭허관(崇虛館)에 통선당(通仙堂)을 설치하고 기다리고 있었고, 이에 유석(儒釋)의 인사들을 모아 놓고 장엄한 불사(佛寺)에서 도(道)에 대해 강론하기를 오래도록 하다가 영휘(永徽) 초에 산으로 돌아가기를 요청했지만 허락받지 못하고, 5년 3월 2일에 선화(仙化)한다. 칙령으로 시호를 간적선생(簡寂先生)이라고 함에 따라 비로소 옛집은 간적관이 된다. 간적관은 백운봉(白雲峰) 아래에 있다. 간적관 문 위에 조진각(朝眞閣)이 있다. 전각 앞에는 선생의 초석(醮石) 즉 제사 지내던 제단석이 있고, 뒤에는 도장(道藏)을 석각한 목록이 사방의 벽에 나열되어 있다. 중앙에는 동(銅)으로 된 천존상(天尊像)이 있다. 매우 나이 많은 노인이 이 상(像)은 본래 귀종사(歸宗寺)의 부처인데, 회창(會昌)의 폐불 때 절을 훼손하면서 도사가 챙겼고 절은 복원했지만 돌려주지 않았기 때문에 그 상은 사문의 복장인 채로 관(冠)을 쓰고 있다고 말해 준다. 듣다 보면 헛웃음이 나온다. 간적관[觀]은 양나라에서는 간적관(簡寂館)으로 이름 붙였고, 사도(司徒)인 심선(沈璿)의 찬기(撰記)가 있다. 천감 14년에 세워졌다. 당나라 보응(寶應) 연간에 도사 오균이 또 선생의 신(神)을 만든다. 상원(上元) 2년에 세운다. 2개의 비가 나란히 보대 연간에 중건된다. 이 간적관에서는 진수(陳隋) 이래 당에 이르기까지 사람들의 제영(題詠) 즉 시가(詩歌)를 상당히 보존하고 있다. 서쪽 계곡의 폭포가 처마 앞으로 떨어진다. 북쪽에 다른 폭포수가 있으며 흘러 내려와 서쪽 계곡과 합쳐진다. 간적관의 문밖에는 선생의 연단정(煉丹井)이 있다" 등등이라고 한다. 간적관의 경치를 남김없이 기록하여 눈앞에 있는 것 같다. 만약 당시의 이 기록을 가지고 고금을 대조해 보면 얻는 바가 많을 것이다. 아쉽게도 기록 중에 나타난 건물이나 상과 비 등은 현존하지 않는다. 다만 초석(醮石)만은 여전히 현존하고 있다. 역주 이 내용은 저본 585쪽 7째 줄~586쪽 13째 줄까지, 본문 중에서 들여쓰기하

4. 유송劉宋의 고환顧歡과 이하夷夏 논쟁

고환은 태시泰始 3년에 『이하론夷夏論』을 짓고 이하夷夏를 내외로 구별함으로써 배불排佛을 시도하여 그 후 이교二教 사이에 해를 거듭한 논쟁을 야기한다. 고환의 『이하론』은 배불에 대해 논쟁을 시도한 첫 번째 것으로서 반향이 매우 컸다. 반대론 중에 현존하는 것은 명승소明僧紹(명징군明徵君)의 『정이교正二教』, 사진지謝鎮之의 『난難』 2회, 주광지朱廣之의 『자諮』, 주소지朱昭之의 『난難』, 야성사冶城寺 혜통惠通의 『박론駁論』, 원찬袁粲의 『논論』, 광릉廣陵 지역 승민僧敏의 『융하론戎夏論』이 있다. 혜통은 사도司徒인 원찬의 가칭假稱이라고도 한다. 그 밖에 주옹周顒의 『박론駁論』도 있다고 『통재通載』 9에서 말한다.

『이하론夷夏論』은 전해지지 않지만 『남사南史』 권75의 「고환전顧歡傳」과 『홍명집弘明集』에 있는 승소의 『정이교正二教』, 주소지와 주광지의 『난難』 그리고 혜통의 『박론駁論』을 통해 대체적인 내용을 알 수 있다. 『옥함산방집일서목玉函山房輯佚書目』 권71에 『이하론』을 수록하고 있다. 편자인 역성歷城 지역 마국한馬國翰의 서문[序]을 보면 "『수지隋志』의 도가道家 저서 목록에는 1권으로 되어 있고, 『양梁』에서는 2권이라고 한 것을 보면 수대에는 이미 완질完帙이 없다. 『당지唐志』에는 기록되어 있지 않고, 지금은 사라졌다. 오직 『제서齊書』 및 『남사南史』의 본전本傳에서만 요약해서 싣고 있다. 이것에 근거해 기록한다"라고 한다. 매우 수고스러웠겠지만 아쉽게도 『홍명집弘明集』에 게

여 기술하고 있는 내용이다. 요즘의 글 형식에 맞춰 각주로 처리했다.

재된 많은 논란 중에 인용된 내용을 참조하지 않고 있다. 이것 등을 참조하면 많은 오자誤字가 발견될 뿐만 아니라 문장이 여러 줄 빠져 있다는 것을 알게 된다.

불교의 영향을 크게 받은 도가道家가 남제시대에 이르러 불교를 배척하게 된 것은 도교道敎가 크게 발달했다는 것을 증명하며 또 그러한 발달이 양 교兩敎의 사상 사이를 점차 괴리시켰다는 것을 증명한다.

고환의 자字는 경이景怡, 또 현평玄平이다. 오흥吳興의 염관鹽官 지역 (전당錢唐 지역의 조금 하류下流 지역) 사람이고, 매우 가난했으며, 오흥 동천東遷 지역(태호太湖의 남안南岸에 있음)의 소현지邵玄之로부터 오경五經의 문구를 전해 듣고, 20세 즈음에는 예장豫章 지역의 뇌차종雷次宗에게 현유玄儒 즉 현학玄學과 유학儒學의 여러 의미를 자문한다. 만년에는 황로黃老를 좋아하고 음양서陰陽書를 통틀어 해석하며 술수術數를 부리는데 효험이 많았다. 음식을 절제하고 사람들과 교류하지 않는다. 제나라 고제高帝가 정치를 도우라며 불러서 양주揚州의 주부主簿로 삼는다. 왕위가 계승될 때 산곡신山谷臣 즉 산속 골짜기에 사는 신하가 되겠다고 하면서『정강政綱』1권을 진상하고는 동쪽으로 돌아간다. 왕은 진미소금塵尾素琴 즉 동물의 꼬리털로 만든 거문고를 하사하고, 영명永明 3년(483)에 불러서 대학박사大學博士로 삼는다(『남사南史』권75). 같은 해 섬산剡山에서 사망한다. 그때 나이는 64세다. 고환이 사사師事한 뇌차종은 여산廬山 18현인賢人 중의 한 사람이다. 차종의 자字는 중륜中倫이고 예장豫章의 남창南昌 지역 사람이며, 어릴 때부터 여산으로 들어가 혜원에게 배우며, 무엇보다『삼례三禮』와『모시毛詩』에 밝았다. 원가元嘉 15년(438)에 소환되어 서울[都]로 간다. 그때는 국학國學이 아직 없었다. 계룡산鷄龍山에서 개관開館하고 가르치면서 회계會稽 지역의 주응지朱膺之 및 영천潁川 지역의 유울지庾蔚之와 함께 유학儒學을 세운다. 왕은 뜻을 문예文藝에 두고 단양윤丹陽尹 벼슬의 하상지何尙之에게 현학玄學을, 태자솔太子率 벼슬의 하승천何承天에게 사학史學을, 사도참군司徒參軍 벼슬의 사원謝元에게 문학文學을 세우도록 한다. 사학四學을 아울러 세운다. 임금의 수레가 자주 차종의 관館에 들른다. 오랫동안 있다가 다시 여산으로 돌아가는데 나중에 또 소환되며 종산鍾山 밑에 초은관招隱館을 세운다. 25년(448)에 사망한다(『남사』 권75).

(가) 『이하론夷夏論』

① 논論을 지은 이유를 다음과 같이 서술한다. "불교와 도교는 교화의 도달 지점에서는 같지만 이夷(오랑캐)와 하夏(중국)의 차이가 있다. 그런데 어리석게도 각주구검刻舟求劍하는 사문과 수주대토守株待兎하는 도사들이 서로 다투며 크고 작은 일로 서로 쏘아 대는데 혹은 같은 도道가 지역에 따라 두 가지로 나뉜 것이라거나 혹은 마땅히 다른 풍속을 섞어서 하나라고 한다. 이는 다른 것을 억지로 같다고 하거나 같은 것을 파괴해 다르다고 하는 것으로서 곧 다툼의 이유이자 혼란의 근본이다." — 이것은 이교二敎를 동도이속同道異俗 즉 도道는 같고 풍속이 다르다고 보고, 다른 풍속에 근거해 배척하려는 것이다.

② 도道가 같다고 한 것은 조사祖師가 같으며, 결국에는 같다고 말한 데서 나타난다. 즉 『현묘내편玄妙內篇』의 노자가 부처가 되었다는 말과 불경佛經의 본생本生 부분을 인용하여 두 경전에서 말하는 내용이 부계符契를 합친 것처럼 들어맞는다, 공자와 노자[孔老]가 부처가

아니라면 대체 누가 해당하겠는가라며 도교가 곧 불교이고 불교가 곧 도교라고 단언하고, 더욱이 성인聖人임은 합치하지만 그 자취가 반대라고 하면서 불교를 억누른다. 또 "정진正眞과 니원泥洹은 무생無生의 법法이고, 정일正一과 선화仙化는 무사無死의 법이다. 이름은 반대지만 실질은 합치한다. 그렇지만 무생의 법은 멀다. 무사의 법은 간절하다. 간절한 것은 나아가야 마땅하고, 멀고 먼 것은 미뤄 두는 것이 마땅하다"라고 한다. 이것은 니원과 선화를 실제로는 합치한다고 하면서도 나아가 무사의 간절함을 내세워 무생의 먼 일을 억누르는 것이다.

③ 세속에서의 서로 다른 차이에 관해서 다음과 같이 말한다.

하夏: 한족漢族, 중국	이夷: 오랑캐, 이민족, 외국
단위端委와 진신搢紳 같은 단정한 복장이 있고, 일어서고 앉는 모습이 모두 차분하며, 형체를 온전히 보존하여 제사를 지내고, 죽은 사람은 염하여 관에 잘 넣어서 매장한다.	머리카락을 자르고 검은 옷을 입으며, 여우처럼 웅크리거나 개처럼 쭈그려 앉고, 겉모습을 훼손하며 본성을 바꾸고, 사람이 죽으면 화장하거나 수장시킨다.
온화하다[溫].	잔인하다[虐].

이것 또한 온溫과 학虐으로 대조시켜 세속적인 면에서 불교를 억누르려는 것이다.

④ 이하夷夏라는 세속의 감정적인 차이는 양 교兩敎에 다음과 같은 차이가 나타나게 한다.

도교道敎	불교佛敎
자애롭고 부드러우며 욕심 없이 받아들이고, 선善을 일으키는 기술이자 선을 이어 가는 가르침으로서 자연을 높게 여긴다.	잔인하고 강퍅하며, 악惡을 파괴하는 방법이자 악을 절단 내는 배움으로서 용맹을 귀하게 여긴다.

⑤ 게다가 불교는 실행되고 도교는 진작되지 않는 것은 경전의 차이에서 비롯한다.

	도道	불佛
교教	꾸밈없고 정교하다[質而精]: 거친 사람도 안 믿을 수 없다.	꾸밈이 있고 폭넓다[文而博]: 정밀한 사람도 잘하지 못한다.
언言	진실하게 분석한다[實而析]: 명석한 사람만 나아간다.	화려하게 끌어들인다[華而引]: 어리석은 사람도 다투어 나아간다.
경經	간결하면서 깊다[簡而幽]: 이해하기 어렵다.	번잡하게 드러낸다[繁而顯]: 따르기가 쉽다.

⑥ 이상과 같이 전편全篇을 통틀어 불교 배척에 힘썼음에도 불구하고 오히려 불교의 자취는 밝고 크며 마땅히 만물을 교화하고, 도교의 자취는 은밀하고 미세해서 자기 자신을 위해 이용한다고 말하고 있어서 은연중에 양 교兩教의 우열을 밝히고, 불교의 이치에 관해서는 도저히 어쩌지 못하고 인정하며, 외형적으로만 치우쳐서 배척하려고 힘쓴다. 논지는 다음의 말 속에 나타난다.

배나 수레가 먼 길을 간다는 점에서는 똑같지만, 냇물이냐 육지냐의 차이가 있다. 불교와 도교가 도달하는 점은 균일해도 그 법法을 바꿀 수는 없다. 수레가 냇물을 건너겠는가, 배가 육지를 운행하겠는가.
중국의 본성[性]으로 서융西戎의 법을 따르게 할 수는 없다. 꿇어앉는 오랑캐[夷]의 의례나 엉성한 변론 따위를 대체 본받아야 하겠는가.

(나)『이하론夷夏論』에 대한 여러 사상가들의 반박

◎ 승소는 제군齊郡 지역의 고사高士로서 영명永明 원년(483)에 국사박사國士博士로 초빙되었지만 응하지 않은 인물이다. 그의 논지는 고

환이 노자의 뜻을 상실했다고 지적하며 노자에 대해 동정하면서도 도교에 반대하고, 이와 다르게 불교를 크게 내세우기는 하지만 비교적 공정한 의견을 보여 준다. 우선 노자와 신선도神仙道와 천사도天師道를 구별하고 있는 것을 살펴보자(현광玄光의『변혹론辨惑論』의 도가삼품道家三品은 이 설설에 의거한 것이다).

① 노불 이교二敎에 관해서 다음과 같이 말한다.

> 부처는 근본을 밝히고, 노자는 삶을 온전히 한다. 삶을 고수하는 자는 막히고, 근본을 밝히는 자는 통한다.

이것은 노자의 가르침에 거짓이 없더라도 그 목적이 삶에 있는 이상 생사의 초탈을 목적으로 하는 불교에 비해 속박된 점이 있다는 말이다. 명확한 판단이다.

② 지금의 도가道家(신선도神仙道)는 장생불사를 주로 삼고, 연단하면서 노을을 식량 삼아 생존하며[練丹餐霞] 허물을 벗고 날개가 돋아 신령이 되려고[靈升羽蛻] 하고, 또 신선이 되지 않으면 죽어서 귀신이 되거나 혹은 천조天曹 즉 하늘나라의 관청에 소환되어 일을 거들게 된다고 한다. 이것은 노자와 아주 어긋난다. 그런데 도가의 말이 오히려 세상의 가르침과 어긋나지 않는다. 임금이 선화仙化나 무사無死를 말하는 것은 도가자류道家者流에 빠진 것이다.

③ 장갈張葛의 무리에 이르러서는 부주符呪 즉 부적이나 주술을 노군老君이 전해 준 것이라 하고, 불교를 인용하여 증명한다. 거짓으로 심하게 혼란스럽게 하는 것이다.

이렇게 승소는 노자에 해탈은 없고, 선도仙道는 노자에 어긋나지만 역시 해악은 없으며, 도교에 이르러서는 허용할 수 없다고 하며, 고환이 불로佛老를 올바로 이해하지 못한 데 대해 가르쳐 줄 것이 있다는 태도를 취한다. 그래서 정이교正二敎 즉 이교二敎에 대한 이해를 바로 잡다라고 제목을 붙인 것이다.

◎ 사진지의 사상은 유도 이교二敎의 위에 불교를 배치한다. 불도 이교의 목적은 크게 다르며, 이 근본적 차이를 이해 못 하고 형식의 차이만 주목하는 일은 말단적인 것인데 고환의 글은 본말을 잘못 알았다고 비판하면서 "처음에는 같다고 하고 나중에는 다르다고 하지만, 같다고 한 것은 같은 것이 아니고 다르다고 한 것은 다른 것이 아니다. 왜냐하면 니원泥洹과 선화仙化가 같은 것일 리가 없고, 세속의 말단적인 예禮로는 다르다고 하기에 충분하지 않은 것이다", "불법佛法은 형체가 있는 것을 헛것[空幻]으로 여기고, 자신을 돌보지 않고 사람들을 구제한다. 도법道法은 나 자신[吾我]을 진실한 것으로 여기고 복식服食하여 삶을 기른다. 형체를 단련하여 죽지 않게 한다는 것도 형체를 귀하게 여기지 않는 불교와 근본[宗]을 달리한다. 도道를 보리菩提에, 성聖을 모니牟尼에 대비시키는 것은 부당하다. 전형수사全形守祀 즉 사람의 형체를 온전히 보존하여 제사를 지내는 유교[儒], 섭생양성攝生養性 즉 삶을 잘 지키며 본성을 기르는 도교[道]는 아름다움[美]을 완전히 실현하는 것이기는 해도 선善을 완전히 실현하는 것은 아니다"라고 한다. 또 "도는 하나라고 해도 세속은 둘이다. 세속의 예는 도가 순박하지 않아서 발생한다. 순박한 도를 닦는 사람은 힘써 세속에 반대한다. 말단적인 세속의 예에 근거해 불교를 공격하는 일은 부당하다"라고 말한다. 그리고 『이하론夷夏論』이라는 제목에 대해서 "삼재三

才가 통솔하는 데 이夷와 하夏의 구분은 없다"라고 한 것은 국민적인 것과 세계적인 것의 대립을 생각하게 한다. 글 중에서 "영보靈寶나 묘진妙眞 같은 표현은 『법화法華』에서 채택하여 다듬어서 사용한 것인데 매우 서툴다. 『상청上淸』이나 『황정黃庭』 같은 것은 복식服食을 숭상할 뿐이다"라고 한 것 등은 도교의 경전 연구에 대한 유력한 재료다.

◎ 주광지의 사상은 온건한 조화설로서 이교二敎의 일치와 둘 다 사용할 것을 주장하며, 그 형식은 비판[難]이 아니라 의문[疑諮]의 형태를 취하는데 거기에는 고환을 변호하려는 의도가 있다. 다음과 같이 말한다. "임금이 예경禮敬을 문제 삼아 배척하는 것은 도교[道]에 치우친 것이다. 사진지 선생이 선도仙道를 뜬구름 잡는 소리라고 폄하한 것은 불교[佛]에 치우친 것이다. 나는 예전부터 불교의 교화[法化]에 차츰 익숙해지고, 도교의 풍미[道風]를 맛보았는데 항상 공空을 숭상하고 무無를 귀하게 여기는 것이 그 목표[宗趣]가 하나라고 생각되어 편취하지 않았다. 외국인[夷]과 중국인[夏]을 본성과 용모로 구별하여 중국은 배[舟]만 필요하고 인도는 수레만 필요하다고 하는 것은 불가하다. 이하夷夏가 모두 강건함과 유연함이 있고 배와 수레를 필요로 한다. 이치[理]에 따르지 않는 믿음[信]은 논쟁을 일으킨다. 그래서 이러한 의문이 생겼다."

◎ 상시常侍인 주소지는 도교[道]를 유불의 위에 배치하고, 도교 안에서 유불을 통일하려는 의도가 있어서 함부로 불교를 배척하지 않으며, 고환의 공격이 지엽적인 것에 해당한다고 안타까워하고, 주광지와 마찬가지로 동정적인 태도에서 반론한다. 다음과 같이 "예전에 응길보應吉甫(응정應貞)가 공자[孔]와 노자[老]를 일치시켰는데 이제 당신

은 이씨[李](노자)와 석씨[釋](부처)를 일치시킨다. 만세 동안 갈라진 길이 하루아침에 합쳐지고 역대의 의문과 다툼이 오늘날에야 기쁨을 맞이한다. 세상에 유익한 담론으로 이보다 더한 것은 없지만 아쉬움이 남아서 10개 조목으로 열거하며, 스스로는 풀 수 없으므로 해결해 달라"라고 하면서 답변을 요구한다. 글의 중간쯤에서 고환과 사진지라는 두 현인이 여러 모로 해석[推盪]했다고 하고, 말미에서는 사진지 선생[謝生]도 다른 의견[參差]이 있다고 말한다. 따라서 사진지와 고환이 논쟁한 뒤라는 것을 알 수 있다. 소지는 삼교三敎의 교상敎相에 대해서 자기의 견해를 다음과 같이 서술한다.

성인聖人의 가르침은 반드시 상대에 맞춰서 작동한다. 동쪽 나라는 화사한 것을 귀하게 여겨 곤룡포를 입고 면류관을 쓴다. 예악의 몸가짐, 절도 있는 동작, 잘 갖춰진 복장으로써 그 도道를 널리 퍼뜨린다. 대개 가깝게 끌어온 것이다.

외국의 풍속은 소박한 것을 중요하게 여기기 때문에 매우 질박하게 가르친다. 머리를 모두 깎아서 용모의 아름다움을 떨어뜨리고 의상은 재단하지 않는다. 감정을 막아 밝게 열어서 정신이 환해질 때를 기약함으로써 그 마음을 신장시킨다. 멀게 확장한 것이다.

도교의 가르침은 영지버섯을 따 먹고, 노을을 삼키며, 단약을 복용하고, 태일太一을 호흡하며 낡은 것은 뱉고 새것을 받아들인다. 크게는 신령하게 날아서 우화등선하고 작게는 병 없이 튼튼해진다. 그래서 그 몸을 보존한다. 곧바로 효과가 있는 것이다.

그리고 이것을 비평하며 다음과 같이 말한다.

세 가지 모두 상대에 맞춘 한 가지 작용들이며 내가 말하는 지극함은 아니다. 도道의 극치는 화사하지도 소박하지도 않고, 같거나 다르지도 않고, 가깝다거나 먼 것도 없다. … 원만하게 통하며 적막해서 무無라는 글자를 빌려 표현한다. 오묘한 경계가 이와 같은데 무엇이 다르겠는가.

이것을 볼 때 유교의 순동順動 즉 상대에 맞춰 작동함, 불교의 장심長心 즉 마음을 신장시킴, 도교의 존신存身 즉 몸을 보존함을 구경究竟으로 삼지 않고 그 위에 무無라는 도道를 설정해서 삼교三教의 괴리를 없애려고 한다. 입각점이 삼교 이상의 것은 아니다. 그러나 구경의 경지로 삼은 것은 바로 노자다. 소지는 삼교의 귀추에 관해서 다음과 같이 말한다.

지혜가 두루하지 않음이 없는 것을 정각 즉 바른 깨달음이라고 한다. 통용할 때 순응하지 않음이 없는 사람을 성인聖人이라고 한다. 만물의 의미를 깨달아 일을 이루는 데 도달하지 못하는 일이 없는 것을 도道라고 한다.

더욱이 한 걸음 더 나아가

그러므로 성인聖人은 깨달음을 넘어서지 못하고 깨달음은 도道를 넘어서지 못한다는 것을 당신은 알 수 있을 것이다. 왜 멀리서 구하겠는가.

라고 하여 그의 의도가 유불의 위에 도교를 배치하고 불교를 배척하지 않으면서 도교 안에 이것을 통일시키려는 것임을 알게 된다. 이렇듯 주소지의 입각점은 고환과 같다. 단지 고환처럼 배불排佛하지는 않을 뿐이다. 소지는 환의 공격이 지엽적인 데 그친 것을 아쉬워하는데 다음과 같이 말한다.

깨달음은 도道를 넘어서지 않고, 중국과 외국의 풍속의 차이 때문에 가르침
이 다르게 베풀어졌을 뿐이다. 게다가 그중에 곡례曲禮와 정계淨戒가 똑같이
3백 가지이고, 위엄 있는 몸가짐이나 태도는 똑같이 3천 가지가 있다. 이와
같이 불교[佛]와 도교[道]는 단지 명칭과 형식이 다를 뿐이다. 형식은 지엽적
인 것이며 논거로 삼기에 충분하지 않다.

◎ 야성사治城寺의 혜통은 동해東海 지역 서담지와 진군陳郡 지역
원찬의 스승 같은 벗이다. 원찬이 『거안론遽顏論』을 지어서 보여 주자
반론이 오고 간다. 『현증론顯證論』, 『법성론法性論』 외에 『효상기爻象
記』라는 저술이 있다. 따라서 『노老』, 『역易』의 학자라는 것을 알아야
한다. 그의 글은 도교가 노장의 의미를 이해하지 못한 이상한 술수라
고 보고, 『이하론夷夏論』은 이치를 이해한 것 같지만 사실은 매우 어긋
났다고 하여 노장사상이 신선도처럼 되는 것을 배척한다. 이것을 3개
조목으로 나누어 서술해 보자.

① 도경道經을 인용하여 노자강신설老子降神說을 주장하는 것은 아
무런 근거가 없다고 하며, 이에 대해 경전을 언급하면서 마하가섭摩訶
迦葉을 노자라 하고 광정동자光淨童子를 중니라고 한 말을 인용한다.
여기서 인증한 경전은 『청정법행경淸淨法行經』이다. 다만 『법행경法
行經』에서는 유동보살儒童菩薩을 공구라 하고, 광정보살光淨菩薩을 안
회라 하며, 마하가섭을 노자라고 한다. 혜통의 기억이 잘못된 것인가?
혹은 후세 사본寫本의 오탈자일 것이다.

①[6] 머리를 깎거나 여우처럼 웅크리는 행동을 배척한 것은 노자교

도老子教徒로서의 도사와 상응하지 않는다. 이러한 다른 풍속은 노자의 대도大道가 사라지고 인의仁義가 생겼다라거나 오색五色이라는 화려함을 피하고 많은 재산을 버린다는 취지에 부합한다. 거짓된 감정이 불어나고 알고자 하는 욕구가 발생하면서 예교禮敎가 생기고 법도法度가 갖춰진다. 예禮는 충성과 신의[忠信]가 약해질 때 혼란을 일으키는 시작이다. 그런데 도사인 당신이 예 따위에 구애되어 이민족의 꿇어앉는 동작[胡跪]을 여우가 웅크리는 것 같다고 비유하는 것은 어찌 된 일인가?

① 선화仙化나 무사無死 같은 말은 근거가 없다. 노자는 "지나치게 살려고 하면 반드시 죽음에 이른다[生生之厚, 必之死地]"(『노자』25장), "천지가 오래오래인 까닭은 스스로 살려 하지 않아서다[天地所以長且久者, 以其不自生也]"(『노자』7장)라고 한다. 삶을 잊은 존재는 생존하고 삶을 보존하려는 존재는 반드시 죽는다. 노씨老氏에게 오미五味에 대한 경계가 있지만 곡식을 끊으라는 가르침은 없다. 그런데 지금 무사나 선화를 말하는 것은 근거가 없을 뿐 아니라 반드시 죽게 될 텐데 삶이라고 하는 것이다. 예부터의 성현聖賢에게 결국 귀의하는 것도 없으며, 그리고 홀로 불사不死라고 말하는 것은 함부로 하는 것이 아닌가.

혜통의 논지가 타당하다고 해도 삼성화신설三聖化身說을 주장한 것은 종교적 버릇이다. 『불조통기佛祖統記』36에서 통공通公은 사도司徒인 원찬의 바뀐 이름이라고 하지만 논지와 자료로 볼 때 원찬이 아닌

6 　역주　저본 595쪽, 첫째 줄. 3개 조목으로 구분하면서 1, 2, 3이 아니라 1, 1, 1로 구분하고 있다. 이하 승민(僧敏) 부분도 마찬가지다.

것으로 보인다.

원찬의 글에서는 공로孔老와 석씨釋氏는 출발점을 달리한다, 공로는 세속을 가르치고 석씨는 삶을 벗어난다, 그 때문에 귀추가 다르다, 선도仙道는 변형된 것이고 죽음이 없을 수는 없다, 니원泥洹은 신령해지는 것[陶神]이며 무사無死의 경지다 등등이라고 한다. 글의 줄거리는 『통재通載』9에 게재되어 있다.

◎ 광릉廣陵 지역 승민의 『융화론戎華論』은 『이하론夷夏論』의 중국 중심설에 대한 천축天竺 중심설이라고도 부를 만한 것으로서 여러 가지 점에서 양국의 차이를 변론한다.

① 개조開祖의 대소를 변별하여 노자는 한 지역[一方]의 철인[哲]이고, 부처[佛]는 모든 신의 으뜸[宗]이라고 한다.

① 양 교 경전의 차이를 다음과 같이 변별한다.

도경道經	불경佛經
좁고 얕다[少而淺], 드물고 거칠다[尠而穢], 탁하고 가깝다[濁而近], 가깝고 어둡다[近而闇].	넓고 깊다[廣而深], 크고 맑다[弘而淸], 순수하고 곧다[素而貞], 멀고 밝다[遠而明].

① 도사의 복장과 행위를 다음과 같이 비평한다.

옷을 하얗게 염색한다[染服改素]: 옛 풍습에 맞춘 것이다[參高風也].	양 볼을 잡고 치아를 두드린다[搏頰扣齒]: 미혹에 매우 전도된 것이다[倒惑之至].
머리에 황색 두건을 쓴다[首冠黃巾]: 허접하고 못난 모습이다[卑陋之相].	반대로 묶고 땅에 엎드린다[反縛伏地]: 지옥의 모습이다[地獄之貌].
가죽으로 머리를 덮는다[皮革苫頂]: 중국식이 아니다[非華風].	부록符籙과 장초章醮 즉 부적과 제사의식 및 합기다[符章合氣]: 간교함의 끝판이다[姦狡之窮].
부록符籙을 판매한다[販符賣錄]: 세상 못된 짓이다[天下邪俗].	

① 노자화호설老子化胡說을 변별하며 "노자가 관문을 지나 서쪽으로 돌아간 것은 세 현인[三賢]이 동쪽에 화현한다는 경전의 말과 상응하지 않는다. 『화호경化胡經』은 중국인이 만든 것일 뿐이다"라고 한다.

① 이하夷夏와 융화戎華를 구별하며 다음과 같이 말한다.

동쪽에는 못난 고구려와 백제가 있고, 서쪽에는 강융족 등이 있고, 북쪽에는 머리가 치렁치렁한 무리들이 있고, 남쪽에는 머리 깎고 문신한 무리들이 있다. 문왕[姬]과 공자가 중앙에서 예禮를 시설했기 때문에 이夷와 하夏의 구별이 있다.

동쪽은 완전히 텅 빈 경계까지이고, 서쪽은 매우 아득한 곳까지이고, 북쪽은 멀리 까마득한 곳까지이고, 남쪽은 아주 텅텅 비어 있는 곳까지이다. 여래가 중간 지역에서 교화를 선양했기 때문에 융戎과 화華의 차이가 있는 것이다.

이것은 서방西方 중심설이다.

도사의 복장에 관해 당나라 이도사의 『십이론十異論』에서는 다음과 같이 말한다.

노자교의 용모와 자세는 엎드려 절하고 공손히 사양하며, 검은 두건에 황색 베옷을 입고, 홀笏을 쥐고 신발을 끌면서 법상 즉 법의 특징을 표명한다. 대개 중국의 옛 제도다.

법림은 이것에 대해 다음과 같이 주석한다.

비판한다. 도사는 원래 유교의 복장을 착용했고 보통 사람들과 다르지 않았다. 주周나라 무왕武王 때에 비로소 횡피橫被 즉 몸을 가로로 두르는 복장이 생긴다. 바느질을 24번 한 것은 음양 24절기에 상응한다고 하는데 사람들이 그냥 그렇다고 하는 것이지 아무런 전거가 없다.

법림에 따르면 도사의 횡피橫被는 주무周武 때 시작된 것으로서 그이전에는 유교의 복장을 착용하며 보통 사람들과 다르지 않았다고 하지만,『융화론戎華論』중에서 분명히 황색 두건이나 염색한 옷이나 가죽으로 머리를 덮는다고 하고, 옷을 염색하는 것과 가죽을 덮는 것을 두고 중국식이라거나 중국식이 아니라고 한다. 불교를 모방했던 것으로 보인다. 횡피는 가사袈裟와 비슷할 것이다. 24절기라는 말은 이미삼장三張 때 24곳을 설치한 이래 도가道家와 인연이 있는 숫자다. 이러한 것들을 볼 때 주무 때 의례儀禮가 한층 발달했었고, 유송 때 일찍이 분명히 종교로서 형체를 갖춘다는 것을 알게 된다. 덧붙여『파사론破邪論』에서 "송나라 도육이 초제를 치러서 송나라에 화를 입혔다[宋道育醮祭而禍宋]"라고 하지만 도육道育 또는 도욱道昱이라는 인물의 행적은 불분명하다.

이상에서 도사의 공격에 대한 반박으로서 승민의 논지가 상당히 감정적이 된 것은 불교도로서 항상 어찌지 못하는 태도를 나타내 주는 것이지만, 도사의 복장이나 행위를 비평한 내용에서는 당시의 도교에 대해 알려 주는 재료가 많이 포함되어 있다. 더욱이 또 승민이 양 교의 귀추를 논한 내용에서는 그 핵심을 파악하고 있기도 하다.

도가道家의 근본 원리는 태허자연太虛自然 즉 크고 텅 비어 자체로 그러한 도道이다. 이 대도大道야말로 눈앞에 있는 사물의 본원本原이

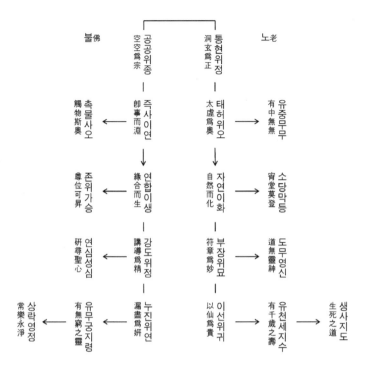

지만 사실事實 그 자체의 것은 도가 아니다. 사물을 떠난 후에야 체득하는 것이며 유형의 사물 안에서 발견할 수 없다. 이 몸 그대로 신선이 된다는 것은 모순적이다. 그 때문에 불자佛者는 선도仙道를 노장에 위배된다고 한다.

불교의 근본 원리는 공색상즉空色相卽의 실상實相 즉 존재의 본질인 공空과 현상인 색色이 단절된 것이 아니라 서로 맞닿아 있다는 참모습이다. 조건에 따라 화합[緣合]한 사물을 떠나서 공의 이치를 담론하는 것이 아니다. 공의 이치 위에 설 때는 일마다[卽事] 모두 실상이다. 그래서 현재의 몸으로 번뇌를 다 없앤[漏盡] 이상理想이 가능하다.

5. 송제宋齊 장융張融, 주옹周顒의 논란

장융은 54세로 사망한다. 자字는 사광思光, 오군吳郡 지역 사람, 송나라 회계會稽 지역 태수太守 창창暢의 아들이고, 약관弱冠 즉 20세 때 같은 지역의 도사 육수정에게서 백로白鷺의 진미선塵尾扇 즉 백로의 꼬리 깃털로 만든 부채를 선사받는다. 현의玄義를 논하던 법사는 사라져서 덕이 높거나 통달한 사람들뿐이고 흑백 담론에 항거하는 사람은 드물었다. 송나라 효무孝武가 일찍이 유명하다는 말을 듣고 신안왕新安王의 참군參軍으로 삼는다. 나아가 봉계封溪 지역의 수령[令]이 된다. 바다에 떠 있는 교주交州 지역으로 가는데 바다 위에서 다음과 같은 부賦를 짓는다. "외모는 짧고 추하지만 정신은 맑고 투철하도다[形貌短醜, 精神淸徹]." 때때로 혁대가 느슨하게 거의 넓적다리까지 늘어졌고, 또 틈날 때마다 동쪽에 갔으며, 주거지를 정해 놓지 않았다. 작은 배를 끌고 다니며 언덕 위에 머물렀다. 제나라 태조太祖가 기이하게 여겨 아꼈고 때때로 접견하며 웃으면서 "이런 사람은 한 명뿐일 것이며 둘이나 있을 리는 없다"라고 말했다. 그렇지만 치민治民하는 재주가 없어서 뜻을 이루지는 못한다. 영명永明 중(483~493)에 병에 걸리고, 『문율門律』을 짓는다. 그의 문집은 『옥해玉海』라고 부른다(『남제서南齊書』 41).

『한위육조백삼명가집漢魏六朝百三名家集』에 문선왕文宣王이 장융에게 보낸 한 줄의 글이 실려 있다. 그들의 인연을 살펴보면 장융의 부친인 창창暢은 송나라 때 남초왕南譙王인 의선義宣에게 가담했고 관군에게 살해당한다. 장흥세張興世는 포포를 바쳐 창의 죄에 연루되지 않도록 무마시킨다. 홍세가 사망하자 융은 발끝이 살짝 높은 형태의 장화 같은 신발인 고리高履를 신고 흙을 퍼다가 무덤을 만든다. 홍세의 아들인 경릉竟陵 지역의 흔시欣時가 죄에 연루되어 죽게 생겼다. 융이 대신 죽겠다며 자량子良(문선왕)에게 애걸한다. 자량은 다음과 같이 답한다.

이것은 곧 역사에 길이 남을 아름다운 일이다. 아마도 조정에 있는 일반 규정은 긴 역사에 남을 후회만은 못할 것이다.

이것은 장융이 자량과 서로 알고 있었다는 것을 말해 준다.

주옹의 자字는 언륜彦倫, 해남海南 안성安城 지역 사람이고, 익주자사益州刺史 소혜개蕭惠開에게 특별히 우대받으며 촉 지역으로 이끌려 간다. 송나라 명제明帝가 내전內殿으로 불러들인다. 제帝가 몹시 참혹한 일을 하면 경전의 인연과 죄와 복에 관련한 내용을 말해 준다. 그래서 조금 멈춘다. 원휘元徽 초에 섬령剡令이 된다. 제나라 태조太祖를 보정輔政한다. 대전중랑臺殿中郎으로 옮긴다. 건원建元 초에 장사왕長沙王의 참군參軍이 된다. 또 문혜文惠태자의 중군녹사참군中軍錄事參軍이 된다. 태자복太子僕 겸兼 저작著作으로 옮기고, 중서랑中書郎 겸 저작으로 옮겼다가 국자박사國子博士로 옮긴다. 주옹은 도생道生의 제자 승근僧瑾의 말에 따르면『법구法句』와『현우賢愚』두 경전을 읽게 되면서 불교에 마음을 기울이고, 수론數論에 능통한 승원僧遠을 공경하며, 종산鐘山에 있는 뇌차종의 구관舊館에 초당사草堂寺를 세우고,『법화法華』,『대품大品,『승만勝鬘』,『정명淨名』을 강의하는 혜약慧約을 모셔다가 사주寺主로 삼는다. 주옹은 두루 백가百家에 걸쳐 있지만 불교의 이치를 잘 알았고 아울러 노역老易 즉 노장과 역학에도 밝았으며, 장융과 만나면 현언玄言을 나누다가 서로 막혀서 날이 저물도록 해결하지 못한다. 청렴하고 욕심이 적었으며 온종일 엄숙하게 지내며 채식하고, 처자식이 있었지만 산속 집에서 혼자 살았다. 그때 국자좨주國子祭酒 하윤何胤 또한 불법佛法에 정통하고 처자식은 없었다. 태자는 주옹에게 하윤과 주옹의 정진精進에 대해 묻는다. 주옹은 "삼도 즉 지옥과 축생과 아귀라는 세 가지 험악한 생존의 모습과 팔난 즉 배고픔이나 목마름이나 추위나 더위 등 여덟 가지 어려움을 모두 아직 벗어나지 못하는데 각자 얽매인 것이 있습니다[三途八難共所未免, 然各有其累]"라고 답한다. 태자는 "얽매였다는 것은 무슨 말인가"라고 묻는다. "저는 처자식이고 하윤은 육친입니다[周妻何肉]"라고 답한다. 윤의 형 점點도 시절을 피해 살며 청정한 믿음을 지녔으며, 옹에게 편지를 보내 채식을 권한다(『남제서南齊書』 41). 때때로 서울[京邑]의 여러 논사들이 이제의二諦義를 설정하는데 각각 다른 점이 있었다. 주옹은 『삼종론三宗論』을 지어 불공가명不空假名이라는 개념으로 공가명空假名 개념을 비판하고, 공가명 개념으로 불공가명 개념을 비판하며, 또 가명공假名空 개념을 설정해 이종二宗 즉 두 가지 주장을 비판한다. 이것은 여러 논사들의 설명을 개괄해서 상호 관계를 논하고 그 사이에서 취사선택한 것이다. 『삼종론』은 수나라 가상대사嘉祥大師 길장의 『대승현론大乘玄論』 중에서 여러 번 인용하여 증거로 삼는다. 따라서 그 이론이 얼마나 정밀한지를 알아야 한다.

장융張融의 『문율門律』

장융은 병으로 쇠약해졌지만 여전히 자신을 놓지 못하고 자식 때문에 아직 땅에 머물러 있을 뿐인데, 몸과 함께 마음[方寸]의 옛 도읍이 낮밤으로 황폐해지는 것을 참지 못하고 불교[佛]와 도교[道]가 잘못되면 집안[門]을 단속[律]할 수 없다고 여겨서 『문율門律』을 짓는다. 이것에 대한 주옹의 논란 중에서는 이것을 『통원通源』이라고 부른다. 아마 장융이 "두 개의 도에 근원적으로 통한다[通源二道]"라고 말한 것을 이어받았을 것이다. 명본明本 대장경大藏經에서는 『문론門論』이라 하고, 고려본[麗本] 대장경에서는 『문율門律』이라고 한다. 장융이 글을 여러 사람들에게 보내면서 스스로 『문율』이라고 했으므로 이에 따르는 것이 타당할 것이다.

『문율門律』에서는 불교와 도교[佛道]는 근본이 동일하고 자취가 다르다고 말한다.

도교는 불교와 궁극적으로는 다를 것이 없다. 고요하고 움직임이 없는 근본에 이르러서는 동일하다. 감응하고 두루 통하여 자취로 나타나서 달라진다.

도교와 불교의 차이는 시대와 세상의 차이다, 지극한 정신[神極]을 무고하는 것은 몹시 어리석을 뿐이다라고 다음과 같이 말한다.

(어찌 삼황과 오제를) 모두 시대가 다르다는 이유로 풍조를 다르게 하고, 세상이 다르다는 이유로 의미를 하나로 하지 않겠는가. 어찌 문득 못난 생각으로 지극한 정신을 무고하겠는가.

근본은 하나이더라도 나 자신은 모두 존중한다, 나는 내가 존중하는 것을 지킨다, 귀하는 부처의 자취를 따르더라도 도교의 근본을 모욕하면 안 된다고 다음과 같이 말한다.

순수한 근본은 비록 하나이더라도 나 자신은 모두 존중한다. 그 근본이 흘러나온(혹은 기러기의) 자취는 분명히 갈라졌다. 나는 이미 모일 곳으로 날아갔다. 귀하가 불교의 자취만을 따르는 것은 좋지만 도교의 근본을 모욕해서는 안 된다.

이것은 도불일치론(일본이적一本異迹: 근본은 같고 자취는 다르다)이고, 더욱이 도본불적道本佛迹 즉 도교가 근본이교 불교는 자취다라고 말한 것을 보면 근본적 의도가 도교[道]에 있다는 것은 분명하다.

장융은 두 하何씨, 두 공孔씨, 주옹에게 보내서 비판을 요구한다. 두 하씨는 여강廬江 지역의 하점何點과 하윤何胤 형제고, 두 공씨는 그중 한 사람은 공치규孔稚珪일 것이다. 주옹은 이것에 대해 비평하며 여러 번 왕복하는데 두 사람 사이의 문답이 세밀해진다. 이 문답은 『홍명집弘明集』6에 게재되고, 그대로가 『옥함산방집일서玉函山房輯佚書』에 수록된다. 옥함산방玉函山房은 무엇 때문인지 전체에 대해서 『소자少子』라고 이름 붙인다. 『홍명집』과 다른 점은 단지 서序가 추가된 것뿐이다. 아마 장융의 글 중에 "소자가 여러 선생들께 글을 보내어 말씀드립니다. 장융이 아뢰건대 등등[少子致書諸遊生者曰, 張融白, 云云]"이라고 되어 있고, 또 주옹의 물음에서 "주섬산자는 소자에게 글을 돌려보내며 말합니다. 주옹은 머리 숙여 등등[周剡山茨, 歸書少子曰. 周顒頓首, 云云]"이라고 한 것에 근거했을 것이다. 글의 분위기를 볼 때 소자는 장융이 자신을 가리키는 것으로 이 문율 논란은 아마 장융 자신이 편찬하여 쓴 것이다. 이것을 『소자』라고 이름 붙인 것은 말이 안 된다고 해야 한다.

(가) 근본[本]에 관해

주옹[周]은 다음과 같이 말한다. "근본에 이르러서는 같다고 할 때의 근본은 무엇인가? 도가의 이편二篇은 허무虛無에 다다르고, 불교의 반야는 법성法性을 궁구한다. 허무와 법성은 고요한 점에서는 같지만 고요함에 머무는 방식이 다르다. 그럼에도 궁극에서는 다를 것이 없다고 하는데 그 궁극은 허무인가 법성인가? 혹은 이 두 가지를 동일하다고 하는 것인가? 동일하다는 것이라면 그 설명을 듣고 싶다", "이미 귀하가 시대와 세상의 차이로 인해 풍조가 다르다는 의미에서 다르다고 한 것은 불교와 도교의 차이를 인정한 것이다. 귀하가 같다고 한 것은 이교二敎 이외의 무언가여야 할 텐데 그것은 불교와 도교의 어느 것에도 합치하지 않는다. 어떻게 이교에 의거하지도 않고 무슨 수로 근본[本]을 인식하며 가벼이 근본[宗]으로 삼겠는가. 만약 이교 중에서 근본을 찾는다면 이교 사이에 벌어지는 논쟁은 어찌할 것인가?", "만약 이교二敎에 의거하더라도 자취가 아니라 가르침의 근원으로 나아가 적어도 근원에 합치할 때는 모두 옳고, 자취를 구분할 때는 양쪽 모두 잘못이라고 한다면 두 자취를 모두 버려야 한다. 그런데 불교의 자취와 도교의 근본이라고 한 말은 무슨 의미인가? 더욱이 가르침의 근원은 언제나 가르침에 따라서 나타나는 것으로 가르침의 자취를 외면하고서 어떻게 가르침의 근원을 알겠는가. 가르침의 자취 사이에 논쟁이 있는 것은 가르침의 근원이 서로 다르다는 것을 증명하지 않는가?"

장융[張]은 이 물음에 대해 자신의 본뜻을 표명한다. 근본[本]에 관한 물음에 대해서 다음과 같이 말한다. "노자가 말한 대로 기氣에 집중해 부드럽게 하고 백魄을 실마리로 해서 허虛에 머무는 경지는 자연히 융화하면 저절로 인도된다. 정靜에 두 가지 신神은 없고, 두 가지 신이 없다면 두 개의 도道는 없다. 노자가 이미 정인데 어찌 도에 머물지 않겠는가?", "법성法性은 즉색卽色을 공空이라고 즉 현상적 존재 그 자체가 바로 본질인 공이라고 헤아린 것이고, 허무虛無에는 외부로 확장된 의미가 있다고 하더라도, 신묘한 곳[神地]에서 한가로이 노닐고, 정교하게 조화하며 차분히 자리하는[坐廢] 경지에 올라가면 석가와 노자를 구분하지 않는다", "만약 노자가 무無를 다 드러내지 않았다고 말한다면 노자의 뜻을 이해한 것이 아니다. 만약 또 무는 다 드러냈어도 유有를 모두 드러내지 않았다고 말한다면 나와 의견이 다른 것이다. 뜻을 이해하고 근본에 이른다면 무엇 하러 가르침[敎]을 선택하겠는가. 나는 이교二敎의 어느 것에도 치우치지 않고, 나아가 모든 성인[聖]을 섞어서 하나의 궁극으로 던지려고 한다." 이것은 신의 고요한[靜] 근본적 경지에서는 노불이 일치할 뿐만 아니라 모든 성인이 똑같다고 말하는 것이다.

주옹은 다시 글을 보내 다음과 같이 말한다. "노자는 허무虛無에서 한가로이 노닐고, 석씨는 색공色空에서 차분히 자리한다. 하나는 유有의 바깥으로 나가고, 다른 것은 유의 안에 있다. 노자와 석씨는 신묘함[神]에서는 같지만 고요함[靜]에서는 다르다. 정靜이 다르면 도道가 다르지 않을 수 없다. 백魄을 실마리로 해서 허虛에 머무는 경지는 자연히 융화하면 저절로 인도된다는 것은 나의 도가 아니다", "노자가 얻은 것은 신정神靜 즉 신묘하게 고요한 본질이고, 잃은 것은 물허[物

虛] 즉 허무해져 버린 현상적 사물이다. 그 정靜에서 정하게 되는 것은 정을 지극히 한 것이 아니다. 어쩌면 노자는 유有를 알고 무無를 알 것이다. 유를 다 드러내고 무를 다 드러낸 것은 아직이라고 해야 한다. 유도 아니고 무도 아니라는 한 가지 관점, 모든 존재의 참된 본성에 관한 것은 말과 뜻 둘 다 없애는 노자 중에서 찾을 수 없다. 노자의 글 중 어디에서 진제眞諦라는 진실한 의미를 볼 수 있는가. 글 외에 있다면 노석老釋과 귀하의 생각은 별개로서 홀로 일가一家를 수립하는 것이다. 더욱이 도교의 근본이라고 한 말은 무슨 뜻인가?" 주옹의 의견은 허무의 도 위에 비유비무非有非無 즉 유도 아니고 무도 아니라는 하나의 관점을 주장하는 것이다.

(나) 정靜이 하나인가 둘인가에 관해

장융은 "불교와 도교 어느 것에도 편들지 않는다. 뜻을 얻었다면 가르침을 선택할 필요는 없다"라고 하며, 양 교兩敎의 교적敎迹 이상에서 귀추가 같다는 것을 주장할 뿐 아니라 나아가 모든 성인[聖]들이 귀일한다고 주장한다. 귀추라는 말은 정이 하나고 도는 하나다[靜一道一]라는 말이다. 이것은 적극적으로 불교 교리를 활용하면서 도道 안으로 일체를 합치려고 한 것이다. 그리고 불교의 즉색卽色과 도가의 허무虛無 사이의 일치를 주장하면서 나아가 허무에 외부로 확장된 의미가 있다고 하고, 노자에게 즉색의 의미가 있다고 하고, 적연寂然한 정신靜神 즉 신묘하게 고요한 본질에서부터 두루 통하는 신용神用 즉 신묘하게 작용하는 현상을 도출해 내려고 한 것은 노자의 무無에서 부족한 부분을 보았다는 것이다.

주옹은 모든 성인이 똑같이 합쳐진다면 특별히 도道를 말할 필요가 없다는 입장에서 『조론肇論』의 말을 빌려 "노자가 얻은 것은 신정神靜 즉 신묘하게 고요한 본질이고, 잃은 것은 물허[物虛] 즉 허무해져 버린 현상적 사물이다"라고 비평하고, 장융의 정일도일관靜一道一觀에 대해서 정이 둘이고 도가 둘이다라는 정이도이관靜二道二觀을 주장하며, 노자에게는 비유비무非有非無라는 한 가지 관점이 없으며 모든 존재의 참된 본성을 말하고 있지 않다고 한다. 이것은 그가 쓴 『삼종론三宗論』의 공가명空假名 개념으로 노자를 이해하고 노자에 가명공假名空 즉 가명으로서의 공空 개념을 인정하지 않는 것이다. 이것은 결국 두 사람의 불교관의 차이에서 비롯한다. 주옹은 불교의 즉색법성卽色法性 즉 현상적 존재에서 본성을 밝히는 것이 도가와 다를 뿐 아니라 여러 사상가들 중 이것을 뛰어넘는 것은 없다고 하여 특히 즉색卽色에 무게를 둔다. 그렇지만 노자를 배척하지 않고, 노자가 성인聖人에 미치지 못한다는 낡은 주장을 취하지 않으며, 유有에 대한 집착을 제거하는 데 무無를 숭상하는 것만큼 뛰어난 것은 없다며 노자의 숭무崇無를 찬탄한다. 다만 도라는 점에서는 부족하다고 보았다. 그래서 장융에 대해 귀하의 도는 나의 도가 아니다라고 말했던 것이다.

(다) 유교[儒]에 관해

삼교일치관三敎一致觀은 당시의 풍조다. 주옹과 장융 두 사람은 모두 불교와 악수하지만, 각각의 주장은 달라서 결국 불교를 도교에 입각해서 볼 것인지 유교에 입각해서 볼 것인지의 차이가 생긴다. 장융은 도교에 입각해 이해함으로써 불교의 즉공卽空 즉 본질적 방면에 동감하고, 주옹은 유교에 입각해 불교의 즉색卽色 즉 현상적 방면에 동감한다.

주옹이 "불교[釋] 이외에 유교의 가르침[綱]이 큰 것이다. 이 외에 중니(공자)와 맞먹기로는 황제와 노자가 실로 훌륭하다[自釋之外, 儒綱爲弘. 過此而能與仲尼相若者, 黃老實雄也]"라고 한 것은 공자를 노자 위에 둔 것이다. 이러한 의도가 있어서 표면상으로 유교를 주장하고 있지 않지만 우선 맛보기로 "내 마음에 불교의 가르침을 지니고, 생활할 때는 유교의 말을 애용한다[吾心持釋訓, 業愛儒言]"라고 하며 귀하의 생각은 유교와 불교가 근본은 같고 지말은 다르다는 것인지, 본말이 모두 다르다는 것인지를 묻는다. 도교와 불교의 일치를 주장하며 처음부터 유교를 그 아래에 위치시키려 한 장융에게는 곤란한 질문이다. 장융은 이에 대해서 모든 성인들이 귀일한다는 주장 즉 백성동투설百聖同投說로 나아가고, 나는 유교를 논의하지 않는데 귀하는 유교를 거론한다며 도교를 감싸려고 한다. 백성동투百聖同投의 입장에서는 본말이 모두 다르다는 것을 용인할 수 없다고 답한다.

주옹은 이에 대해서 "귀하가 가르침의 근원을 논한다면서 단지 도교뿐이고 유교에는 미치지 못하는데 나는 그렇게 빠뜨린 것이 의문이라서 물어볼 뿐이다. 귀하가 자연히 융화하면 저절로 인도된다고 한 것은 단지 도교만 융화하는 것인가 아니면 유교도 합쳐야 하는 것인가?"라고 추궁한다. 그 뒤의 논란을 보지 않더라도 아마 장융의 주장은 막연해서 포착할 수가 없을 것이다. 주옹의 주장은 즉색卽色을 고수한 입장을 잃지 않는다. 주옹은 즉색이라는 점에서 오히려 유불이 일치한다고 이해하고, 노불의 일치를 한 단계 아래에 위치시키려 하는 것 같다.

6. 제齊 맹경익孟景翼의 『정일론正一論』

  남제의 문선왕인 자량은 오흥吳興의 도사 맹경익을 소환해 여러 승려들 앞에서 부처를 예배하도록 한다. 경익은 예배하지 않는다. 자량은 그에게 『십지경十地經』을 준다. 이에 경익은 『정일론正一論』을 짓는다. 논지는 정일正一 즉 올바른 하나에 의해 이교二敎를 일치시키는 것이다. 다음과 같이 말한다. "도교[老]와 불교[釋]는 처음부터 나뉜 것이 아니라서 구분만 하고 합칠 줄 모르면 잘못이다. 가르침[法]이 무수한 것은 조건에 따른 것일 뿐이다. 도道에서 본다면 하나[一]로 돌아간다. 하나로 돌아간다면 올바르게[正] 된다. 그 본체[體]는 텅 비고[空] 현묘하며[玄] 그 작용[用]은 끝이 없고, 하나이면서 무수하고 모든 사물이 되면서 되는 것이 없음을 억지로 이름 붙여 하나라고 할 뿐이다. 불교에서 말하는 실상實相이나 법신法身, 도교에서 말하는 현빈玄牝이나 대상大象은 이 하나와 다르지 않다. 이 하나를 얻은 존재는 천만 가지 호칭으로도 다 표현할 수 없다. 어찌 단지 도교와 불교 두 개뿐이겠는가. 이름의 차이로 양 교를 구분하고, 양 교 중에 포함된 근본의 일치를 보지 않는 것은 옳지 않다 등등." 이것은 내용을 법신에서 가져와 도에 의해 이교를 일치시킨 것으로 아마 삼교가 똑같이 합치한다는 삼교동치설三敎同致說은 당시 사상계의 풍조다. 게다가 본체가 텅 비고 현묘하다고 한 것은 그럴 수 있지만, 작용에 관해 "모든 사물이 되면서 되는 것이 없고 하나이면서 무수하다[爲萬物而無爲, 處一數而無數]"라고 한 것은 아무래도 노장사상 이상으로 나가 버린 것이다.

  덧붙여, 제대齊代에 도교의 융성을 증명하는 두 가지 사실이 있다.

하나는 제양齊梁시대의 사문 지룽이 불교를 버리고 도교에 귀의한 일이다. 지룽은『열반涅槃』과『정명淨名』에 밝았고, 더욱이『노老』와『역易』에도 능통했는데 난리를 겪게 되면서 환속한다. 도사 맹실달孟悉達이 권유해서 황관黃冠(도사)이 된다. 지룽은 도가의 경전들이 대략 종지宗旨가 없는 것을 보고 마침내 불교를 인용하여 윤색한다.『서승西昇』,『묘진妙眞』등 여러 도교 경전의 의미를 해석한 것은 모두 지룽부터 시작한다. 도교가 교리 방면에서 갑자기 발달하게 된 것은 이처럼 환속한 승려에게 힘입은 것이다. 무제武帝가 아직 도교를 버리지 않았을 때 지룽을 데려다가 오명전五明殿에서 의례를 수립한다. 만년에 여러 도사들을 위해『서승경西昇經』을 강의하다가 문득 목소리가 나오지 않고 혀가 말리더니 자리에서 고꾸라져 죽었다(『승경록僧鏡錄』:『불조통기佛祖統記』37에 있는 내용). 둘은 불자佛者가 유교와 제휴해서 도교에 대응하려던 경향이 있었다는 사실이다. 강릉江陵 지역 천황사天皇寺에 백당栢堂이 있는데 제나라 명제明帝가 세운 곳이다. 장승요張僧繇(502~549?)라는 화가는 노사나盧舍那라는 부처의 형상 및 공자의 뛰어난 제자들인 중니십철仲尼十哲을 그린다. 임금이 "부처의 문하는 어떡하고 성인聖人 공자를 그리는가?"라고 묻는다. 승요는 "나중에 때가 되면 이것 덕을 보게 될 따름입니다"라고 답한다. 후주 때 불법佛法을 없애며 천하의 사탑寺塔을 불 지르게 되는데 이곳만은 선니宣尼(공자의 시호諡號 중 하나)의 형상이 있다고 해서 훼손하지 않는다(『명화기名畫記』:『불조통기』37에서 인용).

이상의 두 가지 사실은 제대齊代에 도교의 융성을 증명하는 것이다. 이후 남쪽에서『삼파론三破論』이 등장하고, 북쪽에서 도불 문답이 있었

던 것도 사상적으로 말하자면 주옹과 장융 두 사람의 대론에 비할 바가
못 되며, 이후의 것은 세력 다툼으로서 종교적 편견에서 출발한다. 우
리들은 오직 그 배후에 있는 양 교 대치의 형세를 알아채야 할 뿐이다.

7. 장융張融을 사칭한 어떤 도사道士의『삼파론三破論』

『삼파론三破論』은 현존하지 않는다. 양대에 동완東莞 지역의 기실記室
관직이던 유협劉勰의『멸혹론滅惑論』, 그리고 승순僧順의『답答』19가
지에서 환원하여 대체적인 내용을 알아야 한다. 유협의 자字는 언화彦
和다. 심약沈約에게 알려지는데 잡화를 팔던 사람한테서 그의 저서를
보게 된다. 바로『문심조룡요약文心雕龍要略』이었다. 이미 정림사定林
寺 장경藏經을 순서대로 정리하고, 출가해서 무제武帝로부터 혜지惠地
라는 법명法名을 하사받는다. 『삼파론』에서는 "도가의 훌륭한 점[妙]
은 자세히 사유하여 하나를 얻어서 죽지 않은 채로 신성[聖시]해지는
데 있다. 불가의 훌륭한 점은 삼매나 선정으로 통하여 다시 태어나지
않고 니원泥洹에 이르는 데 있다. 니원이란 죽음이다. 죽음을 배우며
오랜 삶을 얻는 것은 보지 못한다", "불교는 세 가지를 파괴한다. 하나
는 나라에 들어와 나라를 파괴한다. 둘은 집에 들어와 집을 파괴한다.
셋은 몸에 들어와 몸을 파괴한다. 사람들에게 머리를 깎게 하고 후손
을 끊게 한다. 이것은 멸종시키는 것이다. 그 때문에 부처를 옛날 경
전에서는 부도浮屠 즉 도살자라고 한다. 야만인들은 흉악해서 이렇게
부른 것이다. 그래서 머리를 깎게 한다. 하물며 도屠는 끊어 버린다는
것이다. 나집羅什은 그 근원이 나쁘다는 것을 알고서 불도佛徒라고 고

쳤고, 승위僧緯가 나중에 불도佛圖로 고친다. 또 사문沙門을 예전 경전에서는 상문喪門 즉 죽음의 문이라고 한다. 죽어서 없어지는 문에서 유래한다. 나집이 상문桑門으로 고쳤고, 승위가 다시 사문沙門으로 고쳤다. 사문이란 사태沙汰의 법法에서 유래하며 명칭으로 부를 만하지 않다. 이러한 세 가지의 파괴법이 중국에서 시행될 리가 없다. 야만인들이 억세서 허무虛無를 믿지 않으므로 노자는 관문으로 들어가 형상을 만들어 그들을 교화했다. 나쁜 인종을 없애 버리려고 한 것이다", "도가의 가르침은 덕德을 길러 나라를 이루게 하는 것이다. 도道는 기氣를 근본[宗]으로 삼고, 하나를 얻는다고 이름한다. 중원의 인사들이 받들지 않는 경우가 없다. 부처를 받드는 사람들은 분명히 강羌이나 호胡 등의 야만인들이다 등등"이라고 말한다. 세 가지를 파괴한다고 주장하는 이 삼파설三破說은 후세에 크게 영향을 미친다.

(가) 삼파론三破論에 대한 승순僧順의 『답답答』

"부도浮圖란 성스럽고 상서로우며 신령한 그림[圖]이 바다에 떠서[浮] 도달하기 때문에 그렇게 말하는 것이다. 도상圖像의 도圖를 폄훼해서 형도刑屠 즉 죽이다는 의미의 도屠라고 하는 것은 중니의 니尼를 여자라고 하는 것과 같다", "상喪이란 없어지다[滅], 문門이란 밝은 이치[明理]가 출입하는 곳으로 먼지의 수고로움[塵勞] 즉 번뇌를 없애고, 신해神解 즉 불가사의한 이해에 통하는 것을 상문喪門이라고 하는 것이다. 또 상은 분명 승乘의 잘못된 표기다. 승문乘門은 대승문大乘門 즉 대승의 문이다 등등." 논의한 내용이 얼마나 자질구레하며 감정적인지를 감안할 필요가 있다.

(나) 유협劉勰의 『멸혹론滅惑論』

그중에 도가道家에 관해서 논하며 "도가에서 세운 가르침[法]을 살펴 보면 3품品이 있다. 맨 위[上]로는 노자를 표방하고, 다음[次]으로는 신선을 서술하며, 맨 아래[下]로는 장릉을 답습한다. 주사柱史라는 관직에 있던 노자가 훌륭하게 은둔한 것을 보면 참으로 대현大賢이다. 그의 글은 도道를 논하고, 무위無爲를 귀중하게 여기며, 이치[理]는 고요한 하나[靜一]로 돌아가고 교화는 텅 빈 부드러움[虛柔]에 근본을 두는데, 그러나 삼세三世를 기술하지 않았고 지혜의 일도 열지 않았다. 이것은 세속을 인도하는 좋은 글이기는 하지만 세간을 벗어나는 오묘한 경전은 아니다. 신선이라는 작은 도는 최고의 복福이 몸을 완전히 날아오르게 해서 하늘에 태어나는 것이다. 신통하지만 번뇌가 남아 있고[有漏], 오래 살지만 끝이 있다", "이에 어리석고 교활한 방사方士들이 매우 심하게 거짓으로 꾸며 냈다. 장릉이라는 쌀 도둑이 승천했다고 기술하고, 갈현은 그냥 시골 사람인데 선공仙公이라는 호칭을 붙여서 전한다. 장노에게까지 전해지게 되면서 제사나 부적을 사용하는데 이치는 추접스럽고 말도 천박하여 글로 전할 것도 없다. 장각과 이홍李弘의 해악은 한나라에 퍼지고, 노송과 손은은 진晉나라 말기에 난리를 일으킨다 등등"이라고 말한다. 『결대론決對論』에 따르면 대동大同 5년(539)에 원긍袁矜이라는 도사가 요망한 말로 사람들을 현혹시키다가 사형당했다고 한다. 이것은 당시 도교의 발달과 그에 따른 폐해가 많았음을 보여 준다. 유협의 도가삼품설道家三品說은 아마 제나라의 고사高士였던 명징군(명승소)을 계승했을 것이다.

(다) 석현광釋玄光의 『변혹론辯惑論』

이것도 이 시대의 것이다. 주요 취지는 도교의 잘못으로서 금경상가禁經上價, 망칭진도妄稱眞道, 합기석죄合氣釋罪, 협도작란俠道作亂, 장서벌덕章書伐德의 5가지 나쁜 행위[五逆]와 외귀대부畏鬼帶符(비법非法), 제민과수制民課輸(기교欺巧), 해주묘문解厨墓門(불인不仁), 도액고생度厄苦生(허망虛妄), 몽중작죄夢中作罪(완치頑癡)의 6가지 흉악한 일[六極]을 열거하여 그 거짓됨을 논파하는 것이다. 그중에서 "장릉은 아무 이유 없이 천사天師라고 부르며 이미 사람도 귀신도 모욕했으므로 살아서 과보를 받아 한나라 홍평興平 말년(195)에 이무기에게 잡아먹힌다. 아들인 장형이 부리나케 찾았지만 아무 데도 없었다. 이에 임의대로 방법을 고안해서 영화靈化했다는 흔적을 보여 주려고 학의 다리를 묶어 돌담 위에 올려 두고 건안建安 원년(196)이 되자 정월正月 7일에 천사天師(장릉)가 현도玄都로 오르셨다고 알린다. 오두미교五斗米教 교인들이나 산에서 생활하던 미개인들이 구름처럼 몰려드는데 밤이 되자 장형은 고별告別을 마치고 묶어 놓았던 학을 몰래 풀어 주자 곧바로 허공으로 날아갔다. 사람들이 어리석게도 모두 등선登仙했다고 한다. 장형의 아들인 자로子魯(장노)도 귀도鬼道라고 일컫는다. 들판의 큰 사슴에게 들이받힌다. 나중에는 손은도 자도紫道라고 일컬으며 제왕처럼 존귀해지려고 도모하다가 송의 무제武帝에게 토벌당한다. 오두미교는 천사天師(장릉)에게서 나왔다. 나중에 잘못 변질되자 다시 오두미교 백성으로서 미민米民을 확고하게 한다. 또 도탄재塗炭齋라는 사죄하는 의식은 장노로부터 생겼다. 교화하기 힘든 저이氐夷라는 민족 때문에 제정한 것이다", "지니고 다니던 부적이 있었는데 장각(한나라 말기)은 황부黃符, 자로는 대강戴絳, 노송(진晉나라 말기)은 자표紫標, 손은(진晉나라 말기)은 호허弧虛였다", "합기合氣는 한나라 때의 의군儀君(장각)이 실행하던 것인데 풍속을 어지럽히다가 돈황燉煌으로 쫓겨난다. 나중에 손은에 이르러서는 더더욱 심하게 방탕해진다. 옛날에 장자로張子魯(장노)는 한중漢中 지역에서 복福을 베풀며 크게 좨주祭酒와 귀졸鬼卒들을 불러 모았는데 술자리가 한창이다가 정도가 너무 지나쳐서 안 좋은 소문이 머나먼 민岷 지역까지 퍼졌다. 유장劉璋의 설교에 따라 술은 석 되[三升]로 제한하기로 한다. 그래서 한 말 이후 술을 제한하다는 의미로 제주制酒라고 부르게 된다"라고 말한다.

8. 북위北魏의 강빈姜斌, 담무최曇無最의 논란

담무최曇無最는 무안武安 지역 사람이고, 삼장三藏에 능통했다. 일찍이 한단邯鄲 지역의 숭존사崇尊寺에서 설계說戒 즉 계율을 설명해 주는 일을 한다. 포살布薩 의식을 행하는 날이 되면 60명이나 모였다. 유령幽靈이 하강한 것이라고 믿는 분위기였다. 나중에 칙명에 의해 낙도洛都 지역의 융각사融覺寺에서 머문다. 『열반涅槃』, 『화엄華嚴』에 말할 수 없을 만큼 통달한다. 천 명의 승려들이 항상 게으름이 없었다. 천축天竺(인도)의 보리유지菩提留支(菩提流支)가 그를 만나자 예禮를 갖췄으며 동쪽 땅[東土]의 보살이라고 부른다. 일찍이 그가 찬술한 『대승의장大乘義章』을 읽고서 매번 손을 탁 치며 훌륭하다고 외치더니 범자梵字로 번역하여 대하大夏나라로 전한다. 그 나라의 독자들이 모두 동쪽을 향해 예를 갖추며 그를 성인聖人으로 여긴다(『속고승전續高僧傳』23). 『낙양가람기洛陽伽藍記』에서도 박학博學하고 정통精通하다고 한다.

위나라의 효명제孝明帝는 정광正光 원년(502)에 사면령을 내리면서 두 종교[二宗]의 사람들을 대전 앞으로 불러 재齋를 마치고 시중侍中 관직의 유등劉騰이 칙명을 전달하며 논의를 시킨다. 청통관淸通觀의 도사 강빈과 융각사融覺寺의 담모최曇謨最(담무최)가 대론한다. 효명제가 "부처와 노자는 동시대인가?"라고 묻는다. 강빈은 『노자개천경老子開天經』을 증거로 삼아 노자가 서쪽에 가서 호인胡人을 교화하며 부처를 시자侍者로 삼았다고 답한다. 이에 담모최와 강빈 사이에 부처와 노자의 출생 연월에 관한 문답이 오고 간다. 두 사람이 제시한 노자와 부처의 연대는 다음과 같다.

노자老子	불타佛陀
- 출생 시간: 주周나라 정왕定王 3년(B.C.E. 604) 을묘乙卯년 9월 14일 밤 자시子時(밤 11시~새벽 1시).	- 주周나라 소왕昭王 24년(B.C.E. 1027) 4월 8일 탄생.
- 출생 장소: 초楚나라 진군陳郡 고현苦縣 여향勵鄕 곡인리曲仁里.	- 목왕穆王 53년(B.C.E. 949) 2월 15일 멸도滅度.
- 출세出世: 간왕簡王 4년 정축丁丑년, 수장리守藏吏 직위(B.C.E. 582), 동同 13년, 태사太史 직위(B.C.E. 573).	- 불멸佛滅 후 345년에 노자 출생.
- 서쪽으로 들어감: 경왕敬王 원년 경진庚辰년, 산관령散關令 직위의 윤희尹喜와 함께(B.C.E. 519).	- 『주서이기周書異記』, 『한법본내전漢法本內傳』에 분명한 기록이 있음.
- 나이: 당시 85세.	

여기서의 불멸佛滅 연대는 그 후 30년 즈음 북제 문선왕文宣王의 물음에 승통僧統이던 법상이 대답한 것과 같은 것을 볼 때 당시 일반적으로 유행한 것이었음을 알 수 있다. 이 문답에서 강빈은 패배하고,

그다음으로 공자에게 부처[佛]의 기록이 없는 이유에 관해 문답한다. 담모최는『삼비복경三備卜經』이라는 것을 인용하여 공자가 불타佛陀 (불佛)를 알았다고 입증한다. 시중상서령侍中尙書令인 원예元乂는 칙명을 전달하며 강빈의 자리를 강등시키고, 이어서『개천경開天經』의 진위에 관해 조사한다. 여러 의견이 위서僞書라고 판단하게 되자 강빈을 극형에 처하려고 의논한다. 보리유지의 간청으로 마읍馬邑에 유배시키는 것으로 매듭짓는다(『광홍명집廣弘明集』2,『속고승전續高僧傳』23).

우리들은 이 논란을 통해 불로佛老 이교二敎의 논쟁이 수많은 위서 僞書를 만들어 냈다는 것을 알게 된다. 단지『개천경開天經』만 위서였던 것이 아니라『주서이기周書異記』도『한법본내전漢法本內傳』도『삼비복경三備卜經』도 모두 위서다. 당시의 불자佛者가 강력한 재료로서 반드시 맨 앞에 내세우는『한법본내전』이라는 문헌이 등장하게 된 최초는 아마 이때였다. 성립 연대가 500년 전후라고 생각한다. 양 교兩敎의 다툼에 상당한 종교적 편견이 가미된 것은 유송시대 육수정과 도성의 논의(473) 이후로서 북위의 담모최와 강빈의 논란은 육수정 이후 약 40년 때라고 한다.

수나라 법경 등이 편찬한『중경목록衆經目錄』중에 가짜 대승경大乘 經 80부部 270권, 가짜 소승경小乘經 53부 93권을 열거하고, 최후에서 이 경전들이 앞부분은 금언金言 즉 삶의 본보기가 되는 좋은 말을 갖다 놓고 끝에는 요참謠讖 즉 유언비어 따위를 서술하거나 혹은 처음에는 세상의 일반적 방식을 논하다가 뒤에서는 법法의 말씀에 의지하고 혹은 음양陰陽과 길흉吉凶을 인용하거나 혹은 귀신이나 화복禍福을 설명한다고 말한다. 이것은 민간의 미신이 성인의 가르침[聖敎]을 혼란하게 만든 것으로서 그 이면에는 민간신앙을 기초로 한 도교의 세력이 있으며 근절하기 힘들다는 것을 보여 준다. 이러한 여러 경전들은 남제부터 양나라 초기에 걸쳐 혹은 문선왕文宣王의 손익에 따라 성립하고 혹은 대학박사大學博士 강필姜泌의 딸인 승법니僧法尼가 암송하면서 성립하고 혹은 영주郢州 지역의 두타도인頭陀道人 즉 두타頭陀 수행을 실천하던 도인道人인 묘광妙光이 제작해서 성립하는데, 대부분은 도교가 불교에 끼친 영향의 흔적을 말해 주는 것 같다. 북제에서 육수정이 논쟁했다는 사적은 허구라고 하더라도 담모최와 강빈이 북위에서 대론한 일은 80년 뒤 당나라 법림의 『십유구잠十喩九箴』 중에서 최호, 왕부, 비재費才와 나란히 "강빈은 속인 일이 쌓여서 유배가 결정되고[姜斌以集詐徙質]"라고 말한 것을 볼 때 사실임에 틀림없다.

9. 양梁 도홍경陶弘景

『운급칠첨雲笈七籤[7]』 중에 도홍경의 전기가 3개 있다. 이에 따르면 단양丹陽 말릉秣陵 지역 사람이고, 영명永明 10년(492)에 모산茅山으로 들어가며, 스스로를 화양은거華陽隱居라고 부르고, 항상 "내 마음은 언제나 거울과 같아서 사물을 빠짐없이 비춘다[我心恒如鏡, 觸物不遺]"라고 말했다. 좋아서 음덕陰德을 베풀며 곤궁한 사람들을 도와주고 여러 약품을 나눠 준다. 저술로는 다음과 같은 것이 있다.

---

7 역주 저본 612쪽 7째 줄. 전(箋)으로 되어 있는데 첨(籤)의 오기인 것 같다. 두 글자가 의미 상 통하기는 하지만 정식 서명은 첨(籤)으로 되어 있다.

- 『등진은결登眞隱訣』3질秩 24권.

- 『진고眞誥』1질秩 7권.

- 『합단약제법식절도合丹藥諸法式節度』1권, 『집금단약백요방集金丹藥白要方』1권.

- 『복운모제석약소화삼십육수법服雲母諸石藥消化三十六水法』1권.

- 『복초목잡약법服草木雜藥法』1권, 『단곡비방斷穀祕方』1권.

- 『영방비오靈方祕奧』1권, 『소제삼시제요법消除三尸諸要法』1권.

- 『찬집복기도인법撰集服炁道引法』1권, 『집인간제각재환법集人間諸却災患法』1권.

- 『노자내외집주老子內外集注』4권, 『포박자주抱朴子註』20권.

- 『효경논어집주孝經論語集注』 및 『자입의自立意』총 1질秩 12권.

- 『삼례서三禮序』총 1권 및 『자주自注』, 『주상서모시注尙書毛詩』 및 『서序』총 1권.

- 『학원學苑』10질秩 100권, 『요용류종백오십조要用類從百五十條』.

  도홍경이 『시詩』, 『서書』, 『예禮』, 『효孝』, 『어語』를 주해하고, 『노자老子』에 주석을 붙이며, 『포박자抱朴子』도 주해하고, 불교를 배우며, 복식服食과 연양煉養을 연구해서 『진고眞誥』와 『등진은결登眞隱訣』을 지은 것은 영혼과 육체를 함께 닦는다는 의도가 있다는 것을 보여 준다. 그중에서 도장道藏 안에 수록된 것은 『화양도은거선시집華陽陶隱居仙詩集』2권, 『진고眞誥』, 『등진은결登眞隱訣』, 『통현영보진령위업도洞玄靈寶眞靈位業圖』이다. 이것들 중 가장 중요한 것은 『진고』로서 그 내용은 구곡산句曲山(모산茅山) 속의 통천洞天 즉 신선이 산다는 별

천지의 뛰어난 모습과 진인眞人이나 귀신의 사적, 아울러 존상存想과 복목服木이라는 일종의 명상법을 서술한 것이라고 한다. 『진고』에 관해서 『문헌통고文獻通考』와 『도장목록상주道藏目錄詳註』의 설명을 보면 모두 진인이 구두로 전수하여 알려 줬기[誥] 때문에 이런 명칭이다. 진晉나라의 허매許邁, 양의楊義 등 선仙을 주고받은 여러 이야기들을 기록한 것으로서 고거사顧居士가 이미 이것을 편찬했지만 빠지거나 잘못된 것이 많아서 도홍경이 더욱 수정 보완하고 주해를 부가한 것이다. 『주자어류朱子語類』에서는 "뒷부분의 「도수편道授篇」은 불가佛家의 『사십이장경四十二章經』을 표절했다. 이뿐만 아니라 지옥에 태어난다는 지옥탁생설地獄託生說 같은 것도 모두 불교에서 가져왔다"라고 말한다.

무제武帝는 일찍이 글을 썼는데 『금루자金樓子』라고 한다. 거기에서 "나는 승려 중에서는 초제의 염법사를 중요하게 여기고, 은사 중에서는 화양의 도정백을 중요하게 여기며, 사대부 중에서는 해남의 주홍정을 중요하게 여긴다[余於僧中, 重招提琰法師, 隱士重華陽陶貞白, 士大夫重海南周弘正]"라고 말한다. 대동大同 2년(536)에 81세로 모산茅山의 주양관朱陽館에서 선탈蟬脫한다. 그에게 산속 재상宰相이라는 칭호가 있는데 무제가 항상 자문을 구했기 때문이다. 정백貞白선생이라는 시호를 내렸고, 뇌평산雷平山에 매장했다. 그때의 일은 소명昭明태자가 찬술한 묘비명에 분명하게 나타나 있다. 도은거가 생존하고 있을 때 북위의 담란曇鸞이 멀리 분주汾州로부터 남경南京까지 와서 무제의 허락을 받아 모산의 도은거에게 선술仙術을 묻고 장생長生하는 방법을 배워 『대집경大集經』을 폭넓게 해석하고자 했던 열망을 만족시키게

되었다고 전한다. 아마 도은거는 삼교三教를 공부했어도 주로 선도仙
道를 연구했다. 불교에 관한 그의 지식은 왕륜王綸의 도군비陶君碑 안
에서 보인다. 이것을 참조한『양서梁書』에서 보리백탑菩提白塔을 삼모
산三茅山(모산으로 약칭)에 건설하고, 부처가 수기하며 승력보살勝力菩
薩이라고 이름을 붙이는 꿈을 꾸고서 이에 무현鄮縣 지역의 아육왕탑
阿育王塔을 참배하고 스스로 맹세하며 5대계大戒를 받았다 하고, 임종
할 때 목욕을 시키지 않고 큰 가사袈裟로 몸을 가려 머리부터 발까지
덮었다고 한다(『양서梁書』:『통기統記』 37에서 인용).

『양문기梁文紀』 5권에 소명昭明태자가 편찬한 묘비명이 있다.

화양 은거의 묘비명:
대동 2년 경진景辰(병진丙辰)년이 환하게 밝은 음력 3월 12일 오전 9~11시에
화양동의 도 선생은 모산의 주양관에서 선탈한다. 선생의 휘諱 즉 살아생전
의 본명은 홍경이고 자字는 통명이며, 81세였다. 몸 상태는 평상시와 같고
안색도 변함이 없었다. 중산대부의 지위를 내려 주고, 시호를 정백선생이라
했다. 관리를 파견하여 글을 주도하고 장례를 살피도록 했다. 14일에 뇌평
산에 매장했다.

소릉邵陵 지역 왕륜王綸의 은거정백선생도군비隱居貞白先生陶君碑 중
에서는 다음과 같이 말한다.

크게 불상을 만들고 이에 사경하거나 탑을 세우면서 승려들을 초청하여 여
러 공양을 준비했다. 스스로 맹세한 도량에서 보살법을 받았다. 꿈에 7지에
올랐고 또 좋은 이름을 얻는다. 왕에게 아뢰어 칙명으로 허가를 받아 운영
했다. 갈현의 꿈에 나타난 개사開士(보살이나 고승의 별칭)나 주관이 멀리서 우

러르던 존의尊儀(불보살이나 귀인들의 형체나 초상)를 어떻게 이 감통에 빗대고 이 징험에 비교하겠는가.

무현鄞縣 지역의 아육왕사阿育王寺에 참배하고 스스로 맹세하며 보살법菩薩法(대승계大乘戒)을 받고, 꿈에서 7지地에 오르고, 승력보살勝力菩薩이라는 수기授記를 얻었다고 한 것은 도홍경의 불교관이 보살대승이라는 것을 가늠하게 해 준다. 양대에 삼교일치사상이 실행상에서 나타나게 된 것은 도홍경의 생활뿐만 아니라 나아가 보지保誌(保志=寶志=지공화상誌公和尙, 418~514)와 부흡傅翕(선혜대사善慧大師, 497~569)의 생활상에서도 나타난다. 게다가 어느 것이든 보살대승을 이상으로 삼고 실행상에서 나타내려고 한 것은 바야흐로 불교가 전환될 시기에 임박했음을 말해 준다. 단지 도홍경이 도교 안에 다른 이교二敎를 통일시킨 데 대해 부흡은 불교 안에 다른 이교를 통일시킨 차이가 있을 뿐이다. 도홍경이 만들었다고 여겨지는 『진령위업도眞靈位業圖』라는 것이 있다. 나는 이것을 도교의 만다라曼茶羅라고 본다.[8]

---

8 도홍경의 옛터인 모산(茅山)은 구용산(句容山)이라고도 하며, 남경(南京)의 동남(東南) 130리 (약 51킬로미터) 즈음에 있다. 중국 정토교(淨土敎)의 조사(祖師) 담란(曇鸞)과 관계가 있고, 또 진(陳)나라 때 삼론종(三論宗)의 조사(祖師)인 법랑(法朗)의 의발(衣鉢)을 이어 간 곳이며, 명법사(明法師)가 은퇴하여 머물던 곳으로서 불교사에서도 중요하므로 저자는 1921년 2월 쌓인 눈을 무릅쓰고 이곳을 방문하고 이곳에 대해 단행본 『중국불교사적[支那佛敎史蹟]』에서 보고했다. 구용산은 남방 도교의 중심지로서 강서(江西)의 용호산(龍虎山)과 나란하며, 민간신앙으로서 오늘날 여전히 큰 세력을 갖고 있다. 전한(前漢)의 원제(元帝)시대에 함양(咸陽) 지역 모영(茅盈), 모충(茅衷), 모고(茅固) 3형제가 멀리서 이곳을 찾아와 도(道)를 배워 선화(仙化) 즉 신선이 되었다고 하여 모군산(茅君山)이라는 명칭이 생겼고 또 삼모산(三茅山)이라는 이름이 되었다. 이 구용(句容)이라는 곳은 이후 도교와 밀접한 관계가 있다. 한말(漢末)에는 갈현(葛玄), 진(晉)나라 때는 허매(許邁)와 갈홍(葛洪)이 있었다. 진(晉)나라

태화(太和) 원년에 구용의 장사(長史) 관직이던 허씨(許氏)는 이곳에 머물렀고, 유송(劉宋) 초기 장사(長沙) 지역의 경왕(景王)은 이곳에 정사(精舍)를 세웠는데 이것을 최초의 도교 건물 즉 도관(道觀)이라고 한다. 양대(梁代)에 도홍경이 은퇴하여 이곳에서 머물게 되면서 이 정사(精舍)를 다시 주양관(朱陽館)으로 바꿔 부르고, 무제(武帝)가 홍경(弘景)을 위해서 관(館)의 서쪽에 은거(隱居)할 곳을 만들어 준 이후 특히 세상에 널리 알려지게 된다. 주양관 또는 화양관(華陽館)이라고도 부르고, 이로 인해 도홍경을 화양은거(華陽隱居)라고 한다. 삼모산의 현재 상황을 기술하자면 모산진(茅山鎭)을 기점으로 해서 대모산(大茅山), 이모산(二茅山), 삼모산(三茅山)이 있다. 원(元)나라 연우(延祐) 3년에 성우(聖祐), 덕우(德祐), 인우(仁祐)라는 3개의 건물[觀]을 칙명으로 세운다. 순서대로 3곳 모산의 도관(道觀)이다. 대모산에는 지금 구소궁(九宵宮)이 있다. 명대(明代)에 성우관(聖祐觀)을 개칭한 것이다. 이모봉(二茅峰) 중의 적금산(積金山)에 원부만녕궁(元符萬寧宮)이 있는데 송(宋)나라 조진관묘충화선생(藻眞觀妙冲和先生) 유곤(劉琨)이 머물던 곳으로서 철종(哲宗)이 여기에 원부관(元符觀)을 세우고 휘종(徽宗)이 궁(宮)으로 고치면서 만녕(萬寧)이라는 호(號)를 부가했다. 옥새(玉璽)를 보관했으므로 속된 말로 인궁(印宮)이라고도 한다. 명(明)나라 홍무(洪武) 16년 및 만력(萬曆) 41년에 도장(道藏)을 인쇄하여 원부궁(元符宮)에 반사(頒賜) 즉 내려보내 주었다고 한다. 남쪽으로 계곡을 사이에 두고 있는 하나의 봉우리에 화양(華陽), 선인(仙人), 나고(羅姑)라는 3개의 골짜기[洞]가 있다. 화양동(華陽洞)이 가장 크고 바위 표면에 석각이 매우 많다. 은거와 관계된 이후 도가(道家)와 인연이 많은 것이다. 적금산(積金山) 서쪽에 원래 화양궁(華陽宮)이 있었는데 도은거(陶隱居) 이전에 있던 관(館)으로서 여기에 은거의 단로(丹罏)와 단정(丹井)이라는 일종의 실험기구가 있었다고 한다. 그래서 적금산이 도은거의 고거(故居) 즉 옛 거주지라는 것을 충분히 알 수 있지만, 오늘날에는 그 유적을 찾아볼 수가 없다. 그의 유적으로서 현존하는 것은 계곡 너머 북쪽 봉우리의 울강(欝崗)에 있는 건원관(乾元觀)이다. 송나라 때 관묘국사(觀妙國師) 주자영(朱自英)을 위해 진종(眞宗)이 칙명을 내려 건설한 것으로서 뜰 앞에 주자영의 전기를 새긴 유광현양지비(幽光顯揚之碑)라는 비석이 있다. 이 관(觀)은 대라보전(大羅寶殿)을 중심으로 그 안에 도교의 삼존(三尊)인 원시천존(元始天尊), 태상도군(太上道君), 태상노군(太上老君)의 상(像)을 안치한다. 울강은 무제(武帝)가 은거를 위해 재실(齋室)을 건설했던 예전 지역이라는 말이 된다. 그렇다면 모산에 현존하는 도은거의 유적지는 울강에서 찾아야 한다. 삼모산을 중심으로 한 일대의 산맥을 구용산이라고 한다. 산의 형세는 뱀 사(巳) 자처럼 100리(약 40킬로미터)에 걸쳐 서로 이어져 있어서 구곡(句曲)이라고도 한다. 구곡 산맥을 둘러싼 둘레 150리(약 59킬로미터)의 골짜기[洞虛]를 금단화양지천(金壇華陽之天)이라고 이름 붙여 예부터 도교도들이 성역으로 여겨 왔다. 은거는 37세 때 관직을 사임하고 영명(永明) 10년에 이곳으로 은퇴해서 중모령(中茅嶺) 위의 화양관과 적금산의 동간(東澗) 계곡에서 살며, 천감(天監) 7년부터 5년 사이에 동해(東海)를 돌아다니다가 13년에 모산으로 돌아오고, 대동(大同) 2년 81세의 나이로 화

10. 북주北周 무제武帝의 폐불廢佛과 장빈張賓

주나라가 일어나기 십몇 년 전부터 유포된 참기讖記가 있었다. "검은 사람[黑人]이 다음으로 하늘의 자리를 받는다"라는 것이다. 국가의 기복이 일반적이지 않을 때라면 당사자로서는 이 참기에 매우 흔들리게 되는데 북제의 문선왕文宣王 같은 사람은 승조선사僧稠禪師를 처형하려다가 도리어 승조僧稠라는 말을 잘못 이해하고 7번째 동생인 환渙을 사형시키기도 한다(『광홍명집廣弘明集』 6). 주나라 태조太祖 명제明帝는 이렇게 떠도는 예언을 믿고서 내 이름은 흑태黑泰라서 이에 해당한다고 말하고, 관중關中 지역으로 들어가면서 다시 흑조黑皁로 바꾸며, 깃발이나 복장에 모두 검은색을 사용하고, 승려의 옷은 황색으로 사용하게 해서 참위讖緯에 따라 맞춘다. 무제武帝가 즉위(561)한 나이는 겨우 19세로 젊고 기운차며 의욕적인 자세여서 처음에는 이 참기를 믿지 않고 불교에 마음을 기울였는데 도사 장빈이 흑석黑釋 즉 복장 등에 검은색을 사용하는 불교를 국가적인 금기로 삼고 황로黃老를 국가에 상서로운 것으로 삼으려 하자 그 말을 받아들여 도교를 신봉하며 몸소 부록符籙을 받들고 의관을 착용한다. 그때 익주益州 지역 야안사野安寺에서 한때 승려였던 위원숭이 천화天和 2년(567)에 "승려들이 게으르고 재물과 음식을 탐내고 있습니다. 흠상欽尙 즉 공경하여

양관에서 죽는다. 현존하는 은거의 옛터는 적금 동간의 화양동(華陽洞)과 울강의 건원관(乾元觀)뿐이다. 나중에 도교의 종파 중에 기록된 상청파(上淸派)라는 것은 이곳을 중심으로 삼은 도교의 일파다. 역주 이 내용은 저본 615쪽 5째 줄~617쪽 4째 줄까지, 본문 중에서 들여쓰기하여 기술하고 있는 내용이다. 요즘의 글 형식에 맞춰 각주로 처리했다.

받들기에 부족합니다. 국가는 마땅히 이것을 바로잡아 불교의 가르침을 실현해야 합니다"라고 표表를 올린다. 무제가 이것을 보고 내교內敎 즉 본래 중국에 있던 가르침인 도교에 의해 국가를 통일해야겠다는 의견을 확립한다. 『광홍명집廣弘明集』, 『불조통기佛祖統記』, 『무제본기武帝本記』, 『북주서北周書』에 의거해 무제가 이교二敎를 폐지하게 되기까지의 경과를 서술하면 다음과 같다.

천화天和 4년(569), 삼교의 교도들과 문무백관 20여 명을 정전正殿에 모아서 도교와 유교와 불교의 순서에 대해 의논하게 한다. 의논이 분분해서 결정하지 못한다. 모임이 세 번째나 되자 무제는 특히 극단적인 말도 꺼리지 말도록 하며 또 사예대부司隷大夫 견란에게 칙명으로 불도 이교二敎의 깊고 얕음과 참 거짓을 변별하게 한다. 다음 해에 견란은 『소도론笑道論』을 지어 올리고 노자교老子敎는 높이지만 천사도天師道를 폄하하며 삼장三張의 법法에 대해 꺼릴 것 없이 통렬하게 공격한다. 무제가 이것을 여러 신하들에게 자문한다. 모두 이것이 도법道法을 해롭게 좀먹는다고 여긴다. 이에 이것을 대전 앞에서 불태워 버린다.

(가) 전사예모극현개국백前司隷母極縣開國伯 견란甄鸞의 『소도론笑道論』

이 글은 천화天和 5년(570)에 올린 것이고 3권 36조목으로 구분되어 있다. 3권은 3통三洞이라는 명칭을 비웃고, 36조목은 도경道經에 36부部라고 있는 것을 비웃고 있다. 소도笑道라는 제목은 『노자老子』에서 "하사下士 즉 수준 낮은 선비는 도를 들으면 크게 비웃는다. 그들이 비웃지 않는다면 도라고 할 수 없다[下士聞道大笑之. 不笑不名爲道]"(『노자

老子』41장)라는 말에서 가져온 것이다. 이 글은 "불도 이교二敎를 설명하고 선후나 깊고 얕음이나 같고 다름을 정리하라"라는 칙명을 받들어 답변한 것으로서 처음에는 도교와 불교를 대비시키다가 도교를 비웃을 수밖에 없는 결론을 제시하며 다음과 같이 말한다.

불교는 인연을 근본[宗]으로 삼고 도교는 자연을 마땅함[義]으로 삼는다(승민 僧敏의 『융화론戎華論』에서 인용). 자연은 무위無爲로 이뤄지는 것이고 인연은 적행積行 즉 수행을 쌓아 증득하는 것이다. 근본[本]을 지키면 일은 고요해지고 이치가 조화를 이루며, 근본[宗]에 어긋나면 생각은 어그러지고 가르침은 거짓이 된다. 노자의 오천문五千文을 살펴보면 말씀과 의미가 모두 훌륭하여 진실로 귀하게 여겨야 할 따름이다. 입신立身하고 치국治國하는 군신君臣의 도道가 풍부하다.

불교는 괴상한 힘이나 감정에 어긋나는 술수를 금지하는데 도교에서는 부적[符書]이나 저주[厭詛]와 같은 술법이 있다. 이것이 어찌 대도大道 자연自然의 허적虛寂 무위無爲라는 뜻이겠는가. 후세 사람들이 함부로 천착穿鑿하면서 근본[本]을 등졌기 때문이다. 또 도가의 방술方術은 신선으로 승화하여 신神이 된다고 하는데 터무니없는 속임수[誑惑]다.

이로써 견란은 조립천지造立天地, 연호차천年號差舛, 결토위인結土爲人, 오불병출五佛竝出, 관음시노觀音侍老, 칭나무불稱南無佛, 장건취경張騫取經 등 36개의 항목으로 구분하여 비웃는다. 해친구도害親求道, 개불위도改佛爲道, 투불인과偷佛因果, 도사봉불道士奉佛, 도사합기道士合氣, 제자도서諸子道書 등의 여러 항목 중에는 도교 연구에 관한 중요한 사료史料를 많이 포함하고 있다. 견란의 노불이교관老佛二敎觀은 근본에서는 일치한다고 해도 근본에 위배된 도교는 배척해야 한다는 것이다. 즉 노자교老子敎를 드높이고, 신선도神仙道와 천사도天師道를 물리친 것이다.

(나) 도안道安의 『이교론二敎論』

그때 법사法師인 도안은 또 『이교론二敎論』을 올린다. 『역易』을 보조하는 한 가지 겸손으로서의 노자교를 유교의 일파로 여기며, 삼교병립설 즉 유불도 삼교가 나란히 성립한다는 주장에 대해서 유불이교설 즉 유교와 불교 두 가지만 성립한다는 주장을 세우고 제신濟神 즉 정신을 구제하는 것과 구형救形 즉 몸을 구제하는 것이라는 설명을 통해 이교二敎를 조화하며, 삼장三張의 귀법鬼法인 도교는 논외로 한다. 도안은 『대론大論』 즉 『대지도론大智度論』의 연구자이고 『정토론淨土論』의 저자일 것이라고도 한다. 평화로운 때를 만났다면 불교 교리사에서 분명히 중요한 위치를 점유했을 것이다.

『이교론二敎論』은 동도東都 즉 낙양洛陽 지역의 일준동자逸俊童子와 서경西京 즉 장안長安 지역 통방선생通方先生의 문답에 빗대어 이교二敎를 논한 것이다. 동도의 동자는 "삼교가 비록 다르더라도 선善을 권장하는 의미는 같다. 자취는 참으로 다르지만 이치는 들어맞아서 원만하다[三敎雖殊, 勸善義一. 途迹誠異, 理會則圓]"라고 주장한다. 즉 삼교일치가 취지다. 이것은 당시 학자들의 공통된 의견이다. 서경의 선생은 노자를 유교 안으로 수렴하고 불내유외佛內儒外 즉 불교는 내면적인 것이고 유교는 외면적인 것이라고 여기며 제신濟神과 구형救形으로 구분한다. 우열 관념이 그 안에 포함되어 있기는 하지만 유교를 논평하려고 한 것은 취지가 아니다. 도교를 논박하는 것이 목적이다. 귀종현본장歸宗顯本章에서는 "물질을 토대로 극미를 다 드러내는 것은 노씨가 아직 말하지 못한 것이고, 마음을 탐구하여 생멸을 끝내는 것은 선니宣尼 즉 공자가 또한 아직 말하지 못한 것이다[推色盡於極微, 老氏之所未辯, 究心窮於生滅, 宣尼又所未言]"라고 한다. 이 글은 다음과 같은 12장章으로 구분되어 있다.

① 귀종현본歸宗顯本, ② 유도승강儒道昇降, ③ 군위교주君爲教主,
④ 힐험형신詰驗形神, ⑤ 선이열반仙異涅槃, ⑥ 도선우열道仙優劣,
⑦ 공노비불孔老非佛, ⑧ 석전도류釋典道流, ⑨ 복법비노服法非老,
⑩ 명전진위明典真偽, ⑪ 교지통국教指通局, ⑫ 의법제의依法除疑.

유도승강儒道昇降에서 노자교를 다음과 같이 논하고 있다.

도교[道]는 『역易』에서 한 번은 음陰이고 한 번은 양陽인 것을 도道라고 한다고 한 것을 부연한 데 지나지 않는다. 태역太易을 열면 태초太初가 있고, 태시泰始가 있고, 태소太素가 있다. 태역은 아직 기氣가 나타나지 않았고, 태초는 기의 시작이며, 태시는 형체[形]의 시작이고, 태소는 성질[質]의 시작이다. 기와 형체와 성질이 분리되지 않은 혼돈은 보거나 들을 수 없는 것이며 이것을 『역』이라고 한다. 노자의 뜻은 떠돌지 않게 구제하려는 데 있으며, 비우고[虛] 유연하게[柔] 잘 낮춰 자신을 닦을 수 있다. 이것은 『역』을 돕는 한 가지 겸손이다. 곧 유교[儒]의 일파一派와 다르지 않다.

논조가 당당하다. 무제가 이것을 신하들에게 자문했는데 아무도 대항하지 못했다. 이에 마침내 삼교를 비교하여 설명하려던 논의가 잠잠해진다.

　무제의 의도는 이 나라에서 항상 따르는 도유道儒와 나중에 들어온 불교를 대우할 때 우선순위를 두려고 한 데 있다. 그럼에도 권력을 사용하지 않고 여러 논의에 부쳐서 특히 아낌없는 말로 논리를 전개하도록 하고 더욱이 학자인 견란과 불교자인 도안의 의견도 고려하는 태도는 정말로 공평하다. 이 연도에 이교二敎의 종鐘을 만들고 거기에 무제가 제작한 명銘을 새겨 넣었는데, 그 서序에 "양 교가 똑같이 하나의 길로 돌아간다는 것을 널리 선포한다[弘宣兩敎, 同歸一揆]"라는 말이 있는 것은 단순히 의례적인 것이 아니다. 당초 무제의 의도는 마구잡이로 배도폐불排道廢佛하려던 즉 도교를 배척하고 불교를 폐지하려던 것이 아니었을 뿐 아니라 양 교를 널리 선포하고 도교 안으로 똑같이 귀일시키려던 것이었음을 알아야 한다(『광홍명집廣弘明集』28). 4년이 지나 건덕建德 2년(573)이 되자 무제는 스스로 고좌高座에 올라 삼교의 선후를 분별하여 유교[儒], 도교[道], 불교[釋]로 순서를 정한다(『무제본기武帝本紀』). 그리고 도석道釋 이교 사이의 분쟁은 어찌할 수 없는 점이 있어서 마침내 생각을 결정하고 다음 해(574) 석교釋敎만을 폐지하려고 하며, 무제 자신은 장빈과 함께 불교도의 언론을 꺾으려 한다. 법사 지현知玄이 매우 강하게 대항했다. 무제는 어쩔 수 없이 상황이 심각해지자 양 교를 함께 단절하는데(『통기統記』38) 곧 사문과 도사를 다 같이 환속시키고 삼보三寶(불교)의 재물은 신하들에게 나눠 주고, 사찰이나 도관 그리고 탑이나 사당은 왕공王公에게 나눠 준다(『광홍廣弘』8).

　무제武帝는 이교二敎를 폐지한 후 통도관通道觀을 세운다. 『북주서

北周書』에 따르면 이때의 조칙 중에 다음과 같은 어구가 있다. 무제의
포부를 알아보기에 충분하다.

　　이제 통도관을 세우도록 한다. 성철聖哲들의 뜻깊은 말씀과 선현先賢들이 보
　　여 준 본보기, 소중히 여기고 지켜야 할 규칙과 신비한 행적이나 현묘한 글
　　들은 백성[黎元]들을 구제하고 기르는 것들이다. 가르침의 의미가 이루어지
　　도록 돕는 사람이라면 아울러 마땅히 널리 천명해서 하나로 관통해야 할 것
　　이다. 낮은 언덕에서 노는 사람에게 숭산과 태산의 드높은 모양을 알게 하
　　거나 냇가의 돌무더기에서 조약돌만을 지키는 사람에게 발해의 넓고 맑음
　　을 깨닫게 하는 것이 또한 옳지 않겠는가.

　　적어도 인심을 키우고 이치에 맞는 가르침에 부합한다는 것은 모두
연구하고 통일해서 좁은 견해를 가진 사람들의 안목을 넓히고자 한다
는 것이며, 이것으로써 통도관을 설치한 의의로 삼는다. 120명의 감
호監護를 배치하고, 이李씨 가문 사람 가운데 당대에 유명한 사람들로
이곳을 채우며 의衣, 관冠, 홀笏, 이履라는 격식 차린 복장을 입혀 통도
관학사通道觀學士라 이름하고, 배우는 것은 오직 노장뿐으로서 허담虛
談으로써 삼교를 통합하려고 했다(『광홍廣弘』 10). 불교자 중에서 학사
學士로 참가한 사람은 언종彦琮 등이다. 도안도 여기에 초청받았지만
거부의 표시로서 단식하다가 죽고, 법사 정애靜藹 역시 간언하고서는
남산으로 들어가 자결한다(『통기統記』 38). 무제武帝가 몸소 도서道書
를 편찬하여 『무상비요無上秘要』라 부른 것은 이때였다. 무제의 일처
리가 공평한 것 같지만 그 의도가 도교에 있었다는 것은 불자佛者를
자극했다. 아마 국가의 통일에서 본다면 도교를 섬기는 일을 멈출 이

유가 없었을 것이다. 무제의 당초 의도로는 차마 이러한 결과를 예상치 못했지만 일을 진행하다 보니 불교에 대해 참담한 결과를 초래하게 되었다.

(다) 제齊나라에서의 폐불廢佛

무제武帝는 주나라에서 도교와 불교의 폐지를 마치고, 건덕建德 6년(577) 북제의 업도鄴都에 이르러 또 불법佛法을 모조리 제거한다. 한때 승려였던 임도림任道林이 표表를 올려 법사法事(불사佛事)를 부흥시킬 것을 주청하지만 무제는 듣지 않고 더욱이 업성鄴城에 있는 사문 70명을 통도관에 참여하도록 요청한다. 이때 무제가 임도림에게 응수한 것 및 다음으로 살펴볼 혜원에 대한 변론을 통해서 볼 때 무제는 변론 능력이 있고 사상이 있으며 단지 무변武弁(무관武官)이지만은 않다는 것을 알게 된다. 임도림이 글을 올리자 상사上士인 이덕림李德林은 "임금의 말씀은 특히 응답하기가 어렵습니다. 이 점을 살펴야 할 것입니다[聖主機辯, 特難酬答. 可思審之]"라고 하며, 이것에 대해 도림은 "주상의 예리한 논변은 온 사방에 유명합니다. 저도 이미 알고 있습니다[主上鋒辯, 名流十方. 林亦早聞]"라고 대답한다. 이로써 알 수 있는 것이다. 무제는 승광承光 2년(578)에 북제를 평정하는데 이 일이 불교를 없애도록 부채질하게 만든다. 즉 의기양양해져서 한때 수행하던 대덕大德들을 소집하고 존폐 여부에 대해 다음과 같이 말한다.

삼교三教를 시행하는 일은 번거롭기만 하며 지극한 이치에 의하면 모두 감화에 어긋난다. 이제 함께 폐지하겠다. 그러나 6경經의 예의禮義와 충효忠孝는 세상에 이익이 되므로 마땅히 존립시켜야 할 것이다. 아울러 참된 부처는 형상이 없다. 불경佛經에서 그림이나 탑[圖塔]을 받들고 세우면 복이 있다고 말하지만 이런 것들은 무정無情 즉 아무런 의식도 없는 것들인데 무슨 은혜가 있겠는가. 마땅히 경전이나 불상은 없애 버려야 한다. 또 부모의 은혜가 막중한데도 사문은 공경지도 않는데 순리에 너무 어긋나므로 국법으로 용납할 수 없다. 마땅히 돌아가서 효도해야 한다.

이것은 유교를 표면으로, 도교를 이면으로 삼아 불교도를 진압하려는 것이다. 500명의 사문은 감히 입을 열지 못한다. 정영사淨影寺의 혜원만 홀로 당당하게 무제와 논란을 벌인다.

"참된 부처는 형상이 없다는 것은 말씀하신 대로입니다. 명칭이나 형상을 빌려서 참됨을 표현할 뿐입니다. 이제 이것을 없애면 생령生靈들 즉 살아 있는 사람들이 공경을 일으키지 못하게 됩니다." 무제는 "허공에 있는 참된 부처는 모두 저절로 안다. 경전이나 불상을 빌릴 필요가 없다"라고 말한다. 혜원은 "① 한나라 명제明帝 이전에 이 땅의 사람들은 왜 허공의 참된 부처를 알지 못했습니까? ② 저절로 법法을 안다면 삼황三皇 이전에 문자가 없을 때 사람들은 스스로 오상五常 등의 법을 알았어야 합니다. ③ 만약 형상이 무정이라서 없애 버려야 한다면 국가의 7묘廟에 있는 형상에는 정情이 있습니까? ④ 만약 불법佛法이 외국의 법이기 때문이라고 한다면 중니의 말씀도 노魯나라에서 나온 것입니다. 진秦나라와 진晉나라의 땅에서는 역시 폐지해야 하고 실행하면 안 될 것입니다. 세상에 나와서 도를 실천하여[立身行道] 부모를 널리 알려지게 하라는 것은 공자가 가르친 것인데 어째서 반드시 집으로 돌아가야 합니까? 만약 집으로 돌아가야 한다면 폐하의 좌우에 있는 사람들도 모두 부모가 있는데 어째서 이들을 보내 주지 않습니까? 이제 폐하께서는 왕의 힘을 믿고 함부로 삼보三寶를 파멸시킵니다. 이것은 사견邪見 즉 옳지 않은 생각이고, 지옥에서는 귀천을 가리지 않습니다"라고 말한다. 무제는 낯빛이 바뀌면서 "백성이 즐거울 수 있다면 지옥에 떨어지는 것도 사양하지 않겠다"라고 말한다. 혜원은 "사법邪法 즉 바르지 못한 법으로 사람들을 교화하며 현재 고업苦業을 쌓고 있습니다. 폐하와 함께 지옥에 떨어질 것입니다. 어느 곳인들 즐거울 수 있겠습니까?"라고 말한다. 무제는 말문이 막혔고 다만 "승려들은 모두 돌아가라. 담당 부서[有司]에서는 승려들의 이름을 적어라"라고 말한다.

이렇게 해서 3년 뒤 관롱關隴 지역의 불교가 거의 없어져 버렸고 제나라 안에서의 불교도 훼손되었다(『광홍廣弘』 10). 북주에는 『대론大論』(『대지도론大智度論』) 학자가 많았고 북제에는 『지론地論』(『십지경론十地經論』) 학자가 많았다. 이때 남방으로 피신한 승려가 매우 많았고, 그 중에는 『섭대승론攝大乘論』을 북방에서 가지고 돌아온 담천曇遷과 정숭靜嵩 같은 학자도 있다. 이미 겨우 37세로 무제武帝가 붕어하고(579) 2년 뒤 주나라의 선禪을 받아들여 새롭게 수나라시대를 개창한 양견楊堅은 불교를 부흥시키면서 나아가 무제가 마음속에 품고 진행하던 국가 통일의 대업을 실현한다. 그렇다면 결과적으로 국가 통일의 정신은 계승자를 얻었지만 폐불 조치는 결국 실패로 돌아갔다고 해야 한다.

(라) 무제武帝의 포부

무제가 불교를 배척하게 된 것은 도덕적으로는 승려의 예경 문제가 있고 사회적으로는 불상이나 사탑의 낭비 문제가 있었지만, 사상적으로 즉사개도卽事皆道 즉 일마다 모두 도라는 견해가 있다. 이것을 술이나 고기에도 적용하고, 자타에는 물론 나아가 국가에 대해서도 적용하여 이해하려고 한 데서 비롯한다. 이 즉사개도라는 관점은 명칭 그대로 노자교老子敎의 중심사상인 도道에 의해 일체를 일관한 것으로 이 사상은 도를 중심으로 한 국가론으로서 실제상에서 나타났다. 바로 국민적 자각으로부터 발생한 국가 통일의 요구다. 아마『대론大論』의 제법실상설諸法實相說 즉 모든 존재의 참모습에 의거한 실천을 강조하고 있는 주장의 영향일 것이다. 이러한 자각에 의거해서 볼 때 불교는 외래의 것이 되고, 교의敎義에서 배울 것이 많음에도 불구하고 외국의 법으로서 유교와 도교의 하위에 위치시킬 수밖에 없다. 무제가 처음에 도교와 유교와 불교로 순서를 정했다가 다음에는 유교와 도교와 불교로 순서를 정한 것은 사실 내교內敎 중심의 국가론에 의한 것으로서 단순한 순서의 문제가 아니다. 분분한 논의를 일으켰지만 본래부터 정해진 일이었다.

즉사개도관卽事皆道觀으로부터 성립한 국가론은 임도림에 대한 무제의 변론 중에 나타난다.

제왕帝王은 여래如來이고, 왕공王公은 보살菩薩이고, 나이 많은 사람[耆年]이 상좌上座이고, 인혜仁惠 즉 어질고 은혜로운 것은 단도檀度 즉 보살의 수행방법인 육도六度 중 첫 번째인 보시이고, 화평和平한 것이 가장 뛰어난 승려이고, 정근貞謹 즉 꿋꿋하게 삼가는 태도는 목차木叉 즉 계율이고, 검약儉約은 소욕少欲 즉 욕심을 줄이는 것이고, 방임放任은 무아無我와 같고, 공功을 잊는 것은 대승大乘에 가깝고, 문文과 무武는 두 가지 지혜이고, 권모權謀는 교편巧便 즉 훌륭한 방편[善巧方便]이고, 관직에 임명하는 것[加官]은 수기授記

이고, 작록爵祿은 천당天堂이고, 벌륙罰戮 즉 처벌은 지옥이고, 백성을 자식처럼 여기는 것은 대자大慈이고, 사해四海를 집으로 여기는 것은 법계法界이고, 정치를 이치에 따라 하는 것이 만물을 구제하는 것이고, 백성을 안락하게 하는 것이 고苦를 제거하는 것이고, 잔인한 해악을 벌주어 없애는 것이 항마降魔 즉 마귀를 항복시키는 것이고, 천하에 군림하는 것은 득도得道이고, 천하의 태평한 모습은 정토淨土이고, 만물이 가지런한 모습은 가유迦維 즉 부처가 태어났던 가비라국이다. 일에 비추어 말한다면 어디인들 도道가 아니겠는가.   (『광홍명집廣弘明集』10권)

당시 『대론大論』 연구가 북주 지방에서 진행되었으므로 이 즉사개도관卽事皆道觀은 불교의 제법실상설諸法實相說을 실제에 적용한 것이다. 그럼에도 불교를 버리고 도교로 나아간 이유는 불교가 성인聖人의 길을 구분하고 있지만 도교는 범부[凡]와 성인[聖]에 모두 통한다고 말한 데 있다. 불교의 단육무처斷肉無妻 즉 고기를 끊고 아내를 맞이하지 않는 일을 배척한 것 등은 범성해통凡聖該通 즉 범부와 성인에 모두 통하는 도교에 입각한 당연한 귀결이다. 무제가 실제 생활에서 도교를 명시하게 된 동기는 아마 아침저녁으로 걷잡을 수 없이 항상 뒤바뀌는 당시에 국가 조직을 확고하게 하는 것이 가장 필요하다는 생각에 기반하여 남양南梁의 무제武帝와 북제 문선왕文宣王의 극단적 은둔 생활과는 반대적으로 나온 것이다.

주조周祖 즉 북주 무제의 의견은 아마 위원숭이 천화天和 2년(567)에 바친 상서上書에 기반한다. 숭의 상서는 부패한 불도 이교二敎에 의지할 수 없다는 데서 기인한 국가 중심설로서 후세에 남긴 영향이 매우 크다. 다음과 같이 말한다. "당우唐虞시대 즉 요순堯舜시대에는 부처

[浮圖]가 없어도 나라가 잘 다스려졌고, 제양齊梁 때는 절집[寺舍]이 있어도 백성들이 바로 서지 못합니다(이후 이 논법은 매우 많이 사용된다). 이것은 민심이 도道에 합치하지 않아서입니다. 부처[浮圖]를 말할 필요가 없습니다. 오직 민심을 도에 합치시켜야 할 따름입니다. 백성과 나라에 이익을 주는 것은 불심佛心과 합치합니다. 불심은 대자大慈를 근본으로 삼는 것입니다. 숭은 당우의 뛰어난 교화를 흠모하므로 바라건대 평등하게 이끄는 큰 절 즉 평연대사平延大寺를 조성해서 사해四海의 만백성을 거두시고, 왜곡된 가람伽藍은 세우지 마십시오. 이것을 세우시면 사람은 물론 짐승들도 손상시키게 됩니다. 평연대사란 성황城隍 즉 온 나라를 사탑寺塔으로 삼아서 곧 주나라의 주인이 여래가 되게 하는 것이고, 각 고을을 승방僧坊으로 만들어 화합한 남편과 아내가 성중聖衆이 되게 하는 것이고, 영덕令德 즉 아름다운 덕을 가려서 삼강三綱으로 만들고 나이 많은 분들을 상좌上座로 거느리는 것이고, 어질고 지혜로운 사람을 선택해서 집사執事로 삼는 것이고, 용기와 지략이 있는 사람을 찾아서 법사法師로 삼는 것이고, 십선十善을 실천함으로써 아직 평안하지 못한 것들을 굴복시키는 것이고, 탐욕이 없다는 것을 보여 주어 도둑질을 끊어 버리는 것을 말합니다"(도선道宣은 이것이 『대론大論』의 천왕불天王佛의 정령政令에 근거한 설명이라고 한다). "또 바라건대 덕德 있는 가난한 사람은 부역을 면제하시고, 수행하지도 않으면서 풍족한 승려에게는 세금을 거두소서. 그렇게 하면 모든 승려들이 세금을 멈추기 위해서라도 앞다퉈 욕심을 끊을 것입니다. 가난한 사람은 부역을 면제받기 위해 경쟁적으로 충효忠孝를 실천할 것입니다. 이것이 바로 불법佛法을 북돋아 국가를 평안케 하는 것이어서

참으로 삼보三寶를 없애서 백성들을 위태롭게 하는 것은 옳지 않습니다. 불도 이가二家에 대해 주객을 논하며 대소를 따지기도 했지만 저는 이치에 따라서 이가를 섬기지 않고 오직 주조만을 섬깁니다. 이가는 공허하게 말뿐인데 주나라 임금께서는 몸소 실천하시기 때문입니다 등등"(『광홍명집廣弘明集』7권).

위원숭의 상표上表는 단순히 불교 파괴의 논의가 아니고 그 안에는 불교를 부흥시킬 방책으로서 15조條를 삽입했지만 불자佛者보다 나아가서 급격한 개혁 의견을 위정자를 통해 실행하려고 한 것이 불교자들을 격분시키고, 대상大象 원년에 이르러 한때 승려였던 업성鄴城 지역 백마사白馬寺의 왕명광王明廣이 표表를 올려 이것을 논파하면서 이 상서上書를 지목하여 익주益州 지역 야안사野安寺의 거짓 도인道人 위원숭의 불교 파괴를 위한 의견 6조라고 말한다(『광홍명집廣弘明集』 10권).

교리教理 연구시대(수당隋唐)　　　　제3장

수대隋代 불도佛道 양 교의 교섭

　　주무周武가 양 교兩敎를 폐지하며 적폐를 일소하고, 통도관通道觀을
설치해서 삼교 학사를 모집하고, 노장을 중심으로 절차탁마하게 함으
로써 도교의 교리는 급격히 발달한다. 이것을 증명할 만한 재료가 2개
있다. 하나는 『수서隋書』의 「경적지經籍志」에 나타난 도교 강령 중에
상당한 교리가 보인다는 것이다. 둘은 수 이후 양兩 교도의 문답이 전

후로 완전히 비할 바가 없을 정도로 교리적이 된다는 것이다.

1. 수隋 「경적지經籍志」에 나타난 도교 일반

여기서 나타나는 도교 교리 일반과 그것과 불교의 관계에 관해서는 이미 도교 일반 중에서 서술했지만 순서상 여기서도 대강을 제시해 본다.

① 존체尊體: 원시천존元始天尊에 관해서 "태원太元보다 앞서 태어나고, 무시無始 즉 시작을 알 수 없는 존재이며, 자연의 기氣를 내려 받고, 그 체體는 항상 존재하며 사라지지 않고[常存不滅], 개겁도인開劫度人의 역용力用 즉 시대를 열어 사람을 인도하는 능력이 있다", "이 천존天尊은 옥경玉京 위에 있고 또는 궁상窮桑이라는 들판에 있다. 천지의 겁劫 즉 시간이 다 사라질 때도 불멸하고, 천지가 새로 열릴 때 비도秘道로써 사람을 인도한다. 이것을 개겁도인이라고 한다", "천지에 끝이 있으며 이것을 일겁一劫이라고 한다. 일겁의 연수年壽는 41억만 년이고, 겁이 새로 시작할 때 개황開皇, 연강延康 등의 연호가 있다", "천선天仙은 천존天尊에게 인도받은 존재로서 이것에는 등급의 차이가 있다. 태상노군太上老君도 그중 하나다. 비도秘道가 주어지는 것은 천선뿐이고, 사람은 참여하지 못한다" 등등이라고 한다. ─ 개겁도인을 설명한 것을 『도인상품묘경度人上品妙經』이라고 한다. 근본 성전聖典의 하나로서 주석이 많다. 이것을 불교와 대조해 보면 모방의 흔적이 심하다. 천존은 불교의 법신불法身佛에 해당하고, 천선은 제불보살諸佛菩薩에 해당하고, 무시이고 불멸한다거나 개겁도인이라고 하거나 천지의 겁이 다하고 새롭게 열린다고 한 것은 불교의 성주괴공설成住

壞空說을 답습한 것이다. 그럼에도 천존의 거처를 말하고 개겁에 연호를 붙인 것은 무시불멸의 관념과 조화하지 못하고 있는 중국의 현실성을 드러내며, 또 이것을 자연에 귀결시키는 것은 요컨대 중국적 색채를 벗지 못했다고 해야 할 것이다.

② 경전經典: 이것 역시 "원일元一의 기氣를 부여받아 이뤄지며 자연적인 것이지 인위적인 것이 아니다. 상재불멸常在不滅 즉 항상 존재하고 사라지지 않으며 겁劫이 다할 때 보관되었다가 새로 열릴 때 저절로 나타난다." 경전의 요지는 "인애仁愛와 청정淸淨을 겸비하고 여법수행如法修行 즉 법 그대로 수행하면 장생신화長生神化 즉 오래도록 살다가 신선이 된다 또는 등선합도登仙合道 즉 신선이 되어 도에 합치한다 등등"이다. ― 그 경전을 천계天啓 즉 천지신명의 계시라 하고 이것을 무위자연無爲自然으로 귀결시킨 것은 노장사상이지만 상재불멸常在不滅이라고 한 것은 법신상주法身常住 즉 진리 그 자체인 법신이 항상 있다는 불교사상이다. 경전의 요지를 인애와 청정이라고 한 것은 자비와 지혜의 양면을 갖추도록 한 것이고, 수행의 결과를 장생과 등선으로 구분한 것은 유여열반有餘涅槃과 무여열반無餘涅槃에 비교된다. 인애청정이라거나 신화합도라고 한 것은 매우 정신적인 것이지만 그럼에도 불구하고 위로는 자연에 아래로는 장생등선에 집착한 것을 볼 때 결국 중국의 종교인 것이다.

③ 천사天師와 수도修道: 천사天師가 되려면 49년간 수도修道한 뒤에야 비로소 가능하다. 천사가 제자를 인도하는 순서가 있다. 우선 『노자老子』 오천문五千文을 전수하고 그다음에는 차례대로 삼통록三洞籙, 통현록洞玄籙, 상청록上淸籙을 전수한다. 이것을 수록受籙 즉 녹錄을

수수함이라고 한다. 수록하기 전에 결재법潔齋法이 있다. 이것 역시 황록黃籙, 옥록玉籙, 금록金籙, 도탄재塗炭齋 등의 종류가 있다. 그때 단壇을 3층[三成]으로 쌓고 면박面縛한 채 즉 손을 뒤로 묶고 얼굴을 앞으로 쳐든 채 신기神祇를 향해 죄악을 참회하는 일을 127일간 한다 등등. — 49년이라는 수도 기간은 어쩌면 석가의 설법이 49년이었다는 데서 나온 것일까? 수록은 수계작법授戒作法 즉 계율을 주는 방법을 모방한 것이고, 3층으로 만든 단 및 단으로 들어가 참회하는 방법은 이전부터 있던 것이다. 녹에는 5가지 양식이 있다. 수록의 그것 즉 녹과 결재법인 황록 등의 그것과는 다르다. 수록은 수계受戒에 비교되며 황록 등은 금주禁呪 즉 일종의 금기사항에 비교되는 것이다. 「명정일록明正一錄」 중에서 "계록 즉 경계하는 녹이 성정에 대해 잘못에 빠지는 것을 막아 준다. … 먼저 경계하는 녹 즉 계록을 따른 다음에야 신선이 된다[戒籙情性, 止塞衍非. … 先從戒籙, 然後登仙]"라고 한다. 그리고 수록은 소서素書 즉 기본이 되는 글이라고 하여 천조天曹, 관속官屬, 좌리佐吏라는 명칭을 기록하고 그 사이에 여러 부符를 섞어서 봉합하고는 제자들에게 차고 다니도록 한다. 계록은 그럴 만한 것이라 하더라도 부록符籙은 도교 본래의 것이다. 그렇지만 우리들은 참회멸죄 속에서 종교적 의의를 엿볼 수 있다.

2. 수대隋代 양 교도兩敎徒의 문답

수대는 상당히 짧았으므로 양 교도의 문답에 관한 문헌이 매우 적다. 겨우 이사겸李士謙의 삼교우열설 및 혜정惠淨과 여영통余永通의 문답이 있을 뿐이다. 이 외에는 촉 지방에서 있었던 도사의 폐해를 보여주는 사적이 알려져 있을 뿐이다. 이사겸은 천문天文과 술수術數(음양陰陽)를 연구한 학자이지만 삼교에 대해서 편견이 없고, 계정戒定 즉 계율과 선정을 매우 엄격히 받들었으며, 불교의 보응설報應說은 바로 유교의 적선적악설積善積惡說이라고 생각했고, 변화의 원인을 심업心業 즉 마음이 짓는 업業으로 귀결시켰다. 어떤 사람이 삼교의 우열을 묻자 "불교는 태양이고, 도교는 달이고, 유교는 금성, 목성, 수성, 화성, 토성 등 오성五星이다[佛日也, 道月也, 儒五星也]"라고 답한다. 사람들이 모두 명답으로 여겨 이것을 전했다(『통재通載』11). 대업大業 3년(609)에 시평始平 지역의 수령인 양굉揚宏이 도사와 명유名儒를 인솔하고 지장사知藏寺로 들어가서 혜정과 여영통에게 논의를 시킨다. 혜정이 여영통을 제압하며 먼저 다음과 같이 질문을 던진다. "『노자老子』에서는 뒤섞여 있는 그 무엇이 천지보다 앞서 생기는데 나는 그 이름은 모르겠고 도라는 글자로 나타낸다[有物混成, 先天地生, 吾不知其名, 字之曰道](25장)라고 한다. 뒤섞이기 전에는 한 덩어리[一體]인가 두 덩어리[二體]인가? 만일 한 덩어리면 뒤섞일 때 비로소 도道가 생기는 것이 아니다. 만일 두 덩어리면 두 덩어리가 어떻게 해서 하나의 도가 되는가?"

여영통은 망연자실해서 답하지 못한다. 이러한 양도兩刀논법은 불자佛者가 즐겨 사용하며 항상 도사를 괴롭히는데 이 문답의 배경에서는 도사의 학력이 예전만 못하다는 것을 드러내며 그리고 이 문답을 계기로 해서 해마다 도교의 교리를 진보시켰다는 것을 살펴보아야 할 것이다.

촉 지방에서 있었던 도교의 폐해는 『결대론決對論』에서 익주益州와 면주綿州 지방에서는 자주 도사의 폐해가 생긴다고 말하고 있는 것으로 다음과 같다.

개황開皇 10년(590)에 면주綿州 창릉현昌陵縣의 도사 포동蒲童이 좌동左童 두 명과 붕계관崩溪館에 있었다. 자칭 성인聖人이라 하면서 사람들을 속였다. 어린 여자 수백 명을 겁탈하고 일이 터지자 도망쳤다. 개황 18년(598)에 익주益州의 도사 한랑韓朗과 면주綿州의 도사 황유림黃儒林이 촉왕蜀王을 선동해서 천 척千尺(약 300미터)의 도상道像을 만들고, 천일대재千日大齋 즉 천 일 동안의 대재大齋라는 일종의 기념식을 거행하며, 선황제의 형상을 그리고 저주한다. 하북공河北公인 조중경趙仲卿이 검찰해서 사실을 밝히고 저잣거리에서 처형한다. 당나라 무덕武德 3년(602)에 면주 창릉현昌陵縣의 주민인 이망李望은 대업大業 연간에 사망한 도사 포자진蒲自眞이 여전히 살아 있다고 하면서 석실石室에서 요상한 짓을 하다가 들켜서 옥사獄死한다.

제2절

당대唐代 불도佛道 이교二敎의 교섭

1. 당 초唐初 부혁傅奕의 배불排佛

위나라 무제武帝와 주나라 무제武帝의 배불排佛의 여세가 면면히 계속되어 당나라의 불교는 도교와 논쟁하면서 서막을 연다. 이 논쟁에 큰 세력을 부여한 것은 도사가 제실帝室의 이李씨 성姓에 편승하려고 노자의 자손이라고 하면서 고조高祖의 마음을 흔들어 놓은 일이다. 대사령大史令인 부혁傅奕(주나라의 통도관通道觀에 들어가 당대唐代의 시인 이파李播와 함께 도사가 된 사람)은 무덕武德 4년(621)에 글을 올려 나라와 국민을 이롭게 하는 방책으로서 사탑과 승니僧尼를 줄여야 한다는 11조항으로 된 의견을 서술한다. 그것을 요약하면 다음과 같다.

삭발하고 부모를 모시지 않으며, 제왕에게 예배하지 않고, 군역을 면제받고, 세금과 부역을 피하는 것은 국가를 위하는 것이 아니다(이상은 해로운 점).

생사는 원래 자연에서 나오고, 죄와 복은 인주人主 즉 임금과 관련한다. 그것들이 오직 부처에게서 유래한다는 말은 임금의 권위를 훔치고, 조화의 힘을 제멋대로 하는 것이다.
서역의 외국 병사[胡兵]가 합쳐서 1,891명이고 당唐의 승니는 20만 명인데 다 같이 외국의 법[胡法]으로 결속되어 있으며 인심을 얻는다(이상은 두려워해야 할 점).

이러한 폐해가 있고, 두려운 점이 있다. 사탑을 줄이고, 승니를 줄여서 병사를 강화하고 농업을 권장하는 방책을 강론해야 한다. 외국 부처의 삿된 가르침은 서역으로 돌려보내고 사문을 상재桑梓 즉 각자의 고향으로 돌려보내면 이로李老 즉 노자의 풍속[風]과 공구孔丘 즉 공자의 예禮가 행해질 것이다.

이것은 유교를 합종시켜서 불교를 제압한 것으로서 본래 의도는 불교를 전멸시키려는 데 있다. 고조高祖가 이것을 받아들이지 않자 분을 이기지 못하고 예전부터 불교를 비방한 왕과 신하 25명을 인용하여 품목을 선택해서 『고식전高識傳』이라고 한다. 1질帙 10권이며 윤색을 가미해서 죄상을 늘린다.

① 조趙나라 왕도王度, ② 송宋나라 세조世祖, ③ 송宋나라 안연지顔延之,
④ 송宋나라 소모지蕭摹之, ⑤ 송宋나라 주랑周朗, ⑥ 송宋나라 우원虞愿,
⑦ 위魏나라 장보제張普濟, ⑧ 위魏나라 이창李瑒, ⑨ 제齊나라 고환顧歡,
⑩ 위魏나라 형자방刑子方, ⑪ 주周나라 위원숭衛元嵩,
⑫ 양涼나라 고도양高道讓, ⑬ 수隋나라 노사도盧思道,
⑭ 당唐나라 고조高祖.

① 진晉나라 채모蔡謨, ② 제齊나라 유주劉晝, ③ 위魏나라 태무太武,
④ 위魏나라 양현지楊衒之, ⑤ 양梁나라 순제荀濟,
⑥ 제齊나라 장구자타章仇子陀, ⑦ 송宋나라 유혜림劉惠琳,
⑧ 양梁나라 범진范縝, ⑨ 제齊나라 이공서李公緖, ⑩ 주周나라 고조高祖,
⑪ 당唐나라 부혁傅奕.

남산南山의 도선道宣은 이 25인을 둘로 구분해서 앞의 14인을 흥륭시킨 사람, 뒤의 11인을 폐멸시킨 사람이라고 본다(『광홍명집廣弘明集』 6권). 제왕이 여전히 생각을 결정하지 못하는데 일곱 번이나 글을 올려 요청하자 결국 마음을 정하고 이것을 군의群議에 부친다. 대신들이 모두 반대했으며 특히 재상인 소우蕭瑀와 같은 사람은 성인聖人을 비난하는 죄로써 이에 대해 책임을 물었지만 혁奕은 완고하게 듣지 않았고 간절하게 인륜의 도道로써 다가간다. 제왕은 혁에게 찬성하는 마음이었다. 이에 많은 신하들에게 불교무용론佛教無用論을 자문한다. 좌복야左僕射 배적裴寂은 "제왕께서 예전에 의로운 군대[義師]를 일으키던 날에 구오九五의 위치 즉 『역易』의 괘卦에서 임금의 자리를 나타내는 자리에 오르신다면 불교를 꽃피우겠다고 맹세하셨습니다. 이제 와서 혁의 말에 따르는 것은 예전의 덕德을 흠집 내고 지금의 허물을 드러내는 것이 아니겠습니까?"라고 말한다.

고조高祖가 건립한 사원은 2개이며, 태종太宗이 건립한 사원은 7개이다. 어느 것이든 수나라 말기 의병을 일으킨 지역에 세운 것으로서 고조가 건립한 것은 태원太原 지역의 태원사太原寺, 병주幷州 지역의 의흥사義興寺이다. 어느 것이든 의로운 군사[義師]를 일으킨 공적을 널리 알리려고 한 것이다. 태종이 정관貞觀 4년(630)에 세운 칠사七寺 즉 7개의 사원은 고조의 뜻을 계승한 것으로서 전장에 세웠으며 이때에 이르러 완성된 것이다. 칠사 중에서 『중국불교사적[支那佛教史蹟]』 제2집集에는 하남河南 기수紀水 유역의 등자사비等慈寺碑를, 제3집에는 산서山西 빈주豳州 지역의 소인사비昭仁寺碑를 제시해 놓았다. 모두 원친평등怨親平等 즉 원수나 부모나 평등하다는 불교 정신에 의거해 만들어진 것으로 전자는 두건덕竇建德을 격파한 전장에, 후자는 설거薛擧를 격파한 전장에 세워진 것이다. 글 속에 나타난 불교 정신에 관해서는 이것에 부가되어 있는 『평해評解』에 양보하고 여기서는 생략한다.

제왕은 곧 글을 여러 승려들에게 배포하고 국가에 대한 출가의 공덕을 서술하게 하여 혁에게 대응하도록 한다. 도속道俗이 이것에 대해 적지 않게 담론하지만 대부분 경교經敎 즉 경전의 교리를 인용하는 식이어서 반향은 적었다. 선견지명이 있어서 멀리 이날을 기대하던 서

울[京師] 제법사濟法寺의 법림은 장년 시절에 임시로 법복法服을 벗어
버리고 장발을 기르며 유도 이교二敎 연구에 종사하는데 말재주가 좋
아서 도교도의 신뢰를 얻고, 수나라 말기 의녕義寧 연간에 금기시하던
말들이 사용되는 것을 듣게 되면서 그들이 불교를 표절한 경전 및 그
밖에 비밀스럽게 여기는 거짓된 설명들을 모두 보지 않을 수 없었고,
준비가 다 갖춰지자 부혁의 일이 발생하는데 이에 격분해서 출가의
이익을 서술하고 또 다른 학자가 불경을 인용하여 정사正邪를 변론하
는 것에 반해서 곧바로 도교의 본진으로 돌격하여 『파사론破邪論』을
짓고 도사가 국가를 망친 사례를 종횡으로 인증하며 불교만 책망하고
도교는 따지지 않는 편견에 대항한다. 그의 목표는 삼장三張의 법法이
지만 최후는 노장을 비평하며 "소요유 한 부는 존재하는 현상에 대한
의식을 단절시키는 것과 같고, 『도덕경』 두 편은 텅 빈 공의 경계를 아
직 깨닫지 못한다[逍遙一部, 猶斷有有之情, 道德二篇, 未入空空之境]"라고
말한다. 또 면주綿州 지역 진향사振響寺의 명개는 『결대론決對論』을 지
어서 부혁의 11조 중에 최초의 8조를 논파하고, 천사도天師道를 마구
공격한다. 그렇지만 이공李孔 즉 노자와 공자의 이교에 관해서는 공평
한 견해를 가지고 "아홉 가지 학파 중에 두 가지 교화가 최고가 된다.
수많은 사상가 중에 두 학문이 우선이다. 각각 사용하는 것이 마땅하
며 없앨 수 없다[九流之中, 二化爲最. 百家之內, 兩學爲先. 用各有宜, 弗可廢
也]"라고 말하며 먼저 이것을 포용하고, 그렇지만 "그 사이에 우열이
있는데, 도가의 방법[法]은 허무虛無를 주장하며 풍속에 어긋나서 폐해
를 구제할 수 없다. 유가의 방식[術]은 교화를 담론하는데 자신에게 안
주하지 않고 사물을 인도해 나간다. 이노李老는 자리自利 즉 자신은 이

롭지만 광제廣濟 즉 세상을 널리 구제하는 일이 없고, 공자는 조금씩 이타利他를 익혀서 점점 겸제兼濟 즉 널리 구제하는 것을 배운다. 청정 법행경淸淨法行經에서 노자를 가섭迦葉이라 하고 공자를 유동보살儒童菩薩이라고 한 것은 마땅하다"라고 하여 이李를 낮추고 공孔을 높이며, 그리고 또 『열반경涅槃經』의 "경서나 논서 등의 기예나 문장은 모두 부처의 말씀이다[所有經書記論, 伎藝文章, 皆是佛說]"라는 말을 인용하여 "삼황오제나 공자와 노자와 주공과 장자는 모두 보살의 화신으로 수용되고, 문자와 그림이나 시의 구절과 예악은 아울러 모두 부처의 가르침들 속에 포섭된다[三皇五帝, 孔李周莊, 皆是菩薩化身所收, 文字圖畫, 詩章禮樂, 並是諸佛法藏所攝]"라고 함으로써 이공李孔이라는 이교를 불교 안으로 끌어들인다. 부혁의 태도에 비하면 종용불박從容不迫 즉 차분하고 급박하지 않은 장점이 있다. 그렇지만 본적本迹사상에 입각한 그의 논법은 불자佛者가 항상 빠지는 편견이다.

2. 불도佛道의 논란

부혁에 의해 야기된 이상의 일은 불교계에 큰 파문을 일으키고, 이후 여러 해에 걸쳐서 끝내 해결되지 못한다. 그 분쟁은 직간접적으로 부혁과 관계가 있지만 이것을 앞 절과 구별해서 여기 이 항목에서 서술해 보겠다. 고종高宗의 현경顯慶 3년(658)에 승려와 도사 각각 7인을 초청하여 궁궐 안에서 논의를 시킨다. 회은會隱법사는 오온五蘊의 뜻을 수립하고 신태神泰법사는 구단지九斷知의 뜻 즉 9종류의 단변지斷遍知의 뜻을 세운다. 모두 새로운 의미 해석에 따른 것으로서 도사의 입장에서는 아직 연구하지 않은 것이어서 그들에 대응해 사람들의 동의를 얻을 만한 반론을 내세우지 못한다. 도사 이영李榮이 도생만물의道生萬物義 즉 도가 만물을 낳는다의 뜻을 세우자 대자은사大慈恩寺의 혜립慧立은 이것에 대해 도道에 분별[知]이 있는가 없는가라고 물었는데 유지有知 즉 분별이 있다고 답하자 악惡이 있는 이유를 힐책하고는 이어서 불교의 업력소감설業力所感說 즉 업력이 감응한다는 주장을 피력하며 도가 낳지 않는다고 논급하여 이영이 놀라서 대답하지 못하도록 만든다. 황수黃壽가 이어서 노자의 이름의 의미를 내세운다. 곤룡袞龍의 소맷자락에 숨어서 다시 말해 왕의 권위를 빌려서 불교도를 숨 막히게 하려고 한 것이다. 회은이 이것을 지적하며 예봉을 꺾어 버린다.

당시의 논의는 상대의 주장이 어떻든 간에 논파당할 수 없다는 입장에 서 있는 것이다. 그래서 입론자는 상대가 따라올 수 있는 여지가 없는 제목을 선택하며, 반론자는 또 적이기 때문에 이것을 공격하는 풍조였다. 논의를 통해 무언가를 밝혀내어 서로 이익을 얻는 학자의 방식이 아니고 승부를 위해 논의하는 정도의 것이다. 그래서 논의가 끝나자 제왕이 논평하기를 양쪽의 주장은 매우 불분명하다고 하며(『통재通載』), 혜립은 제왕의 논평을 용인하면서 그 이유가 도사 등이 불교를 알지 못하여 터무니없는 말을 하기 때문이라고 한다. 이와 같이 논의는 지엽적으로 치달아 결국 귀결되지 못하고 끝났지만 그 제목이 교리적인 점은 시대적 특색이다. 회은은 곧 제왕에게 인연因緣의 뜻과 삼성三性 즉 변계遍計, 의타기依他起, 원성실圓成實 등 세 가지 성질의 뜻을 설명한다. 제왕은 이것을 듣고 "매우 좋다. 왜 진즉에 설명하지 않았는가"라고 말하며, 도사 등에게 불교를 공부한 다음에 논의하라고 칙명을 내린다.

부혁의 배불설排佛說에 대해서 법림과 명개가 반박한 뒤 전의典儀였던 이사정李師政은『내덕론內德論』을 지어 안으로부터 호응한다. 사정은 유림儒林의 학자로서 본래 불교에 반대했지만 불교를 연구하게 되면서 마침내 이치[理]가 있다는 것을 알게 되어 "믿음은 듣다 보면 생기고, 의심은 이해하다 보면 사라진다. 경솔한 훼손이 발생하는 것은 토론을 궁구하지 않아서 비롯한다. 허물을 불교 승려들에게 귀결시키는 것은 통론通論이 아니다"라고 하면서 이 글을 짓는다. 그 의도는 세상 사람들의 의혹을 제거하려는 데 있다. 이 글은 변혹辯惑, 통명通命, 공유空有 등 3편으로 나뉜다. 노老와 석釋과 공孔의 동이同異를 변별하고 무위無爲와 단공斷空의 차이를 설명하는데 볼만한 점이 있다. 논지는 감정으로 치닫지 말고 차분히 이지理智적으로 비판할 것을 호소하는데 그래서 이사정 이후를 불도 논란 항목 아래에 넣는 것이 당연하다. 이 글에서는 "석로釋老 이교二教가 모두 욕심[有欲]의 허물[累]을 제거하고 무위無爲라는 근원[宗]을 드러낸다는 점에서는 동일하지만 보응報應이 불후不朽한다는 점은 노老에서는 말하고 있지 않다. 유불 이교에서 명命과 불교의 업業은 말은 달라도 이치는 부합하지만 그 유래를 하늘[天]에 귀결시키는가 사람[人]에 귀결시키는가의 차이가 있다. 명은 업에 따라 두텁고 얇은 차이가 생기고 그 업은 자기에게서 나오지 않는 것이 없다. 업에 통달한 군자여야 비로소 명에 맡기고 사사로움이 없으며, 하늘을 원망하지 않고 사람을 책망하지 않을 수 있다. 그렇다면 노자의 자연설自然說에 따를 때는 선악善惡이나 정사正邪의 구별이 없게 되며, 유교의 천명설天命說에 따를 때는 위에 있는 하늘의 잘못을 탓하지 않을 수가 없게 된다.

혹 노자의 무위無爲, 장자의 제물齊物, 대승大乘불교의 불이不二를 잘못 이해해서 움직이기라도 하면 단견斷見의 공空에 빠진다고도 하지만, 단공斷空과 무위는 다르다. 공을 관조함[觀空]으로써 허물[累]을 제거한 곳에 무위가 있고, 공을 가짐[取空]으로써 선善을 없앨 때는 단공이 된다. 소승小乘은 업業에 의해서 인생을 창조하고 대승大乘은 식識에 의해 세계를 건립하며, 모두 인과법因果法 안에 인생을 세우고 연기법緣起法 안에 세계를 세운다. 대승에 인과因果가 없다고 하는 말은 삿된 공[邪空]이며 잘못해서 자연설에 빠진 것이다. 성공性空과 인연因緣의 공空과 유有 각각을 모두 관조하여 유에 치우치지 않고 공에 치우치지 않음으로써 공과 유 사이에 차이가 없다는 뜻을 깨달아야 한다 등등"이라고 말한다.

무덕武德 8년(625)에 고조高祖가 국학國學에 행차하여 부처에 대한 제사를 지낼 때 삼교三教의 학사를 모아 놓고 주무周武의 사례를 본떠서 노공老孔 이교二教는 이 땅의 것이고 석교釋教는 나중에 발흥한 것이므로 노공석老孔釋으로 순서를 정해야 한다는 조칙을 내린다. 그때 승광사勝光寺의 혜정慧淨이 도道와 자연의 동이同異에 관해서 도사 이중경 등과 논쟁하면서 도사의 도즉자연道卽自然 즉 도가 곧 자연이라는 주장에 대해 도가 자연을 본받는다면[法] 도는 자연이 아닌 것이고 만약 자연이 도라면 하늘이 곧 땅이라는 말과 같다는 논법으로써 그들을 압박하며, 또 반탄이 석가의 구도求道와 성도成道의 과정을 말하면서 도교와 불교 사이에 스승과 제자의 관계를 만들어 도교는 크고 불교는 작다는 결론을 내린 것에 대해 그들의 도라는 관념에서는 대도大道와 노자를 혼동하고 있다고 지적하며 도사 무리들이 귀의한 주체인 천존天尊(대도大道라고도 부른다)은 예전부터 도가道家에서 말하던 것이 아니라 근세의 망언에 지나지 않는다고 하여 그를 물러나게 만든다. 다음 해인 무덕武德 9년(626)에 청허관淸虛觀의 도사 이중경이 『십이구미론十異九迷論』을 짓고, 유진희劉進喜는『현정론顯正論』을 지어서 도교를 높이고 불교를 억누르며, 부혁의 편에서 글을 올리고 부혁을 도와 불교를 쳐내려고 계획한다.

법림은 다시『변정론辯正論』을 지어서 이것에 대응한다.『통기統記』와『통재通載』에서는 이것을 혜승惠乘의 저작이라고 하지만 여기서는『속고승전續高僧傳』및『불도논형佛道論衡』에 따른 것이다. 1부部 8권卷이다. 영천穎川 지역의 진자량陳子良이 이것에 주석을 달고 또 유래를 서문으로 쓴다. 이중경의『십이구미十異九迷』에 대한『십유구잠十喩九箴』은 이 논론論 안에 있는 것이다(『통기統記』와『통재通載』등에는『십유구잠』을 혜승의 저작이라고 하지만 현종玄悰이 찬술한『법림별전法琳別傳』및『광홍명집廣弘明集』에 따르면 법림의 저작이라고 해야 한다).『십유구잠』중에서 법림은 불교도가 효孝에 어긋난다는 비난에 대한 답변으로서 인륜의 효에 근본한다는 것을 인정하고 효와 동등하거나 그 이상인 경敬을 함께 열거하며 "부모가 아니면 태어나지 못하고, 성인이 아니면 세우지 못하고, 성자가 아니면 법이 없고, 효자가 아니면 부모는 없다[非父母不生, 非聖人不立, 非聖者無法, 非孝者無親]"라는 말을 인증하며, 나아가 힘을 쓰는 일은 작은 효이고 마음을 쓰는 일은 중간 정도의 효이며 모자람이 없어야 큰 효라고 할 만하다, 바닷물을 퍼내서 구슬을 찾는 것은 힘을 쓰는 일이고 여러 생명을 총괄하여 자신이 돌보면서 의지할 데 없는 이들을 책임지는 일은 마음을 쓰는 일이며 니원泥洹으로 돌아가 법신에 편승해서 실상의 영역에서 노닐고 고요히 관조하는 작용은 모자람이 없는 도道라고 결론 내림으로써 작은 효로 큰 효를 비난하는 어리석음을 비웃고, 특히 도라는 관념에 관해 불도 이가二家 사이에 차이가 있는 이유를 설명하는데 주목할 만하다. 법림은 도가道家가 무상정진도無上正眞道를 설정하고 불교의 보리菩提와 다르지 않다며 자랑하고 있지만 이것은 불교를 표절한 데 지나지 않을 뿐 보리와 비교할 만한 대도大道가 도가에 존재하지 않는다고 논하고, 최후에는 점형군자占衡君子와 고고통인考古通人 사이의 문답에 가탁해서 자기의 도관道觀 즉 도 관념을 제시한다. 점형군자는 『양생복기경養生服氣經』의 "도는 기다. 기를 보전하면 곧 도를 얻는다[道者氣也. 保氣則得道]"라는 말을 인증하며 화합의 기[和氣]를 길러서 장생하는 것을 득도得道 즉 도를 얻는 일이라고 하는데 고고통인은 노자의 "도는 자연을 본받는다[道法自然]"라는 말을 인용하며 도를 지혜로운 영지靈知라 하고 자연을 명칭이 없는 궁극이라고 하면서 도의 유의有義는 자연의 무의無義에 미치지 못하고 도는 무언가 기다릴 바가 있는 것 즉 아직 부족한 것이고 항상하지 않은 것이라고 한다. 아마 점형군자의 도관道觀은 신선도를 대표하는 것이고 고고통인의 도관은 불자佛者를 대표하는 것이 될 것이다. 글 중에서 "태현도에 살며 고개천에 앉아서 위로 삼청을 아우르고 아래로 삼계를 포괄한다. 칠영의 방에 거처하고 구궁의 위로 나아가 신묘한 작용으로 기를 퍼뜨려 만물을 만들어 낸다[處太玄都, 坐高蓋天, 上羅三淸, 下包三界. 居七英之房, 出九宮之上, 行神布氣, 造作萬物]"라는 도신道神 즉 도교의 신을 부정한다. 법림의 글 속에 도경道經이 불교를 모방한 증거와 도사가 국가를 망친 예시가 있는데 상당히 힘이 있다. 또 도사의 복장과 도신 관념과 도상道像의 유래에 관해서 도교 연구자에게 비할 데 없는 자료를 공급하는 점은 그가 장년 시절에 도교 학자로서 도가 내부에서 중요한 위치를 차지했기 때문이다. 이 글은 태종太宗의 정관貞觀 14년(640)에 서화관西華觀의 도사 진세영秦世英 때문에 황실의 근본을 비방하기 위한 목적으로 만들어졌다는 무고를 당해서 예기치 못하게 재앙을 일으키는 원인이 된다.

제왕은 이에 이교二敎를 아울러 도태시키기로 결정하고 마침내 서울[京師]에서 삼사이관三寺二觀 즉 3개의 사찰과 2개의 도관으로만 금지하고 여러 지방에는 각각 1개씩만으로 금지하며 다른 것은 모두 없애 버리고 환속시켰다. 이 일은 고조高祖가 붕어한 연도(626)에 있었다. 당나라에서 이교 사이의 격렬한 다툼은 여기서 그 단초가 열리고 그 뒤 약 70년에 걸쳐 분란을 거듭해 간다. 태종太宗이 정관貞觀 11년(637)에 조서를 내려 국가의 선조라는 이유로 노자에 대한 칭호나 자리를 모두 석씨의 오른쪽에 두고 즉 숭상하고 도사와 여관女冠을 승려와 승니보다 앞서도록 하자 사문인 지실智實은 항쟁하며 단식하다가 입적한다. 그때는 30여 년 즈음이다. 54년 뒤 측천제則天帝의 재초載初 2년(691)에 이 제도를 폐지하며 또 승려와 도사로 순서를 정하고, 중종中宗의 경룡景龍 원년(707)에 영구적으로 변함없는 규정으로 삼는다. 다음 해 황태자가 삼교의 학사를 홍문전弘文殿에 모이게 해서 대론시키자 기국사紀國寺의 혜정이 『법화경法華經』을 설명하는데 도사인 채황이 첫 번째인 서품序品에 대해 의문을 제기한다. 국자쇄주國子祭酒인 공영달孔穎達도 역시 채황의 편을 들면서 혜정의 여러 설명들이 논쟁으로 치닫기도 하지만 결국 그의 지혜로운 변론에 저항하지 못한다. 그때 태자중사太子中舍인 신서辛諝라는 사람은 『제물론齊物論』을 지어서 꿈틀거리는 뭇 생명들이 모두 불성佛性이 있는 이상 선각先覺과 불타佛陀는 동일하고 지혜와 반야般若는 다르지 않다고 하며 나아가 도교를 높이고 불교를 배척한다. 혜정은 이것에 대해서 반박론을 썼으며 신서는 갑자기 자신의 주장을 버리고 혜정을 따른다. 정관貞觀 14년(640)에 서화관西華觀의 도사가 법림의 『변정론辯正論』에 대해서 황실의 근본을 비방하는 죄를 물어 제왕에게 참소하며 이 때문에 법림은 태종太宗 앞에서 거리낌 없이 바른말을 하다가 심기를 거슬러서 하옥되고 이어서 익주益州로 유배되며, 이해에 부혁이 사망하면서 이교를 대표하는 두 인재가 일시에 자취를 감추게 된다.

같은 해에 서명사西明寺가 완성되자 또 승려와 도사들에게 조칙을 내려 문자나 이치를 서로 담론하도록 한다. 회은은 사무외의四無畏義 즉 네 가지 두려움이 없음의 의미를 내세우고, 이영은 육통의六洞義를 설명한다. 육통六洞이란 육통六通 즉 여섯 가지 신통력인 육신통六神通을 모방한 것이다. 이것에 대해서 혜립법사는 "천하의 큰 근심으로서 몸뚱어리만 한 것이 없다. 나의 몸을 없앤다면 내가 무슨 근심이겠는가[天下大患, 莫若有身. 使無我身, 吾何患也]"라는 『노자老子』의 말을 인용하여 노자가 신통[洞]을 얻었는지 아닌지를 질문하자 이영은 곤혹스러워한다. 같은 해에 또 궁궐 안에서 논의를 시켰다. 이영이 본제의本際義 즉 근본의 의미를 내세우자 대자은사大慈恩寺의 의포義褒가 이것에 대해 도道와 본제本際의 대소로부터 확장해서 자연과 도의 대소로 나아간다. 도사는 본제와 도의 사이에 대소를 따지지 않고 상즉相卽관계로 이해하려 하고, 불자佛者는 본제로부터 도가 발생한다고 여기며 "도가 자연을 본받는다[道法自然]"라는 말에 의거해 이영을 궁지로 몰아넣는다. 의포는 마하반야바라밀의摩訶般若波羅蜜義 즉 위대한 지혜의 수행법이라는 의미를 내세우고, 장혜원張惠元과 요도사姚道士와 이영의 무리들이 제기한 의문에 대해서 모두 재치 있게 변론을 발휘한다. 그들의 문답을 보면 서로 조롱 섞인 말들로 본래의 주제 이외에서 기지機智를 다투며, 기지를 나타내는 멋들어진 문자가 있는 쪽의 승리로 귀결된다. 삼교三教의 변론을 통해 무언가를 발명하고자 했던 요구가 단지 어느 것이 가장 뛰어난지를 따지는 종론宗論으로 끝난 것을 보게 된다.

현경顯慶 5년(660)에 정태靜泰는 이영에 대해서 『노자화호경老子化胡經』의 진위부터 불경佛經의 진위까지 언급하며 이영이 네 번이나 답변이 궁색해지도록 만든다. 이영은 도사 중에서 뛰어난 인물로서 그럼에도 네 번씩이나 말문이 막혔다면 도교의 명성을 크게 실추시킨 것이다. 제왕은 사람을 시켜서 이영을 꾸짖으며 "앞서 장안長安의 승려들하고 논쟁할 때는 끊김이 없었으면서 지금 정태하고는 네 번이나 답변이 없는데 무슨 생각인가?"라고 말한다. 제왕이 아무래도 도교의 패배를 유감스러워했다는 것을 엿볼 수 있다. 용삭龍朔 2년(662)에 봉래궁蓬萊宮에서 있었던 방혜장方惠長과 영변靈辯의 문답은 『도덕경道德經』을 논제로 삼았는데 이교二教 사이의 논의 중에서 좋은 성과를 거둔 것이다(『집고금불도논형集古今佛道論衡』 정丁권) 내용은 다음과 같다.

영변이 묻는다. "도道는 오직 노자의 가르침에만 있는 것입니까, 유교에도 있는 것입니까?"
방혜장이 답한다. "『도경道經』에만 있고, 유교에는 없습니다."

영변이 반론한다. "『효경孝經』에서는 덕에 이르는 데 도가 필요하다[有至德要道]고 하며, 『역易』에는 한 번 음이고 한 번 양인 것을 도라고 한다[一陰一陽謂之道]는 말이 있습니다. 이것 즉 도는 곧 유가儒家에도 있는 것이고, 노자에만 있는 것이 아닙니다."

방혜장이 답한다. "자연의 도가 근본[本]이고, 나머지는 지말[末]입니다."

영변이 반론한다. "자연의 도가 음양陰陽에 포섭되어 있지 않다면 노자가 근본일 것입니다. 음양 역시 자연을 포함하는데 『주역周易』이 어찌 지말이겠습니까?"

방혜장이 답한다. "원기元氣 이래 대도大道가 근본이 됩니다. 모든 존재[萬物]는 모두 도에서 생겨납니다. 도는 모든 존재[萬法]의 조상[祖]입니다."

영변이 반론한다. "도가 존재[物]의 조상이라는 것은 앞의 말과 다르지 않습니다. 노자와 『역』이 똑같이 귀결됩니다. 혹시 아니라면 반론해 보십시오."

방혜장은 답변하지 못한다.

영변이 묻는다. "모든 형상[萬象]을 낳는 도는 무엇을 본체[體]로 삼는 것입니까?"

방혜장이 답한다. "대도는 형체[形]가 없습니다."

영변이 반론한다. "형체가 있으면 당연히 도가 있습니다. 형체가 없다면 도는 없을 것입니다."

방혜장이 답한다. "형체가 없어도 도의 존재를 방해하지 않습니다."

영변이 반론한다. "형체가 없는데 존재가 있을 수 있다면 또한 형체가 있어도 존재가 없을 수 있다는 것입니다. 그런데 형체가 있으면 없는 것이 아니라서 형체가 없으면서 도가 있지는 못합니다."

방혜장이 답한다. "대도가 모든 존재[萬物]를 낳으므로 모든 존재[萬法]가 곧 이 도입니다. 어째서 도가 없다고 할 수 있겠습니까."

영변이 반론한다. "형상[象]이 만약 도가 아니라면 형상 바깥에 별도로 도가 있으며 도가 형상으로 태어난다고 할 수 있습니다. 그러나 이미 형상을 가리켜 도라고 하므로 형상 바깥에 도는 없는데 도가 없이 누가 낳는다고 말하는 것입니까?"

방혜장이 답한다. "형체가 없는 도가 모든 존재[萬物]를 낳습니다."

영변이 반론한다. "자식과 따로 어머니가 있는 것을 보고 어머니가 자식을 낳는다는 것을 알게 됩니다. 형상과 따로 도를 보지 못한다면 도가 모든 존재[萬物]를 낳는다는 것을 누구인들 알겠습니까? 또 앞에서 도가 모든 존재[萬物]를 낳으므로 모든 존재[萬法]가 곧 이 도라고 하셨습니다. 그렇다면 어머니가 자식을 낳았으므로 자식이 어머니라고 하는 것과 같습니다. 또 앞에서 모든 존재[萬法]의 조상이라고 한 것은 스스로 경전의 가르침을 위배하는데, 노자는 이름 없는 것이 만물의 시초이고 이름 있는 것이 만물의 어머니[無名天地始, 有名萬物母]라고 합니다. 어머니와 조상은 말은 다르지만 근본은 같은 뜻입니다. 도는 분명히 무명無名 즉 이름 없는 것인데 어찌 만물의 조상이 되겠습니까?"

방혜장은 답변하지 못한다.

영변이 반론한다. "도에는 형체가 없고 형상을 가리켜 도의 형체라고 한다면 도에는 조상이 없고 형상을 가리켜 만물의 조상이다라고도 할 수 있겠습니다."

방혜장이 답한다. "도는 만물의 조상이고, 형상은 만물의 조상이 아닙니다."

영변이 반론한다. "도와 별도로 형체가 있을 수 없다면 형상이 곧 도인 것입니다."

방혜장이 답한다. "대도는 형체가 없습니다."

영변이 반론한다. "대도는 조상이 아닙니다."

방혜장이 답한다. "도는 본래 이름이 없습니다. 억지로 이름 붙여서 만물[物]의 조상이라고 합니다."

영변이 반론한다. "도는 본래 이름이 없는데 억지로 이름을 붙였다면, 도는 본래 조상이 아닌데 억지로 말해서 만물의 조상이라고 한다고도 할 수 있습니다."

방혜장이 답한다. "그렇습니다."

영변이 반론한다. "도는 본래 조상이 아닌데 조상이 아닌 것을 억지로 말해서 조상이라고 한다면, 대도는 형체가 있지 않지만 형체가 없더라도 억지로

말해서 형체라고도 할 수 있겠습니다." "형상을 떠나 별도로 도가 없다면서
형상이 아직 발생하지 않았을 때 도가 생겨나 있다고 말한다면, 눈을 떠나
별도로 눈동자는 없지만 아직 눈동자가 있지 않을 때 눈은 보고 있다고도
말할 수 있겠습니다."

방혜장이 답한다. "도는 매우 세밀[玄微]합니다. 눈은 거친 것[麤法]입니다. 두
가지의 의미가 같지 않습니다. 어찌 비교가 되겠습니까?"

영변이 반론한다. "형상은 물질적 형태[質礙]가 있고 도는 본래 아무것도 없이
텅 빈[虛無] 것으로서 있고 없고의 성질이 어긋나는데 동체同體라고 하십니다."

방혜장은 답변하지 못한다.

영변은 또 이영이 『승현경昇玄經』 제목을 설명한 것에 대해서 현玄
의 가설불가설可說不可說 즉 현은 말할 수도 말하지 않을 수도 있다에
관해서 반론하는데, "지극한 도에는 말한 것도 말하지 않은 것도 없다
[至道中無說無不說]"라고 답변하자 『중론中論』의 게송에서 "모든 존재의
참모습에는 나도 없고 나 아닌 것도 없다[諸法實相中, 無我非無我]"라고
한 것을 표절했다고 지적하고, 이영이 불교와 도교를 동일시한 것에
반대하며 다르다고 논파하고, 또 현리玄理 즉 현의 이치는 설명할 수
있어도 현체玄體 즉 현의 본체는 설명할 수 없다에 관해 논쟁하면서
이영의 말문이 막히게 만든다.

3. 불도론佛道論의 중심 문제[9]

불도 이교二教 사이에 가로놓인 근본 문제는 항상 도道 관념을 중심

---

9   역주 저본(643쪽)은 차례와 다르게 불도논란(佛道論難)의 중심 문제로 되어 있다. 여기서
     는 차례에 따라 번역했다.

으로 회전한다. 도교의 중심 원리는 무위자연無爲自然의 대도大道이
다. 불교의 근본 요구는 보리菩提와 열반涅槃의 위대한 이상理想이다.
모두 무위無爲와 대도라는 문자로써 표현되지만 내용적으로는 크게 다
르다. 이 중심사상이 다른 한 양 교兩敎 사이에 도저히 융합이 발생할
이유가 없다. 그래서 양 교 사이에 논란의 중심 문제는 거의 도 관념
이고, 이 논란에 기회를 부여했던 것은 대부분 화호化胡사상이었다고
해도 과언이 아니다. 이에 이 두 가지 문제에 관해 조금 서술해 보자.

1) 도道에 관해서

역경자譯經者가 번역하면서 많이 포함되어 있는 열반涅槃과 보리菩
提를 번역할 때 적절한 말을 찾지 못하고 나중에는 이것을 원어 그대
로 보존하게 되었는데, 당초 열반을 무위無爲로 번역하고 보리를 도道
라고 번역한 것이 불교를 중국화하는 데 큰 효과가 있었고 이교二敎
사이에 습합習合할 여지를 만들었지만, 불교에서 추구하는 도道는 곧
도교의 도라는 오해가 쌓이면서 결국 이교 사이에 논쟁을 야기시키게
된다. 원래 이 양자는 내용이 다르다. 도는 무위이고 자연自然이다. 보
리는 영지靈知이고 수성修成이다. 하나는 복귀復歸해야 할 본체本體이
고 다른 하나는 진전進展해야 할 이상理想이다. 복귀해야 할 본체는 유
신有身의 절멸絶滅 즉 신체의 소멸에 의해 비로소 기대하는 것이고, 진
전해야 할 이상은 모든 존재[萬法]의 통일에 의해서 비로소 나타나는
것이다. 불교자佛敎者도 양자 사이에 명확한 구별을 짓지 않고 남북南
北시대는 물론 당나라 초기에도 여전히 양자를 혼동했지만 양 교兩敎
의 논쟁은 불교도佛敎徒에게 점차 차이를 자각하게 하여 보리를 도라

고 해서는 안 된다고 인식하도록 만든다. 현장玄奘이 도와 보리를 구별해서 말가末伽(Marga) 즉 길이나 통로라는 의미의 인도어를 도道라고 하고, 깨달음이라는 의미의 인도어인 보리菩提(Bodhi)를 각覺이라고 한 것은 과감히 도교를 억누르고 불교를 높이려는 의도만이 아니며, 두 관념의 차이를 명확히 규정하려는 것이다.

　정관貞觀 21년(647), 서역西域에 사신으로 갔던 이의표李義表가 돌아와 "동천축東天竺의 동자왕童子王(Kumāra)이 있는 곳은 불법佛法이 없어져 외도外道가 왕성합니다. 신臣이 중국에도 불교 이전에 성인聖人의 경전이 있으며 만약 이 경전을 전래한다면 사람들이 모두 신봉할 것입니다라고 말씀을 올리자 그 왕은 그것을 범어로 번역해 달라고 하였습니다"라고 보고한다. 이에 현장에게 칙명을 내려 도사들과 함께 『도덕경道德經』을 번역하도록 한다. 도사 채황蔡晃과 이성영李成英 두 사람을 주축으로 한 30여 명이 오통관五通觀에 모여서 『노자老子』를 의논할 때 불교적 의미를 이어 온 예전의 전승에 따라 『유마維摩』와 『삼론三論』 등에 의거해 의미를 설명하려고 한다. 현장은 "하안何晏, 왕필王弼, 엄준嚴遵, 종회鐘會, 고환顧歡, 소역蕭繹, 노경유盧景裕, 위처현韋處玄 등 수십여 가家의 주해 중에는 단 하나도 부처의 말을 인용한 것이 없는데 이 옛 방식을 버리고 불교를 섞는 것은 근본을 상실하고 공허한 담론으로 치닫는 것이다"라고 말하면서 이것을 못 하게 하며, 글 첫머리를 도道는 인간의 언어이며 신의 언어를 의미하는 범어로는 말가末伽라고 한다고 쓰자 여러 도사들이 일시에 소리 높여 보리菩提를 도라고 한 이전의 번역[古譯]에 어긋난다고 하면서 떠들썩하게 반대하지만 현장은 단호하게 배척한다. 이에 이르러 도와 보리의 구별이 비로소 명확해지며, 오랫동안 불교로 장엄했던 도교는 크게 광채를 잃게 된다. 『불문정통佛門正統』8에서는 "스승께서는 부처와 노자라는 두 가르침은 내용이 크게 다르다, 어찌 부처의 말을 사용하여 노자의 의미에 통하겠는가, 하물며 비루하게 다시 사용하다가 다른 나라가 이것을 알면 큰 나라를 욕보이게 된다고 말씀하셨다. 이에 그만두었다[師曰, 佛老二敎, 其致大殊, 安用佛言, 以通老義, 況復鄙陋, 異邦聞之, 有玷上國. 遂止]"라고 한다. 이것에 따르면 『노자』를 번역하지는 못하게 된 것이다. 『자은전慈恩傳』의 기사에서도 이것을 증명한다.

2) 『화호경化胡經』에 관해서

남북조 이래 도경道經이 매우 많이 위조僞造되었고, 당대唐代에 와서도 그 상황은 왕성하게 이어졌다. 인덕麟德 원년(664)에 서경西京 여러 도관道觀의 도사 곽행진 등과 동명관東明觀의 이영, 요의립姚義立 등이 사라진 도서道書를 다시 개정 보완하면서 불경佛經을 표절하여 문구를 고쳐 넣고, 인법명수人法名數 즉 인人과 법法이라는 개념이나 삼승三乘, 육도六道, 오음五蔭, 십이입十二入, 십팔계十八界, 삼십칠품三十七品 등 대소大小의 법문法門을 훔쳐서 도경에 안치하며, 『장안경長安經』을 고쳐 『태상영보원양경太上靈寶元陽經』이라 하고, 여타 불경을 고쳐서 『승모니경勝牟尼經』이라 하거나 혹은 『태평경太平經』 등이라 하며, 또 의례儀禮를 고친 것도 있다. 도세가 표表를 올려 진위를 변별하면서 "후세의 도경들은 노자가 별도로 말한 것입니까 천존天尊이 말한 것입니까? 만약 그런 말들이라면 때와 방식, 스승과 제자, 말한 장소가 있어야 하고 시대와 연도, 나라와 몇 월인지가 있어야 합니다.

이것을 도사에게 문의하여 근거가 있는 것은 유행시키더라도 그렇지 않다면 태워 없애야 합니다"라고 청원하자 곽행진 등은 잘못된 방식을 버리고 바른길로 돌아온다[捨邪歸正]. 이 사건은 『통재通載』에 보이며, 당시 사사귀정捨邪歸正한 원문은 『불도논형佛道論衡』 중에 보존되어 있다.[10] 이와 같이 수많은 위경僞經이 있었다 하더라도 양 교도 사이에서 논쟁의 중심이 된 것은 『화호경化胡經』이다.

총장總章 원년(668)에 백복전百福殿으로 도속道俗들을 모아서 『화호경化胡經』의 진위를 논의하게 한다. 법명法明이라는 사람이 나서서 "노자가 화호化胡(호인을 교화함)할 때 화언華言(중국말)을 사용했는가 호언胡言을 사용했는가? 화언을 썼다면 호인胡人이 교화되었을 리가 없고, 호언을 사용했다면 이 땅에 전해질 때 번역을 거치지 않았을 리가 없다. 번역은 어느 왕조 시대에 있었고, 누가 필수筆授(받아 적음)하고 증의證義(의미를 검증함)했는가?"라고 말한다. 모인 사람들은 예상 밖의 지적에 놀라서 아무도 답변하지 못한다. "이치상 당연히 법명의 말대로다"라고 하면서 천하의 『화호경』을 모아서 불태워 버리고 지금부터 화호를 언급한 것들은 모두 삭제하라고 명령한다.

화호설化胡說은 이미 후한 말기에 생겨나 서진의 왕부에 의해 경經이 되고, 그 후 화호化胡했다는 기록이 한두 가지가 아니었으며 도사들은 이것에 의거해 노자가 부처의 스승임을 입증하고 불자佛者들은

---

10 건봉(乾封) 2년(667)에 입적(入寂)한 도선(道宣)에게 『광홍명집(廣弘明集)』 30권과 『불도논형(佛道論衡)』 4권의 저술이 있다. 고금에 거쳐 불도(佛道)와 관련한 논쟁은 모두 그 안에 망라되어 있다. 역주 이 내용은 저본 646쪽 2째 줄에 본문 중에서 괄호 안에 작은 글씨로 기술하고 있는 내용이다. 요즘의 글 형식에 맞춰 각주로 처리했다.

다시 이것에 대응해서 불교의 위경僞經 중의 말을 인용하여 부처가 노자의 스승이라고 반론하며, 아마 양대에선가 신주新州 원과사願果寺의 승면僧勔이 찬술한『석노자화호전釋老子化胡傳』1권(『역대삼보기歷代三寶記』제11)이 있다. 아마도 화호설에 대한 반박론일 것이다.

이에 이르러 위작僞作이라는 결론을 내리고 사리에 모두 어긋난다고 판단함으로써 이후에는 논쟁이 없기를 기대했지만 측천후則天后의 만세통천萬歲通天 원년(696)에 복선사福先寺의 사문 혜징慧澄이 이전 왕조에 따라서『화호경化胡經』을 없애도록 간청하자 팔학사八學士에게 칙명을 내려 의논하게 하는데 모두 "『한서漢書』나『수서隋書』에 실려 있으므로 삭제할 수 없습니다"라고 말한 것을 보면 고종高宗의 태워 없애라는 칙명이 충분히 실행되지 않았음을 알게 된다. 시간이 지나 중종中宗의 신룡神龍 원년(705)에 이르러 다시 칙명을 내려서 "도관道觀에서 모두 화호化胡하고 성불成佛하는 형상을 그리고, 또 모든 사찰에도 노군老君의 형상을 그려서 양 교의 존용尊容이 서로 훼손되고 욕을 당하고 있다고 들었다. 화호경은 여러 차례 금지되었던 것으로 모두 삭제해야 한다. 이후 이 위경僞經을 보유하고 또 화호에 관한 기록을 붙들고 있는 자는 죄를 묻겠다"라고 한다. 여러 차례 금지되었다는 말은 위나라 효명제孝明帝 때『개천경開天經』을 금지하고 당나라 고종高宗의 조정에서『화호경』을 금지한 것을 말한다. 그때 홍도관弘道觀의 환언도桓彦道가 표표表를 올려서『화호경』을 보유하려고 한다. 칙명을 내려 "짐朕의 뜻은 순박한 정情으로 돌아가고 거짓을 제거하려는 것이다. 정무를 처리하다가 잠시 틈을 내어 삼교三敎를 살펴보니『도덕경』두 편의 말들과 공空과 유有라는 두 가지 가르침의 말들은 현문玄門을 널리 펼치고 묘리妙理를 드날리지 않는 것이 없다. 무엇 하러 화호라는 가짜에 가탁해서 노자를 으뜸으로 내세우려 하는가. 뜻에 어긋난다면 삭제해야 마땅하다"라고 말한다.

견란의 『소도론笑道論』에서 화호化胡사상에 관련된 여러 경전을 인증한 것 중에 다음과 같은 말이 있다.

현묘편에서는 노자가 관문으로 들어가 천축의 유위국에 이르러 부인의 맑고 오묘한 입속으로 들어가서 다음 해 4월 8일이 되자 왼쪽 겨드랑이를 째고 태어나서는 손을 들어 "천상천하에 오직 나만이 존귀하며 삼계가 모두 괴로움인데 어떻게 즐거울 수 있겠는가"라고 말했다고 한다.

화호에서는 "부처는 왜 이리도 늦게 태어났으며 니원은 왜 이리도 빨랐는가, 석가모니를 뵙지 못한 것이 마음속 큰 괴로움이다"라고 말한다.

이로써 화호化胡에 관련한 도경道經이 어떻게 불경을 모방했는지에 대한 일반적인 정황을 알 수 있다.

4. 불도佛道 이교二敎의 조화

당나라 제실帝室은 도교와 한편이다. 그렇지만 불교의 세력을 어찌하기가 어려웠다. 어떻게 해서 도교를 보호하면서도 나아가 불교도의 반감을 사지 않을 수 있을까? 그 방법은 하나뿐이다. 도교를 종교가 아니라 단지 선조를 숭배하는 것으로 여기는 것이다. 이것은 곧 일본에서 신사神社를 불교 및 기독교 양 교와 구별하는 방법으로서 이 방법은 멀리 당대唐代에서 도교를 불교와 구별한 데서 발견된다. 정관貞觀 15년(641)에 태종太宗은 홍복사弘福寺에 행차하여 모후母后를 위해 삼보三寶에 귀의할 뜻을 내보이면서 사주寺主인 도의道懿에게 종교와 존조尊祖 즉 조상의 구별을 명확히 하는데, 나라가 성립한 이래 공덕이 있으면 이를 사가寺家에 귀결시켰고 전쟁 초기 한마음으로 불교에 귀의하며 전쟁 후에는 전장에 불사佛寺를 건립한 사실을 말하면서 노군老君을 부처 앞에 위치시키는 것은 단지 선조를 존숭하는 것일 뿐 귀의한다는 의도가 아니라는 뜻을 알게 함으로써 20년간에 걸친 이교二教의 논쟁을 멈출 수가 있었다. 도교도의 노력도 결국 불교의 이치와 감화에 대해 어찌해 볼 수가 없었기 때문에 조정朝廷은 노자교老子教를 선조 숭배의 한 가지 의례에 지나지 않는다고 함으로써 겨우 불교보다 앞에 위치시킬 수 있었다. 그 후 고종高宗은 건봉乾封 원년(666)에 대악岱嶽에 봉封하고 박호亳 지역에 행차하여 노군을 배알拜謁하며 존호尊號를 올려 현원황제玄元黃帝라 하고, 성모聖母를 선천태후先天太后라 하고, 왕공王公 이하에게 칙명을 내려 『도덕경道德經』을 배워서 숙달하라고 한다. 현종玄宗은 다시 존호를 올려 태성조고상대도현원황제太聖祖高上大道玄元黃帝라 하고, 천하의 집집마다 『도덕경』 한 권씩 보관하게 하며 몸소 10권의 소疏와 6권의 소를 찬술한다. 10권 소는 이것 즉 『도덕경』을 궁리진성窮理盡性, 폐연식상閉緣息想, 처실행권處實行權, 좌망유조坐忘遺照, 손사무위損事無爲, 이신이국理身理國 등으로 논하기 위해서, 6권 소는 이것 즉 『도덕경』을 외수신外修身과 내이국內理國으로 정리하기 위해서 찬술했다. 또 서울 두 곳[兩京]과 각각의 고을[諸州]에 원묘元廟를 세워 제사를 지내게 하고, 양 경兩京에 숭현관崇玄館을 설치하여 숭현 학생들을 모집하며,『노자老子』,『장자莊子』,『열자列子』등의 글을 과거 시험 과목으로 정하고, 도사에 계급을 설정해서 학덕學德이 우수한 사람을 연사鍊師라 부르고, 법사法師, 위의사威儀師, 율사律師를 배치했다. 이때 양귀비楊貴妃는 여관女冠 즉 여자 도사가 되며, 하지장賀知章 (659~744)은 도사가 된다. 이로써 도교가 융성했음을 알 수 있다.

당대唐代에 불교와 도교의 관계에 관해서는 양자 사이에 내외나 주객에 관련한 국수론國粹論이 있다. 화호성불化胡成佛을 중심으로 한 도선불후道先佛後 즉 도교가 먼저고 불교가 나중이라는 논의가 있다. 이것을 보조하듯이 국가의 대우가 도선불후이다. 분란이 해결되지는 않았지만 국수론은 부혁의 죽음과 더불어 자취가 끊어지고,『화호경化胡經』은 고종高宗 때 진위 문제를 야기하며 금지당해 왔지만 여전히 유행했기 때문에 측천후則天后 때 다시 문제가 제기되며 중종中宗 때에서야 완전히 태워 없애면서 사상적으로 양 교 논쟁의 원인이 없어지기를 기대한다. 또 국가의 대우는 태종太宗 때 명료하게 칙령으로 나타났지만 어찌하기가 어려워서 태종은 종교와 존조尊祖를 구별함으로써 완화하고, 측천후 때에는 구례舊例에 따라 불교와 도교로 순서를 정하고 중종 때에는 이것을 규정으로 삼게 되어 분란의 자취가 끊어지고 그 후는 불교와 도교가 나란히 시행되며 왕의 교화를 보조했다.

불교와 도교에 공통적인 문제로는 고종高宗 때 왕과 부모에게 예배해야 한다는 칙명이 있다. 불교도들이 크게 반대해서 일단 중지되며 나아가 현종玄宗 때 다시 문제가 되지만 사정이 생겨서 곧바로 중지된다. 이 문제의 근저에는 종교를 국가적인 것으로 만들려고 하는 요구가 존재한다고 생각한다. 숙종肅宗의 건원乾元 2년(759)에 승니僧尼에게 칙명을 내려 조회朝會에서 신臣이라고 부르는 일이 없도록 하라고 한 것을 보면 알 수 있다. 이에 따르면 당의 국가적 세력은 마침내 승니로 하여금 조회에서 신하의 예절을 갖추도록 하기에 이르렀지만 오히려 내부적인 문제가 있었다는 것을 엿보게 한다. 『불조통기佛祖統記』40에서 지반志盤은 송의 승려 홍각범洪覺範의 말을 인용하며 "숭명교 즉 명교 대사 설숭은 매번 사문은 고상하여 천자를 만나도 신하의 예가 없다고 탄식한다. 당나라 영도 승려가 맨 처음 그 격식을 깨뜨리면서부터 시대가 지나면서 이것 즉 신하의 예절의 원인이 된다[嵩明教每歎沙門高尚, 見天子無臣禮. 自唐令瑫首壞其端, 歷世因之]"라고 하면서 "이 일은 출처를 알 수 없다[此事未見所出]"라고 주석한다. 따라서 사문의 신하로서의 예절이 영도令瑫에게서 발단했다는 것을 알게 된다. 위정자는 곤란한 길을 억지로 피하며 개원開元 18년(730)에는 천하의 사찰과 도관에 천장절축수도량天長節祝壽道場을 세우게 하고, 26년(736. 서안西安 개원사開元寺의 홍치비興致碑에는 28년으로 되어 있지만 아마도 잘못 기록한 것이다)에는 천하의 여러 고을[諸郡]에 칙명을 내려 용흥龍興과 개원開元 두 사찰을 설치하고 다음 해 27년(737)에는 천하의 승려와 도사들에게 칙명을 내려 국기國忌일에는 용흥사龍興寺에 가고 천추절千秋節의 축수祝壽에는 개원사開元寺에 가서 각각의 의식을 치르게 함에 따라 양 교 사이에 충돌이 없어지게 된다.

5. 폐불廢佛사건

중당 이후의 삼교 담론이 있다. 점차 형식화되어 의례적인 것이 되고 끝에 가서는 무종武宗의 폐불廢佛이 단행되지만 여전히 여세를 지속하며 오대의 세종世宗에 이르러 다시 폐불이 시행되면서 폭발한다. 여기서 중당 이후의 삼교 담론을 표로 나타나면 다음과 같다.

제명帝名	전명殿名	유자儒者	불자佛者	도사道士	결과
대종代宗			숭혜崇慧	사화史華	사문사자沙門賜紫[11]
			혜충慧忠	태백산인 太白山人	
덕종德宗	인덕전麟德殿	서대徐岱	가연賈延	갈참성葛參成	
	내전內殿	유儒[12]	단보端甫	도道	사문사자沙門賜紫
경종敬宗	대명궁大明宮		승僧	도道	
문종文宗	인덕전麟德殿	백거이白居易	의림義林	양홍원楊弘元	
			지현知玄	도道	
무종武宗			승僧	도道	도사사자道士賜紫
	인덕전麟德殿		지현知玄	조귀진趙歸眞	
선종宣宗	인덕전麟德殿	이이손李貽孫	지현知玄	도사道士	
의종懿宗	인덕전麟德殿		여러 승려 [諸僧]		
소종昭宗	내전內殿		승僧	도道	
후당後唐 장종莊宗			혜강慧江	정자소程紫霄	
명종明宗			운변雲辨	도사道士	
후주後周 세종世宗					

---

11   역주 사문사자(沙門賜紫)는 사문이 자의(紫衣) 즉 자줏빛의 옷, 임금의 옷, 고위관료의 옷을 의미하는 예복을 하사받는다는 뜻으로 그만큼 존중하며 마치 관료처럼 대우한다는 의미다. 즉 담론의 결과 사문이 우위를 차지했다는 것을 뜻한다.

1) 당唐 무종武宗의 폐불廢佛

무종武宗은 어려서부터 석씨釋氏를 좋아하지 않으며, 즉위한 연도인 회창會昌 원년(841)에 도사 조귀진 등 81인을 초청하여 삼전三殿에 금록도량金籙道場을 손질하고 제왕 스스로 구선현단九仙玄壇에 올라가 몸소 법록法籙을 받으며, 다음 해 형산衡山의 도사 유현정劉玄靜을 숭현관崇玄館의 학사學士로 충원하고 조귀진과 함께 궁중에서 법法을 닦도록 하며, 3년에는 귀진을 좌우가도문교수선생左右街道門教授先生으로 삼아서 선사仙事 즉 도교의 일을 연구하도록 요구한다. 귀진은 이에 편승하여 불교를 배척하는데 불교가 중국의 가르침이 아니다라고 하고 생령生靈 즉 생명을 좀먹는다고 하면서 제거해야 한다고 말한다. 제왕은 이것에 동의한다. 귀진은 석씨와 변론하기를 요청하여 인덕전麟德殿에서 지현과 논쟁한다. 도교 쪽에서 굴복할 리가 없다. 지현은 토납복식吐納服食 즉 복식 호흡의 술법을 필부의 독선적인 것이라고 꾸짖으며 시詩 5편으로 풍자한다. 4년에는 궁궐 중에 망선루望仙樓를 짓고 도사를 그 위에 모아서 선사仙事를 자문하며, 또 나부산羅浮山의 도사 등원초鄧元超를 맞아들인다. 원초는 장생술長生術이 있다고 부르짖으며 유현정劉玄靖(劉玄靜), 조귀진 등과 함께 배불排佛한다. 제왕은 이들에 따라 결국 절사折寺 즉 사찰 쪼개기를 단행한다. 양 도兩都의 좌우 거리에 사찰은 4개, 승려는 각각 30명만 머물게 하고 천하

---

12 [역주] 유(儒)는 특정 이름이 아니라 유자 중의 누군가라는 의미일 것이다. 이 표의 승(僧)이나 도(道) 또는 도사(道士) 역시 구체적 이름은 알 수 없고 불자 중의 누군가, 도사 중의 누군가라는 표시일 것이다.

의 주州와 군郡에 사찰은 각각 1개씩이고 승려는 상중하에 따라 20명, 10명, 5명씩 머물게 한다. 기타의 승니 사찰 44,600개를 통합하고, 승니 265,000여 명을 환속시키고, 사찰의 재료들로 해역廨驛 즉 역관驛館을 수리하고, 금과 은으로 된 상像은 탁지度支 즉 재무 담당 부처로 보내고, 철로 된 상은 농기구를 만들고, 구리로 된 상이나 종경鐘磬은 돈으로 만들고, 양전良田 수천만 경頃과 노비 15만 명을 몰수했다. 5년에 방사方士를 불러들여 금단金丹을 복용하고 법록을 받는데 마음만 졸이며 답답해하다가 붕어한다. 다음 해, 선종宣宗은 서가西街의 사찰 숫자를 늘리고, 성기신聖忌辰 즉 성인의 기일에 승사僧寺 즉 사찰에서 행향行香하던 구례舊例를 부활시키고, 선조를 현혹시킨 죄를 물어 조趙와 유劉와 등鄧 등 12명의 도사를 체포하여 조당朝堂에서 주살하고 시신을 전시했다(『통재通載』, 『통기統記』). 『중국불교사적[支那佛教史蹟]』 제1집에 채록한 산동영암사수방산증명공덕기山東靈巖寺修方山證明功德記에 따르면 파불破佛 즉 불교 파괴는 회창會昌 3년에 있었다. 이때 액사額寺 즉 현판이 있을 만큼 규모가 있는 절 5,000여 곳과 난야蘭若 즉 일종의 암자 정도 규모의 절 30,000여 곳과 여명麗名의 승니僧尼 즉 평판이 좋은 승려와 승니 268,700여 명을 없애 버렸다고 한다. 이 기록은 파불 후 10년인 대중大中 8년(845)의 것으로서 가장 믿을 만하다.

2) 후주後周 세종世宗의 폐불廢佛

현덕顯德 2년(955)에 칙명이 없는 절집[寺舍]을 중지시키라는 조서를 내리고, 다음으로 3,360곳의 절을 폐쇄하고, 상像을 헐어서 주周의 화폐를 주조한다. 이 폐불廢佛은 경제적인 면에서 진행한 것으로서 주의

나 주장이 가장 명백하지 않은 것이지만 불교사에서 볼 때 이 2회의 폐불은 이론불교를 떠나서 실수實修불교 즉 실천불교로 전환하고, 교종敎宗에서 선종禪宗으로 이행하는 전기로서 의의가 있는 것이다.

6. 중당中唐 이후의 도교학자

중당 이후의 도사 중에 학자로서 꼽을 만한 사람은 먼저 손사막孫思邈, 사마승정司馬承禎, 섭법선葉法善이 있다. 나중에는 진박陳搏, 두광정杜光庭이 있다. 이들 중 도교 교의를 완성하는 데 공로가 있는 것은 사마승정과 두광정 두 사람이다. 도교가 이른바 경전과교經典科敎라는 명칭을 갖게 된 것은 두광정 이후의 일로서 도경道經의 성립은 이때 절정에 도달한다. 그리고 또 술자術者로서 가장 유명한 사람은 먼저 손사막이고, 나중에는 진박이다. 어느 누구든 도교의 조사祖師 중에 중요한 위치를 차지한다.

1) 손사막孫思邈(581~682)

손사막은 경조京兆 화원華源 지역 사람이고, 태산太山에 은거하고, 영순永淳 시기(682~683) 이전에 선화仙化하며, 『천금방千金方』이라는 저서가 있다. 『화엄전기華嚴傳記』에서는 항상 여러 사람들에게 『화엄경華嚴經』을 베껴 쓰도록 권장하여 750여 부部를 완성했다고 한다. 저술로서 도장道藏 중에 수록된 것은 4부가 있다. 어느 것이든 연양練養에 관한 것이다.

- 『천금방千金方』93권: 전기傳記에서는 60권으로 잘못 기록하고 있다.
- 『보진명保眞銘』.
- 『섭생론攝生論』.
- 『복수론福壽論』.

최근에 산동山東에서 발흥한 도원道院 중에서 손자遜子 즉 손사막孫思邈(遜思邈)은 중요한 위치를 점유하며 계단乩壇 즉 일종의 신단神壇에서 주존主尊으로 간주된다.

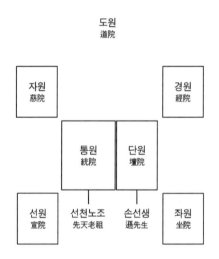

2) 사마승정司馬承禎(647~735)

사마승정의 자字는 자미子微이고, 하내河內 온溫 지역 사람이며, 도사가 되어 숭산嵩山의 반사정潘師正(586~684)을 섬기고 부록符籙 및 벽곡辟穀, 도인導引, 복이服餌 등의 술법을 전수받으며, 천태산天台山 동백관동백관桐柏觀에 머물렀고, 천태도사라는 이름이 있다. 천태산은 멀리 전국시대부터 선굴仙屈로서 유명하다. 동백관은 국청사國淸寺에서 산길로 서북쪽의 만년사萬年寺로 올라가는 도중에 있다. 현재는 당시의 유적을 찾아볼 수 없다. 무후武后는 그의 명성을 듣고 도읍으로 불러들여 손수 칙명을 내리며 찬미한다. 경운景雲 2년(711)에 예종睿宗 역시 초청한다. 굳이 사양하고 산으로 돌아간다. 개원開元 9년(721), 15년(727)에 현종玄宗이 다시 초청하고, 삼례三禮의 전례篆隷 즉『주례周禮』,『의례儀禮』,『예기禮記』에 사용된 전자篆字와 예자隷字로『노자老子』를 서사하게 하며, 칙명으로 왕옥산王屋山에 양대관陽臺觀을 건설하여 여기서 머물도록 한다. 89세에 사망한다. 정일선생貞一先生이 시호[諡]다. 사마승정은 불교가 이론을 떠나서 실수實修 즉 실천으로 전환하는 시대의 도사로서 자연히 그 영향을 받지 않을 수 없다. 그의 저서로서 유명한『좌망론坐忘論』이 있다. 내용은 곧 좌망삼매坐忘三昧와 다르지 않다. 도장道藏 중에 이것을 수록하면서 사마자미득도지어司馬子微得道之語 즉 사마자미가 도를 얻은 말이라고 하며,『전당문全唐文』924권에서 도서道書 12편 중 하나로 추가하여 수록한다.

도장道藏 중에는『좌망론坐忘論』외에 사마승정에 속하는 것으로 다음과 같은 4부部가 있다.

- 『대상승현소재호명묘경송大上昇玄消災護命妙經頌』1권. 사마자미司馬子微 찬撰.
- 『상법함상검감도上法含象劍鑑圖』1권. 천태백운사마자미天台白雲司馬子微 진進.

- 『도덕진경론道德眞經論』 2권. 사마씨司馬氏 간략簡略.
- 『천은자天隱子』. 상법삼십대종사당천사정일선생사마자미上法三十代宗師唐天師貞一先生司馬子微 술술述述.

이들 중에서 가장 주의해야 할 것은 『좌망론坐忘論』으로서 도교가 불교에 대해 종교로서 진가를 발휘할 수 있었던 것은 좌망坐忘의 실수 實修에 의거한다. 요령은 다음과 같다.

『좌망론坐忘論』

서序 중에서 『도덕경道德經』 외에 『묘진경妙眞經』과 『서승경西昇經』 을 인용하고, 양생養生의 궁극은 수도修道하여 득도得道하는 데 있다고 하며, 수도의 단계를 7조條로 설정하면서 불교사상을 많이 가미한다. 먼저 "생사의 고통을 싫어하면서 생사의 일에 애착한다. 도덕이라는 이름은 중시하면서 도덕의 실천은 경시한다. 얻기 어려운 재물을 갈망하고 내생의 복을 거래한다. 물들기 쉬운 정을 쫓으며 현재 자신의 길을 상실한다. 태어나고 죽어 가며 만겁 동안 순환한다[惡生死之苦, 愛生死之業. 重道德之名, 輕道德之行. 竭難得之貨, 市來生之福. 縱易染之情, 喪今身之道. 生來死去, 循環萬劫]"라고 말하여 불교의 윤회사상을 섭취하고, "양생하는 사람은 도를 잃지 않도록 신중하고 도를 행하는 사람은 삶을 잃지 않도록 신중하여 도와 삶이 서로 지키고 삶과 도가 서로 보존하며 둘이 서로 떨어지지 않도록 한 연후에야 장구해진다. 장구하다란 득도의 성질이라는 말이다[養生者慎勿失道, 為道者慎勿失生, 使道與生相守, 生與道相保, 二者不相離, 然後乃長久. 言長久者, 得道之質也]"라고 하여 장생長生과 득도의 관계를 역설하며, 득도자만이 장생한다고 말한다. 예전부터 전해 오던 선도仙道는 여기에 이르러 순수해졌다. 그리고 업業의 관념을 섭취해서 "수행 부족에 달려 있을 뿐이지 얻었다고 해서 하늘이 준 것이 아니고 잃었다고 해서 사람이 뺏은 것이 아니다[修短在已, 得非天與, 失非人奪]"라고 말한다. 이 점에서 불교와 구별이 없을 정도가 된 것 같다. 그렇지만 나중에 업과 천명天命을 나란히 말한 것을 보면 인생의 사실에서 업과 명命이라는 두 가지 원인을 인정한 것 같으며, 그렇다면 그 점에서 불교와 차이가 있게 된다.

사마승정은 이와 같이 득도得道의 방법으로서 좌망坐忘을 설명해 들어간다.

좌망의 방법은 대략 7개 조목으로 구성되며, 수도의 단계는 중추적인 것과 보조적인 것을 겸하고 있다.

7개 조목이란 신경信敬, 단연斷緣, 수심收心, 간사簡事, 진관眞觀, 태정泰定, 득도得道이다.

그러면 무엇을 좌망坐忘이라고 하는가? 신경장信敬章에서 다음과 같이 말한다.

좌망하는데 무엇을 잊지 못하겠는가. 안으로는 그 한 몸을 깨닫지 못하고 밖으로는 우주를 알지 못하지만 도와 더불어 아득히 합일해서 모든 생각을 다 버린다.

이 말은 『장주莊周』(「대종사大宗師」)에서 나온다.

그래서 『장주』에서는 육신을 버리고 총명을 버려서 형체를 떠나고 지혜를 제거하면 크게 트이게 되는데 이것이 좌망이다라고 말한다.

좌망坐忘에 의해서 허무虛無로 들어가 허무의 영역에서 곧 대도大道와 합일해야 한다. 좌망을 편의상 7단계로 구분하는데 입도入道하는 즉 도를 깨닫는 첫 번째 핵심은 신경信敬 즉 믿음과 공경이다. 이것에 근행勤行 즉 부지런한 수행을 추가함으로써 득도得道라는 목적을 달성한다.

신경信敬:
믿음은 도의 근본이고 공경은 덕의 밑바탕이다.

만약 어떤 사람이 좌망의 방법을 듣고 이것이 도를 닦는 핵심임을 믿고서 공경하여 받들고 존중하며 결코 의심하지 않고 부지런히 수행해 나간다면 반드시 득도한다.

단연斷緣:
유위 즉 생멸 변화하는 세속의 조건을 끊는다는 말이다. … 고요하고 질박하게 날로 나아가면 세속의 얽매임이 날로 적어져 자취는 더욱 세속에서 멀어지고 마음은 더욱 도에 가까워진다.

만약 일을 없애지 못하고 부득이하게 실행해야 한다면 삶에 따라 애착하고 얽매이는 마음이 업業이 되게 하지 말라.

수심收心:
마음이란 것은 한 몸의 주인이고 모든 정신의 스승이다. 고요하면 지혜를 낳고 움직이면 혼미해진다. 도를 처음 배울 때는 편안히 앉아 마음을 대상에서 떨어뜨려 거두어들여야 한다. 무소유에 머물며 하나의 사물에도 집착하지 않으면 저절로 허무에 들어가 마음은 곧 도와 합치한다.

이 내용은 『금강반야金剛般若』의 응무소주應無所住 즉 어떤 것에도 머물지 말라는 말이다.

마음의 본체를 밝혀 보면 도가 근본이다. 다만 마음과 정신이 오염되어 점점 더 뒤덮인 채 떠돌아다니는 날이 오래되면서 마침내 도에서 멀어진다.

이것은 심정객염설心淨客染說 즉 마음은 깨끗한 것이지만 외부에 오염된다는 주장이다.

이제 마음에 묻은 더러움을 깨끗이 제거하고 정신의 근본을 풀어헤칠 수 있다면 수도 즉 도를 닦는다고 한다. 다시 떠돌아다니지 않고 도에 그윽하게 합치하여 도 가운데 안주한다면 귀근 즉 근본으로 돌아간다고 한다.

근본을 지키며 떠나지 않는 것을 정정 즉 고요하게 안정함이라고 한다. 정정이 나날이 오래되면 병이 사라지고 생명이 회복되며 회복이 또 지속되면 저절로 항상한 것을 안다. 알면 곧 이해하지 못하는 것이 없다. 항상하면 곧 영원히 변화와 소멸이 없다. 생사를 벗어난다는 것은 사실 이것 즉 항상한 것을 본뜬 것이다.

여기서는 출리생사出離生死 즉 생사에서 벗어난다는 말을 하고 있는데 도교에서 이 말을 하는 것은 매우 불교적이다.

마음이 집착해서 머물면 다시 어떤 것에 있게 된다. … 다만 마음이 사물에 집착하지 않고 또 동요하지 않을 수 있다면 이것이 진정 즉 참된 안정으로서 바른 기반이다. 이것을 안정으로 삼는다. 만약 마음이 생겨나도 모두 사라지고 옳고 그름을 따지지 않으며 분별하는 지각을 영원이 끊어 버리면 맹정 즉 맹목적 안정에 빠진다.

이 내용 속에서는 정정靜定 중에서 진정眞定과 맹정盲定을 구별하고 있다는 것을 알 수 있다.

마음에 외부를 받아들이지 않는 것을 허심 즉 마음을 비움 또는 텅 빈 마음이라 하고 마음이 외부를 따라다니지 않는 것을 안심 즉 마음을 안정함 또는 안정된 마음이라고 한다. 마음이 안정되고 텅 비면 곧 도가 저절로 와서 머문다.

애착하는 견해나 사려 이것은 마음의 가시덤불이다. 잘라 내지 않으면 안정과 지혜가 생기지 않는다. 하물며 안정에 기인해 지혜가 생겨 진실과 거짓에 깊이 도달하겠는가.

간사簡事:
도를 닦는 사람은 반드시 불완전한 사물에 대해 중요한 것과 그렇지 않은 것을 알아야 한다. 경중을 비교하고 헤아려서 버릴 것과 가질 것을 판별해야 한다.

진관眞觀:
관찰이란 지혜로운 인사가 미리 보는 것이다. 능력 있는 사람은 잘 관찰해서 멋대로 닥쳐오는 화복을 헤아리고 움직이거나 정지하는 길흉을 자세히 안다.

수심하고 간사簡事하여 나날이 유위를 덜어 낸다. 몸이 고요하고 마음이 한 가로우면 바야흐로 진리를 관찰하여 볼 수 있다.

그러나 수도하는 사람도 옷과 음식이 꼭 필요하므로 사물을 없애 버릴 수는 없으니 마땅히 마음을 열고 받아들여야 하며 눈을 크게 뜨고 감당해야 한다.

흔적은 사람들과 같아도 마음은 항상 세속과 다르다.

사념 때문에 죽어서 지옥에 떨어진다.

만약 힘들고 가난한 사람은 이것을 자세히 살펴보라. 누가 나에게 가난을 주었는가? … 천지는 아니고 … 부모도 아니다. 사람과 귀신은 자기 앞가림 하느라 겨를이 없는데 무슨 힘이 있어서 나에게 가난을 주겠는가. 이리저리 살펴봐도 온 곳이 없다. 이에 나의 업業이라는 것을 알아라. 업은 내가 짓는 것이고 명命은 하늘이 부여한다. … 도망칠 수도 없고 원망할 것도 없다.

오직 지혜가 있는 사람만이 이것을 옳게 여기고 하늘을 즐거워하며 명命을 알아서 가난이 힘든 일이라고 생각하지 않는다.

그래서 『장자』에서는 업業은 간여하며 버릴 수가 없다고 한다.

경전에서는 천지가 그 작용을 고칠 수 없고 음양이 그 업業을 피할 수 없다고 한다.

만약 대상에 부합하는 마음으로 대상을 관찰하면 종신토록 잘못이 있음을 깨닫지 못한다. 만약 대상을 떠난 마음으로 대상을 관찰하면 옳고 그름을 완전히 알 수 있게 된다.

태정泰定:

형체는 마른 나무 같고, 마음은 불 꺼진 재와 같고, 느낌도 없고 구하는 것도 없고, 고요하고 담박함이 지극하며, 안정에 대해 무심하면서도 안정하지 않은 것이 없다. 그래서 크나큰 안정 즉 태정이라고 한다.

텅 비고 고요함이 지극하면 곧 도가 머물고 지혜가 생긴다. 지혜는 본성에서 생겨나며 지금에 와서 있는 것이 아니다.

지혜가 이미 생기면 소중히 여겨 품고 있어라. 떨쳐 버렸다가는 앎이 많아져서 안정을 해치게 된다.

지혜는 도를 알 수는 있지만 도를 얻은 것은 아니다.

대략 두 가지 가르침의 인과를 만유의 자연으로 넓혀서 날마다 덜어 내며 조금씩 나아가기도 하고, 배우지 않고서 일시에 머무르기도 한다.

득도得道:

형체는 도를 따라 통하며 정신과 더불어 하나가 되는데 형체와 정신이 합일하면 신인이라고 한다. 정신의 본성은 텅 비어 있고 융합하며 자체는 변하거나 사라지지 않는다. 형체는 이것과 같다. 그래서 생사가 없다. 숨으면 형체가 정신에 합쳐지고 드러나면 정신이 형체에 합쳐진다.

마음을 비우는 도는 힘에 깊고 얕음이 있다. 깊으면 형체에 아울러 미치고 얕으면 오직 그 마음에만 이른다.

정신과 도가 합쳐지면 득도 즉 도를 얻었다고 한다. 나날이 영향을 주면 변해서 정신과 같아지며, 정신을 단련하여 미묘함에 들어가면 도와 그윽하게 하나가 된다. … 눈, 코, 귀 등 6가지 감각기관인 6근이 통달한다.

두 가지가 오묘하기 때문에 공자나 석가는 가까이할 수 있는 것이 아니다.

『좌망론坐忘論』의 요점을 도식화하면 다음과 같다.

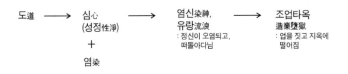

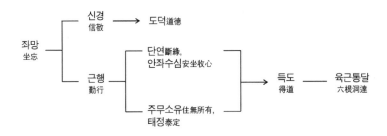

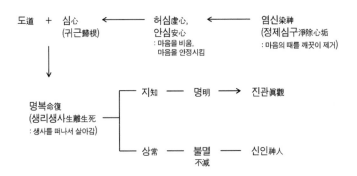

심재心齋와 좌망坐忘은 『장자莊子』에 있다. 원래 불교와 무관하며

중국의 독자적인 선禪이라고 해야 하는데 그 특색은 허정虛靜에 몰입하는 데 있는 것 같다. 당 말기 이후 불교의 선은 이것과 아주 다른 것이다. 일상생활이 모두 선이라고까지 발전한다. 『좌망론坐忘論』은 그 말을 『장자』에서 가져왔지만 선이 특히 발전한 송대에 이루어졌으므로 현저하게 불교의 영향을 받았고, 끝에 가서는 "공자나 석가는 가까이할 수 있는 것이 아니다"라고 자랑하고 있음에도 불구하고 불교의 선을 내용으로 한 좌망이다. 요점을 앞의 도식으로 제시하고 이것에 의거해 일반을 통틀어 보면 『좌망론』은 "한 몸의 주인이고 모든 정신의 스승"인 마음은 도道를 본체로 삼는 것인데 다만 오염 때문에 유랑하며 도를 떠난다고 한다. 이것은 불교의 심성본정心性本淨, 객진소염客塵所染 즉 마음의 본성은 본래 깨끗하며, 외부의 먼지에 오염되었다는 사상이다. 유랑流浪의 경계에서는 사념邪念이 업業이 되므로 죽어서 지옥에 떨어진다. 이 결과는 천지 때문도 아니고 부모 때문도 아니며 나의 업 때문으로 바로 천명天命이다. 업과 명命은 도망칠 수 없는 것이라는 말이다. 이것은 불교의 업설業說을 이용한 것으로서 음양陰陽도 업을 회피할 수 없다고 할 정도로 강조하면서 더욱이 천명을 추가한 것은 어쩌면 불교의 숙업宿業의 의미로도 보인다. 여기쯤에서 수도자修道者는 어떤 방법으로써 마음의 때[心垢]를 깨끗이 제거하여 외부를 받아들이지 않는 허심虛心과 외부를 쫓아다니지 않는 안심安心을 얻고, 유랑하며 정신을 오염시키는 영역을 떠나서 마음을 도에 합치시킬 것을 필요로 한다. 도와 심心의 합치를 귀근歸根 즉 근본으로 돌아감이라고 한다. 오래되면 명복命復 즉 명이 회복된다. 여기에 이르러 생사로부터 벗어나게 된다. 이 경지에는 지知와 상常이 있다. 지는 환하다[明]는 것이고 상은 사라지지 않는다[不滅]는 말이다. 이 명明과 불멸不滅은 불교의 광명光明과 수명壽命에 해당한다. 명에는 진관眞觀이 있어서 진리를 바라본다. 불멸은 텅 비고 융합하는 정신의 본성으로서 생사를 벗어나 신인神人이 된다. 이것을 득도得道라고 한다.

그렇다면 현실現實의 유랑에서 벗어나 이상理想의 득도에 들어가려면 어떡해야 하는가?『좌망론坐忘論』의 사명은 여기에 있다. 좌망坐忘은 신경信敬과 근행勤行으로 구성된다. 신경은 도덕의 근본 바탕이고 도道를 닦는 핵심적 방법이며, 근행은 유위有爲의 속연俗緣 즉 생멸 변화하는 세속의 조건을 끊고 안좌하여 마음을 수렴하며 무소유無所有에 머물러서 형체는 고목나무같이 하고 마음은 불 꺼진 재와 같이 하며, 안정[定]에 안정하지 않으면서 안정하지 않은 것이 없는 태정泰定에 머물게 하는 것이다. 신경에 근행을 추가하면 좌망이 되고, 좌망에서 득도得道하게 되며, 득도하게 되면 6근根의 통달이 있다고 말한다.『논論』에서는 정정靜定, 진정眞定, 맹정盲定 등으로 말하면서 정定이라는 글자를 매우 많이 사용한다. 정정이란 마음[心]을 도에서 떨어지지 않게 하는 것을 말하고, 진정이란 마음을 사물에 집착하지 않게 하는 것이며, 맹정은 마음을 없애서 지각知覺을 끊어 버린 것을 말하고, 태정이란 안정[定]에 안정하지 않으면서 안정하지 않은 것이 없음을 말한다. 맹정은 공空에 빠진 것 즉 공에 대해 잘못 이해한 것이다. 진정은 외부의 사물[外物]에서 떠난 것이다. 정정은 도를 지키는 것이다. 진정과 정정은 다 그렇다고 해도『논』에서 기대하는 것은 그 정定을 떠나면서도 정定한 것에 있다. 바로 태정이다. 이와 같이 좌망의 진짜 의미는 태정에 있다. 태정의 내용은 불교의 선禪에서 얻은 것이다.『논』

에서는 유위有爲, 주무소유住無所有, 염염染, 항제심구降除心垢, 출리생사
出離生死, 정혜定慧, 사타지옥死墮地獄, 업유아조業由我造, 관경觀境, 이
승지인과二乘之因果, 점돈漸頓, 육근통달六根洞達이라고 말한다. 모두
불교에서 차용한 것이라고 보아야 한다. 이와 같은 점에서 볼 때 어찌
단지 언어를 사용하는 것에만 그쳤겠는가. 그 내용도 연관된다는 것
은 당연하다고 해야 한다.

3) 오균吳筠(742~755)

노중魯中 지역의 유사儒士이다. 진사進士에 응시했다가 급제하지 못
한다. 이에 숭산嵩山으로 들어가 반사정潘師正(586~684)에게 따르는 도
사가 되며 정일正一의 법法을 전수받는다. 천보天寶 4년(745)에 현종玄
宗은 그의 이름을 듣고 사람을 시켜 그를 불러와서 도의 요체를 묻는
다. "노자의 오천문五千文만 한 것이 없습니다"라고 답한다. 신선이 되
는 단련 방법을 묻는다. "이것은 야인들이 세월을 거듭하며 추구할 일
이지 임금께서 뜻을 둘 만한 일이 아닙니다"라고 답한다. 천보 연간에
이임보李林甫와 양고충揚固忠(양국충楊國忠)이 중임을 맡는다. 산으로
돌아가기를 강하게 요구하지만 거절당한다. 이에 악관嶽觀에 조서를
내려 별도로 도원道院을 세운다. 안록산安祿山의 난亂이 발생한다. 자
진하여 모산茅山으로 돌아가다가 도중에 죽는다. 일찍이 불자佛者가
질투한 적이 있었기 때문에『파사론破邪論』을 지어 불교를 폄훼한다.
좌계左溪의 제자 신옹神邕이 이것을 반박하고 또『번사론翻邪論』을 지
어 그 잔당들을 공격했다고 한다.『통재通載』33에 원나라 세종世宗
때의 금지 도서道書 중에 그가 썼다고 전해지는 것으로서 다음과 같은

2부部가 실려 있다. 아마 불교를 폄훼한 것이다.

- 『명진변론明眞辯論』(『전당문全唐文』 중에는 없음).
- 『보정제사론補正除邪論』(『전당문全唐文』 중에는 없음).

그리고 도장道藏 중에 현존하는 것은 다음의 2부部다.

- 『종현선생현강론宗玄先生玄綱論』 주상당현종奏上唐玄宗(당 현종에게 올림).
- 『종현선생문집宗玄先生文集』3권.

4) 섭법선葉法善

자字는 도원道元이고, 또 다른 자는 태소太素다. 개원開元 연간에 증선證仙 즉 선仙을 깨닫고 가르침을 펼치며 사람들을 제도한다. 도장道藏 중에 『당섭진인전唐葉眞人傳』 1권이 있다. 그의 전기다. 나중에 원나라 세종世宗의 오조칠진가호조서五祖七眞加號詔書 중에서는 다음과 같이 말한다.

아! 한나라 때의 장도릉과 당나라 때의 섭법선은 모두 천사라는 칭호를 하사받았다.

오래도록 도의 기강이 번영한다.　　　(『감수선원록甘水仙源錄』1에 실려 있음)

그렇다면 섭법선도 역시 당대唐代의 걸출한 도사라는 것을 알 수 있다.

5) 두광정杜光庭(850~933)

자字는 빈지賓至, 진운縉雲 지역 사람(일설에는 장안長安 사람)이다. 함통咸通 연간에 9경經 시험에 응시했다가 떨어진다. 이에 천태산天台山으로 들어가 도道를 배운다. 희종僖宗이 홍원興元 연간에 황소黃巢의 난亂을 피해 촉으로 행차할 때 따라가 그대로 촉에 머물면서 촉의 선주先主를 섬기며 대부大夫가 되고 채국공蔡國公에 봉해지며 광성선생廣成先生이라는 호號를 하사받는다. 후주後主가 옹립되자 도록道籙을 궁궐 안의 동산인 원苑에서 전해 주며 전진천사숭진관대학사傳眞天師崇眞館大學士가 된다. 나중에는 관직에서 벗어나 청성산靑城山에 은거하며 동영자東瀛子로 부르고 85세에 죽는다. 그의 저술 중에 중요한 것은 『도덕진경광성의道德眞經廣聖義』50권, 『상청정경주常淸淨經註』1권이고, 대부大部인 것은 『도문과범대전집道門科範大全集』87권이다. 도장道藏 중에는 다만 다음과 같은 10여 부部를 수록하고 있다.

- 『대상통연신주경大上洞淵神咒經』20권.
- 『용성집선록墉城集仙錄』6권: 여진등선자女眞登仙者 32위位를 기록함.
- 『태상삼오정일맹위열록초의太上三五正一盟威閱錄醮儀』.
- 『태상정일열록의太上正一閱錄儀』.
- 『통신삼황칠십이군재방참의洞神三皇七十二君齋方懺儀』.
- 『태상통신태원하도삼원인사의太上洞神太元河圖三元印謝儀』.
- 『태상삼통전수도법경자허록배표의太上三洞傳授道法經紫虛錄拜表儀』.
- 『천단왕옥산성적기天壇王屋聖迹記』.
- 『도교영험기道教靈驗記』15권, 『녹이기錄異記』4권.

- 『신선감우기神仙感遇記』5권, 『역대숭도기歷代崇道記』.
- 『통천복지옥독명산기洞天福地獄瀆名山記』1권.
- 『광성집廣成集』17권.

『통재通載』34에 원나라 세종世宗 때의 금지 도서道書 중 그가 썼다고 전해지는 것으로 2부部가 있다. 『벽사귀선론辟邪歸仙論』과 『방도석서謗道釋書』가 바로 그것이다. 『방도석서』에는 "임영소와 두광정이 대장경을 논파하려고 지음[林靈素杜光庭撰造破大藏經]"이라는 주석이 붙어 있는 것을 보면 아마 서명書名이 아니라 두 사람이 파불破佛을 논한 글들을 모은 것일까?

6) 진박陳搏

후주 세종世宗의 현덕顯德 3년(754)에 화산華山에서 은거하던 진박에게 조서를 내려 비승황백飛升黃白의 술術 다시 말해 우화등선羽化登仙하는 방법을 묻는다. "천자는 천하를 편안히 하는 데 힘써야 합니다. 이 방법으로 무엇을 하시려는 겁니까?"라고 답한다. 진박의 식견이 매우 높다. 수당에서 오대에 이르는 동안 도교가 건전해지는 과정을 거친 것은 이러한 도사가 있었기 때문이고, 동시에 불교에 생명이 있는 시대라는 것을 반영한다. 적국이 없으면 망하기 마련이다. 불교가 쇠약해진 뒤의 도교는 차마 눈 뜨고 볼 수가 없다. 진박은 송유를 일으킨 사상가의 일부로서 중요시된다. 『불조통기佛祖統記』제43에는 진박이 『역易』을 마의도자麻衣道者에게서 전수받고, 하도河圖와 낙서洛書의 비결[訣]을 전수받아 『역』의 신비[祕]를 발휘하는데 이전의 현자들이 밝히지 못했던 것이었으며, 다음과 같은 계보를 형성한다.

진박陳搏 → 충방种放 → 이개李漑 → 허견許堅 → 범악모范諤冒 →
유목劉牧

마의도자麻衣道者가 서술한 『정역심법正易心法』이란 것은 42장章이
다. 이치는 하늘과 사람을 다 아우르고 선대 유학자들의 잘못을 역력
히 비판한 것으로서 진박은 처음으로 이것에 주석한다. 하도河圖와 낙
서洛書의 『비결[訣]』이란 것은 "맨 위는 9이고 맨 아래는 1, 왼쪽 3에
오른쪽은 7, 2와 4는 어깨, 6과 8은 무릎, 가로세로 모두 15이며, 5가
가운데 위치한다[戴九履一, 左三右七, 二四爲肩, 六八爲膝, 縱橫皆十五, 而五
居其室]"라는 것으로서 진晉나라 때의 여러 유자들[諸儒]인 정강성鄭康
成, 경왕필京王弼, 한강백韓康伯 등은 모두 아직 알지 못한 것으로 여겨
진다. 유목은 사람의 지혜가 거짓으로 작용하지 않는다고 하며 처음
으로 『구은도鉤隱圖』를 만들어 이 내용을 서술했다고 한다. 그 비결이
란 것은 다음과 같은 것으로서 가로나 세로로 어떤 식이든 서로 합쳐
서 계산하면 모두 15가 된다.

4	9	2
3	5	7
8	1	6

『불조통기佛祖統記』에서는 이것에 관해서 하도河圖
의 의미는 원래 『역易』의 계사繫辭와 한나라의 『역위
易緯』에서 나왔으며 마포麻布(마의도자)가 그 이치[妙]
를 2천 년 후에 깨우친 것은 거의 하늘이 도운 것이라고 찬탄한다. 그
리고 『통기統記』에서는 『상산야록湘山野錄』을 인용하며 진박이 스승
으로 섬긴 노승老僧인 마의도자의 통찰력을 가늠해 보게 하는 삽화를

제시하고, 『통미지洞微志』를 인용하며 승려의 이름을 자합도자自閤道者 종예宗裔라고 한다. 아마도 실존 인물은 아니었을 것이다.

송나라 태종太宗시대(94)가 되면서 다시 그를 불러들여 희이선생希夷先生이라는 이름을 하사한다. 도장道藏 안에 그의 저서 1부部가 있다.

·『음진군환주가주陰眞君還舟歌註』.

진희이陳希夷의 명성은 도교가 유포된 범위 내에서 널리 퍼진다. 화산華山의 동굴에 가로누운 그의 석상이 있는 것은 그렇다고 해도 나는 산동山東 청주靑州 운문산雲門山의 석실에서 그의 석상을 보았다. 『금단정리대전서金丹正理大全書』 1부部를 베개 삼아 가로누워 있다. 명나라 숭정崇禎 갑술甲戌년에 조각한 것으로서 잘 만들어진 것은 아니다. 또 하남성河南省 녹읍현鹿邑縣 성城 안쪽에 있는 노자승선대老子昇仙臺의 바깥 문 위쪽에 "중묘지문衆妙之門"이라는 제목이 있고, 오른쪽 기둥에 "공자문례처孔子問禮處", 왼쪽 기둥에 "송진희이선생고리宋陳希彝先生故里"라는 제목이 있는 것을 보았다.

교권教權 확립시대

(송원명宋元明 전반前半)

제4장

1. 서언緒言

송나라 초기부터 명나라 만력萬曆 35년(1607)까지를 이제 교권教權
확립시대라고 이름 붙인다. 이 시대에서 도장道藏은 완성되고 종파宗
派는 분립한다. 유력한 도사로서 송대에는 진박陳摶이 있다. 여동빈呂洞
賓이 있다. 장자양張紫陽(?~1082)이 있다. 임영소林靈素(?~1171)가 있다.
백옥섬白玉蟾이 있다. 전진교全眞教의 교조教祖 왕철王嚞(1112~1107)이
있다. 원대에는 전진교의 구처기丘處機(1148~1227)가 있다. 대도교大道
教의 교조教祖 역희성酈希誠이 있다. 정일천사正一天師인 장종연張宗演

이 있다. 명대에는 도장을 찬수纂修한 장종초張宗初가 있다. 도장을 속입續入한 장국상張國祥이 있다. 유력한 이 도사들에 의해서 도교는 변천하며 발달한다. 남방 장자양의 30년 뒤에 왕철이 북방에서 나오고 동시에 후배 임영소가 있었다. 백 년 뒤에 구처기가 있었다. 이에 이르러 도교에 새로운 원기가 충만한다. 이와 같이 도교가 융성해진 것은 참으로 불교가 이교유둔離教流遁 즉 교教를 멀리하고 은둔하게 되었기 때문이다. 이교유둔은 아마 선禪의 유포에 따라 나타난 폐해다. 선의 유포는 사상적으로 『대범왕문불결의경大梵王問佛決疑經』과 같은 위경僞經 즉 가짜 경전을 출현시키고, 교회教會적으로는 교사教寺를 선사禪寺로 바꿔 버리며, 불교자는 점점 강론에서 멀어지게 된다. 『대범왕문불결의경』의 출현은 희녕希寧 10년(1077)의 일이다.

왕형공이 장산의 불혜천선사에게 다음과 같이 말한다. "세존이 꽃을 집어 들자 가섭이 미소 지었다는 일을 한원에 있을 때 우연히 『대범왕문불결의경』 3권에서 보았습니다. 이렇게 나와 있었습니다. 범왕이 영산의 모임에서 금색의 바라화를 부처에게 헌상하며 가르침을 청하자 세존은 자리에 올라 꽃을 집어 들어 대중에게 보여 주었다, 사람과 하늘 백만이 모두 어리둥절했는데 가섭만이 환하게 미소 지었다, 세존은 나의 정법안장과 열반묘심이 가섭에게 나누어졌다고 말씀하였다." (『계고략稽古略』에 수록된 『매계집梅溪集』)

꽃을 집어 들자 미소 지었다는 염화미소拈花微笑와 이심전심以心傳心 즉 마음으로 마음을 전한다는 설명의 전거로 삼는 점에서 이 경전의 등장은 시대가 얼마나 선禪으로 치닫는지를 보여 주는 하나의 증거다. 또 교사教寺를 선사禪寺로 바꿨다는 것은 다음의 기사로 검증된다. 사건은 원풍元豐 5년(1082)에 있었는데『정통正統』4에서는 원풍 3년으로 되어 있다. 아마 3년에 시작해 5년에 끝났을 것이다.

중사 양종정에게 조서를 내려 변경의 상국사 64원을 문 닫고 2선 8률로 만들게 한다. 원풍 경신년(3)에 시작하여 임술년(5) 가을에 마무리한다. 동서로 차례를 잡아 혜림과 지해라는 두 개의 큰 선찰이 된다. 항주 정자선사(절?)의 종본을 혜림에, 강주 여산 동림선사(절?)의 상총을 지해에 머물라고 조서를 내린다. 모두 이것을 사양한다.   (『정통正統』4)

선禪의 유포는 점점 폐해를 불러온다. 정화政和 연간에 천태종天台宗의 지용요연智涌了然(지용智涌이 호號)의 벗으로서 사명四明 지역의 반관般官이 된 조종지晁從之는 "강연이 점점 더 줄어들고 선종이 성행하며 손실이 더욱 심하다[講席益衰, 禪宗盛行, 其失尤甚]"라고 하며(『정통正統』), 휘종徽宗 때의 법도法道는 "석가의 가르침이 근본이고 달마의 말은 말단이다. 근본을 등지고 말단을 쫓으니 참으로 안타깝다[釋迦之教本也, 達磨之言末也. 背本逐末, 良可悲夫]"라고 하고, 또 비산계주飛山戒珠(?~1077)는『별전의別傳議』를 지어 선종의 분기分岐를 논하며, 철종哲宗 때 송나라에 온 의천義天(1055~1101)은 이것에 발문을 쓰며 다음과 같이 말한다.

심하다. 옛날의 선이 지금의 선과는 이름과 실제가 서로 멀다. 옛날의 이른바 선은 교를 바탕으로 익히는 선이다. 지금의 이른바 선은 교를 빼 버리고 말하는 선이다.

말뿐인 선은 이름에 집착하고 실질은 놓친다. 익히는 선은 설명에 기인해서 그 뜻을 얻는다. 지금 사람들이 속임수의 폐해를 바로잡도록 구제하여 옛 성인의 순정한 도를 회복하기로는 주공(비산계주)의 논변이 지극하다.

요즘에 요나라 황제가 유사에 조칙을 내려 의학사문 전효 등에게 경록을 재정비하라고 했다. 세상의 이른바『육조단경』이나『보림전』등이 모두 소각되는데 거짓되고 망령된 것을 없앤 것이다. 조례는 곧『중수정원속록』3권 중에 자세히 실려 있다.

우리 부처가 부촉한 마음을 알고서 제왕이 널리 알리고 보호하려는 의지가 있다.

세상의 중심 국가라고 하는 것에 비해 행해지는 선종의 장구가 이단으로 많이 흐른다. 이것은 해동의 인사들이 화하에는 인물이 없는 것 같다고 의심하는 이유다. 비산의 높은 논의를 보고서야 호법보살이 있음을 알았다.

앞서 왕의 뜻을 받들어 여러모로 다듬어 간행했지만 아직 널리 유통되지 못했을까 걱정되어 부지런히 이것을 출판할 것이다. 아! 백세 뒤에 말법에 붙들려 있는 사람이라면 어찌 주공의 힘에 의지하지 않겠는가. (『정통正統』8)

이로써 선禪과 교敎의 분리가 불교를 침체시켰다는 것을 알아야 하고, 또 이 시대에『육조단경六祖壇經』과『보림전寶林傳』등 선종의 전적이 거란[契丹]에서 위작僞作으로 간주되었음을 가늠해 볼 수 있다.『보림전』은『경덕전등록景德傳燈錄』의 원본이라고 한다. 선가禪家의 이러한 이교배본離敎背本 즉 교를 떠나 근본을 등진 일이 궁극에 도달한 결과로서 여기서 반동이 생긴다. 반동에는 내외 양면이 있다. 내적인 반동은 선가 안에서 발생한 것으로서 백운채白雲菜나 백련채白蓮菜와 같은 운동이 이것이다. 외적인 반동은 선을 끌어들인 신도교新道敎의 발흥 및 선을 통해 불교와 접촉했기 때문에 교리적으로 크게 발전한 신유교新儒敎의 건설이 이것이다. 백운채의 주창자는 청각淸覺으로서 불교 중심지의 하나인 항주杭州 서호西湖에서 그 기치를 올렸다. 선을 끌어들인 신도교의 주창자는 왕철王嚞로서 산동山東에서 활동한다. 전진교全眞敎 또는 금련종金蓮宗이라고 부르는 것이 이것이다. 신유교는 주자朱子와 육자陸子에 의해서 더욱더 발전의 극에 달하며, 불교를 가미함으로써 교리상으로 큰 조직을 추가하여 선종의 본원지인 강서江西에서 일어난다. 내부 운동은 결국 실패로 끝나지만 신도교의 발흥과 신유교의 건설은 마침내 불교에 치명적인 타격을 입히게 된다.

백운채白雲菜

백운채 또는 백운종白雲宗에 관해서 명료한 기사를 남긴 것은 『석문정통釋門正統』 4이며, 『불조통기佛祖統記』는 대관大觀 2년(1108) 부분에서 이것을 인용한다.

서경 보웅사의 승려 공청각은 노나라 성인 즉 공자의 후예라고 일컫는다. 항주의 백운암에 머물며, 불경을 모방해서 4과와 10지를 설정하여 대승과 소승을 구분하고, 여러 편의 글을 지어서 일반에 전파한다. 이것을 따르는 사람들이 백운화상이라 부르고 그 무리들을 백운채라고 하거나 또 십지채라고도 부른다.

그 주장은 오로지 선종을 배척한다. 해각우선사가 그것의 거짓됨을 힘써 논하고 은주 지역으로 추방한다.

종감은 다음과 같이 말한다. 백운의 무리들이 거의 백련과 서로 섞였다. 처자식이 없다는 것이 특히 다를 뿐이다. 사람들이 새벽과 저녁에 그들이 읊조리며 법보에 공양하고 몸소 경작하며 생활하는 것을 보고서 공경할 만한 것 같다고 한다. 그러나 어리석고 허풍 떠는 말을 살펴보면 정도를 망령되게 가로막는다. 따라서 식자들이 당연히 매우 싫어하고 힘써 배척해야 한다.

『계고략稽古略』에는 다른 전기가 있다. 선화宣和 3년(1121) 부분에서 다음과 같이 말한다.

항주 영은사 방장의 뒷산 암자에 청각이라는 비구가 있었다. 스스로 본연이라고 불렀다. 경력 3년(1034)에 낙경 등봉현의 공씨에게서 태어났고 선니(공자)의 52세손이다. 아버지인 흔訢은 진사였다. 청각은 어려서부터 남달리 뛰어났고 유학을 익혔다.

희녕 2년(1069)에 『법화경』을 읽고 깨달은 바가 있어서 해주 용문산 보응사의 해혜대사에게 출가하여 삭발한다. 가주 아미산의 천세화상에게 참여하고, 서주 부산에서 23년간 좌선한다. 원주 8년(1093)에 항주로 옮겨서 여항 용문산의 전당육화탑 개화사에 머물다가 나중에는 자운암에 머문다. 도인들과 속인들이 정제사에서 『화엄경』을 듣는데 당시에는 교敎가 훼손되어서 『증종론』, 『삼교론』, 『십지가』를 저술한다. 대관 원년(1107)에 호주로 옮긴다. 그를 싫어하는 사람들이 『증종론』이 조정을 거스른다고 하여 정화 6년(1116)에 광남 사주 지역으로 유배시킨다. 선화 2년(1120)에 제자 정포 등 10인이 유배에서 풀어 달라고 상주하며 3년에 풀려난다. 79세였다. 그 종파가 마침내 절우 지역에서 일어났다.

『정통正統』은 "그 주장이 오로지 선종을 배척한다"라고 하고, 『계고稽古』는 "당시에 교敎가 훼손되어서 『증종론』 등을 저술했다"라고 한다. 선종이 교를 배척하고 오직 선禪으로 치달은 데 대한 반동이라는 것은 명백하다. 저술은 『증종론』, 『삼교론』, 『십지가』로서 그중에 『증종론』은 일본의 『천해장天海藏』에서 수록하고 있다. "4과와 10지를 설정하여 대승과 소승을 구분했다"라고 한 것을 볼 때 교의적 설정이었음을 알 수 있다. 이것을 평가하여 4과를 논하더라도 개권현실開權顯實 즉 방편을 통해 진실을 드러내는 데는 어둡고, 10지를 논하더라도 통별원通別圓 즉 통하는 것과 별개의 것과 원만한 것 등으로 구분되는 가르침의 차이를 알지 못하며, 교관教觀으로 돌아가지 못해서 도리어 마설魔說이 된다고 하고, 혹은 "어리석고 허풍 떠는 말을 살펴보면 정도를 망령되게 가로막는다. 따라서 식자들이 당연히 매우 싫어하고 힘써 배척해야 한다"라고 말한 것은 아마 반대자의 말이다. 처자식이 없고, 예배와 공양을 중시하며, 몸소 경작하여 자활했다면 법法에서 멀어진 선가禪家의 폐해를 법 중심의 실행을 통해 구제하려고 한 것이다. 이에 대해서 해각우海覺愚선사가 그것의 거짓됨을 힘써 논했고, 또 『증종론』이 조정을 거스른다고 말한 사람이 있었다. 그 때문에 은주恩州 지역으로 유배되었다거나 혹은 광남廣南의 사주思州 지역으로 유배당했다고 한다. 선가로부터 배척당했다는 것이다. 그런데 그의 종파는 백운채白雲菜라고 불리며 절우浙右에서 일어난다. 그의 저술 중 하나가 일본의 『천해장』 안에 보존되어 있는 것은 불가사의한 인연이다.

백련채白蓮菜

소흥 초(1131)에 오군 연상원延祥院의 사문 모자원은 일찍이 북선의 범법주회 밑에서 배웠다. 천태를 모방하여 『원융사토도』, 『신조예참문』, 『게가사구』, 『불념오성』을 만들어 내서 남녀가 다 같이 정업을 닦도록 권장한다. 백련도사라고 일컬었고 그 무리들을 백련채라고 부른다. 사람들은 또 여모도리채라고도 부른다. 유사에서 어떤 논자가 마귀를 섬긴다는 죄를 씌워 강주 지역으로 유배시킨다.

나중에 소모도리가 남은 무리들을 다시 모으는데 다만 그들의 견해를 보면 자원에게 미치지 못한다. 또 흰옷을 반복해서 전수하며, 잘못된 것이 없지 않고, 오직 부지런히 보호하며 살라는 하나의 규칙뿐이다.

(『정통正統』 4, 척위지斥僞志 조목 아래)

백련채의 주의主義는 "다 같이 정업을 닦는다"에 있으므로 염불결사임을 알 수 있고, "천태를 모방하여 『원융사토도』 등을 만들어 냈다"라고 하므로 선가禪家와는 멀고 교종敎宗에 접근한다는 것을 알 수 있다. 교회敎會는 여러 남녀로 구성되고, 흰옷을 전수해 주면서 결국은 보호하며 살라는 하나의 규칙을 지키는 것으로 끝난다. 이것에 대해서 "마귀를 섬긴다는 죄"를 따진 사람이 있었다. 강주 지역으로 유배된 것은 아마도 가고 싶던 여산廬山으로 들어가게 되었던 것이다.

2. 송대宋代의 도교

송대는 바야흐로 삼교三敎가 교전交戰하는 시대다. 불교는 당대唐代에 우월한 위치를 차지하고, 때로는 폐불 사건을 조우했지만 한층 확실히 지위를 점유하며 송대에 이르고, 유교는 교리 조직을 점차로 건설해서 이윽고 대성하며, 이어서 도교도 형식을 갖춰 발흥하면서 불

교는 점차 세력이 약해지기 시작하고 유교와 도교는 점차 왕성해지는
데 차이가 있기는 하지만 정족鼎足의 세력이 참으로 나타났다. 송나라
초기 건륭建隆 2년(961)에 당나라 초기부터 관례였던 성탄聖誕일의 삼
교강론을 폐지한 것은 이 강론이 점점 형식화되었기 때문으로서 이것
을 없앤 것이 동시에 교도들의 정신을 이완시키는 원인이 되었지만
송대의 삼교는 교회상에서도 교리상에서도 서로 절차切磋하며 서로
발전하는 상태였다. 건덕乾德 4년(966)에 하남부河南府의 진사進士인 이
애李藹는『멸사집滅邪集』을 찬술하여 불교를 비방하다가 칙명에 의해
사문도沙門島로 유배되기도 한다. 개보開寶 5년(972)에 이르러 승선도
후僧先道後 즉 승려가 먼저이고 도사가 다음이라는 자리 배치를 결정
한 것은 오랫동안 논쟁의 계기가 되었던 일이 여기에 와서 불교 우위
로 결정난 것이다. 당시 오월왕吳越王 전숙錢俶은 영명연수永明延壽가
새로이 만든『종경록宗鏡錄』에 서문을 쓰며 다음과 같이 말한다.

유교는 나의 스승이고, 도교는 유교의 스승이며, 불교는 도교의 스승이다.

아마 당시 학계의 정론定論을 대표한 것이다. 순화淳化 원년(990)에
참정參政인 소이간蘇易簡(958~997)은 칙명에 의해『삼교성현사적三敎聖
賢事跡』을 찬술한다. 그때 승통僧統인 찬녕贊寧과 도사道士인 한덕순韓
德純이 이 일에 참여한다. 이것은 삼교 간의 협조를 보여 주는 증거다.
때때로 흥망이 있었다. 진종眞宗 때가 되면 왕흠약이나 장군방 같은
인물이 출현하여 도교는 활발해진다. 진종은 즉위 초『숭석론崇釋論』
을 찬술하여 불교의 계율이 주공, 공자, 순자, 맹자[周孔荀孟]와 자취가

다르지만 도道가 같다고 논하는데, 나중에는 신선도가神仙道家의 술術을 좋아해서 대중상부大中祥符 2년(1009)에 각지에 천경관天慶觀을 설치하고, 함평咸平 원년(998)에는 헌원軒轅을 성조聖祖로 삼아 특별히 호천옥황상제昊天玉皇上帝라 했으며, 대중상부 5년(1012)이 되면 노자를 존숭하여 태상노군혼원상덕황제太上老君混元上德皇帝라 하고 천존天尊을 존숭하여 성조상령고도구천사명보생천존대제聖祖上靈高道九天司命保生天尊大帝라고 칭송한다(『설숭說嵩』 참조). 대중상부 연간에 장군방에게 칙명을 내려 도서道書 약 2,100권을 수집하게 한다. 『불조통기佛祖統記』48에서 "『도장』을 일으키다[興道藏]"라고 한 것은 이것을 말한다. 인종仁宗과 신종神宗 때의 유교 학자 중에 구양수, 주무숙, 장횡거, 정명도, 정이천이 있다. 유교도들의 배불사상이 크게 일어난다. 진종시대에 이르러 도교가 발흥한 것은 왕흠약과 장군방의 힘에 의해서다.

① 왕흠약王欽若

왕흠약은 진종眞宗(재위 998~1022)[13] 때의 추밀樞密이었다. 도교의 흥륭과 관련해 중요한 사람이다. 대중상부大中祥符 8년(1015)에 조칙을 내려 도교와 불교의 장경藏經 중에서 서로 헐뜯는 것들을 제거하도록 한다. 왕흠약은 『화호경化胡經』이 옛 성인의 남긴 자취로서 제거해서는 안 된다고 말한다. 이 사실은 『화호경』이 당나라 고종高宗, 측천무후則天武后, 중종中宗에 걸쳐 역대로 금지되었음에도 불구하고 여전

13 　역주　이 부분은 저본 668쪽이다. 그런데 현재 일반적으로 알려진 진종(眞宗)의 재위 기간은 997~1022년이다.

히 도교도들 사이에서 유행했다는 것을 알게 해 준다. 왕흠약은 조칙에 따라『나천초의羅天醮儀』10권을 평정評定하고 이것을 천하에 반포하며, 천희天禧 3년(1019)에는 대안전大安殿에 재초齋醮 즉 일종의 제단祭壇을 세우고 위에서 몸소 내려다본다. 나천초羅天醮란 국가를 위해 만든 상삼단上三壇 중에 하下에 속하는 것이다.[14]

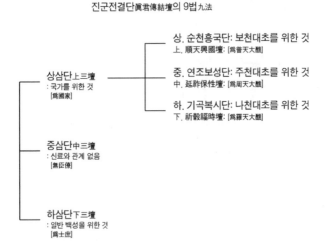

진군전결단眞君傳結壇의 9법九法

상삼단上三壇
: 국가를 위한 것
[爲國家]

상. 순천흥국단: 보천대초를 위한 것
上. 順天興國壇: [爲普天大醮]

중. 연조보성단: 주천대초를 위한 것
中. 延祚保性壇: [爲周天大醮]

하. 기곡복시단: 나천대초를 위한 것
下. 祈穀福時壇: [爲羅天大醮]

중삼단中三壇
: 신료와 관계 없음
[無臣僚]

하삼단下三壇
: 일반 백성을 위한 것
[爲士庶]

② 장군방張君房

장군방은 진종眞宗 때 사람이고, 조봉랑상서탁지원외랑집집교리사배어대차자朝奉郎尙書度支員外郞集集較理賜俳魚袋借紫였다.『운급칠첨雲

笈七籤』의 편찬자다. 칙명에 따라 도서道書 약 2,500권을 수집했다는 것이 바로 이것이다. 도장道藏의 기초는 장군방이 다져 놓았다. 그의 저서로서 도장 중에 수록된 것은 1부部가 있다. 『선적어론요기仙籍語論要記』가 그것이다.

휘종徽宗 때 도교를 편들며 불교를 압박한 일이 여러 번이다. 먼저 천하의 사원寺院에서 삼교상三教像의 배사配祀를 금지하고, 도사를 승려의 상위에 두고, 불교의 장경藏經 6천 권 중 도교와 유교를 헐뜯는 것들을 도록원道籙院에서 감별하여 폐기하고, 마침내 사寺, 주지住持, 불佛, 보살菩薩, 승僧, 니尼라는 명칭까지 고치는 등 불교와 도교의 위치가 바야흐로 전도된 듯하다. 이렇게 된 것은 처음에는 서지상徐知常의 힘이었고 나중에는 임영소林靈素의 힘이었다. 서지상에 의해서 도계道階(26등급), 도관道官(16등급), 도직道職(11등급)이 설정된다. 임영소에 의해 천하의 사원이 거의 도교화되기에 이른다. 일시적인 일이었다고 하더라도 유문儒門 사이에서 배불排佛사상이 발흥하는 때를 맞이하여 도교도道教徒 중에서 불사佛寺를 도교화하려고 계획한 일이 불교에게는 큰 고통이 아닐 수 없었다. 임영소가 휘종의 마음을 얻은 것은 천신이 강림한다는 천신강림설天神降臨說 때문이다. 이 설說은 당시의 도사 왕노지王老志에게서 단초가 열리고 임영소에 의해서 조장된 것이다. 그 설에서는 다음과 같이 말한다.

천상에 신소옥청부神霄玉清府가 있고, 장생제군長生帝君이 그곳의 주인이며, 좌원선백左元仙伯과 나란히 서벌선리저혜書罰仙吏褚惠 등 800여 관리가 있다. 현전하는 제왕은 장생대제이다. 재상인 채경蔡京은 좌원선백이다. 임영소는 저혜이다.

제왕은 크게 기뻐하며 스스로 교주도궁황제教主道君皇帝라 부르고, 천하의 대사大寺를 신소옥청만수궁神霄玉淸萬壽宮으로 삼으며, 원院을 관觀으로 만들어 장생제군의 상像을 설치하고, 도학과道學科를 설치한다. 제왕은 중화中華가 금적金狄 즉 금나라 오랑캐에게 난리를 당하는 것을 고민하며, 천하를 정도正道로 돌아가게 하기 위해 인주人主로서 강림한 상제上帝의 원자元子로 자임하게 된다. 아마도 어려움에 처한 나라의 사정이 낳은 미신이다. 임영소의 저술로서 도장道藏 중에 다음과 같은 1부部가 수록되어 있다.

· 『영보령교제도전서靈寶領敎濟度全書』320권.

전부 의례儀禮적인 것이지만 학자로서도 그는 상당한 인물이었던 것이다. 제왕이 추가해 준 가칭嘉稱은 통미고사개광구고진인녕전진수영보통현홍교수남선생洞微高士開光救苦眞人寶全眞授靈寶通玄弘敎水南先生이다. 임영소는 궁중에서 『도덕경道德經』을 강론하며, 그리고 휘종徽宗 황제에게 『도덕경』 주소註疏가 있는데 그것을 천하에 퍼뜨린다. 제왕에게는 다음과 같이 『도덕경』 및 그 밖의 것에 대한 주注가 있다.

· 『어해도덕경御解道德經』 4권: 내용은 『장莊』과 『역易』의 말을 많이 인용함.
· 『도덕진경소의道德眞經疏義』 14권: 휘종徽宗 주注, 왕징汪徵 소疏.

- 『충허지덕진경의해沖虛至德眞經義解』6권.
- 『영보무량도인상품묘경부도靈寶無量度人上品妙經符圖』3권.
- 『어제서승경御製西昇經』39장章.

휘종徽宗 때(1122) 서거한 장무진張無盡은 『식쟁론息諍論』을 서술하여 도가의 천설天說이 불교에서 탈바꿈했다고 말하고, 또 『호법론護法論』을 찬술하여 유교에 대해 불교를 드높였지만 나아가 다음과 같은 도교적인 저술이 있다. 이로써 시대적 풍조를 알 만하다.

- 『금록재삼통찬영의金籙齋三洞讚詠儀』3권, 봉칙찬奉勅撰.
- 『금록재투간의金籙齋投簡儀』1권.
- 『황석공소서黃石公素書』1권: 상유도덕치국지행上有道德治國之行, 중유전신보명지술中有全身保命之術, 차유패업광방지리次有霸業匡邦之理.
- 『삼재정위도三才定位圖』.

3. 송대宋代의 도사道士

송대의 중요한 도사는 여동빈, 장자양, 백옥섬, 왕중양 등이다.

① 여동빈呂洞賓

여동빈은 송나라 초기의 인물이고 이름은 암嵓, 호號는 순양자純陽子이다. 여조呂祖가 바로 그다. 『송사宋史』457에서 진박에게 부수되어 전해진다. 도장道藏 중에 여조에게 속하는 것은 많지 않다.

- 『순양여진인약석제純陽呂眞人藥石製』 1권.
- 『순양진인혼성집純陽眞人渾成集』 1권.
- 『여제문집呂帝文集』.
- 『여제성적기요呂帝聖蹟紀要』.

 전진교全眞敎의 교조敎祖 왕철이 여동빈에게서 득도했다는 말이 있
은 이후 도교 중에서 매우 중요한 조사祖師가 된다. 전진교도全眞敎徒
는 불교를 모방하여 남과 북의 두 종파[二宗]로 나누고 두 종파가 모두

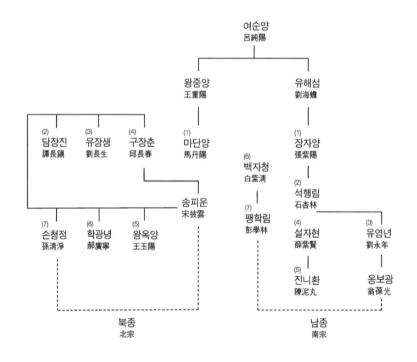

7진인眞人을 설정한다. 남종南宗의 제1조祖는 장자양이고, 북종北宗의 조는 왕중양(왕철)이다. 모두 여조로부터 갈라진 두 파派로 여겨진다. 그리고 『여조전서呂祖全書』가 보급되면서 동시에 여조묘呂祖廟 즉 여조를 모시는 사당이 천하에 널리 퍼진다. 남북 이종二宗의 진인 및 계보는 다음과 같다. 남종의 7진眞은 이시異時 즉 시대가 다르고, 북종의 7진은 동시이다.

② 장자양張紫陽(백단白端)

장자양은 태주台州 사람이며, 천태진인天台眞人이라고 부른다. 원풍元豊 5년(1082)에 선화仙化한다. 그가 지은 『오진편悟眞編』은 대부大部는 아니지만 즉 많은 분량은 아니지만 도교의 교의敎義상에서 중요한 위치를 갖는다. 이것에 대한 옹보광翁葆光의 『주소註疏』 8권, 옹보광의 『주석注釋』 3권, 설도광薛道光 및 육서陸墅와 진치허陳致虛의 『삼주三註』 5권, 하종우夏宗禹의 『강講』 7권이 있다. 그 밖에 다음과 같은 저술이 있다.

- 『금책사백자金冊四百字』.
- 『옥청금사청화비문전보단연단결玉淸金笥靑華秘文全寶丹煉丹訣』 3권.

전진교도는 원대에 이르러 불교를 본떠 남북南北 이종二宗을 구분하는데 장자양은 남종南宗의 조사祖師로서 북종北宗의 왕철과 견줄 만한 위치를 갖는다.[15]

③ 갈장경葛長庚(백옥섬白玉蟾=백자청白紫淸)

갈장경은 백옥섬이라고 부르며, 남송 영종寧宗의 가정嘉靖 중(1209~
1224)에 조정의 부름을 받는다. 진취허陳翠虛(진현미陳顯微, 벽허자碧虛
子와 동일 인물)를 섬기며, 졸후卒後에는 자청명도진인紫淸明道眞人에 봉
封해진다. 도장道藏 중에 다음과 같은 저술이 있다.

- 『백진인문집白眞人文集』 28권: 『수진십서修眞十書』 64권 중 28~55.
- 『해경백진인어록海瓊白眞人語錄』 4권: 도법의 정미를 논함[論道法精微].
- 『해경문제집海瓊問題集』: 성명의 진기를 드러냄[露性命眞機].
- 『해경전도집海瓊傳道集』: 내금단과 신보약물 등의 도식[內金丹神
  寶藥物等圖].
- 『태상노군설상정경太上老君說常淨經』(백옥섬白玉蟾 분장分章 정오正
  誤, 왕원휘王元暉 주註).
- 『뇌정옥추보경집주雷霆玉樞寶經集註』 1권.

---

15 장자양의 유적지는 태주현의 북쪽 60지리[台州縣北六十支里]의 백보령(百步嶺)에 있다. 저
  자는 1922년 10월에 천태산을 방문하려고 백보령을 지나간다. 영(嶺) 위에 당당하게 묘(廟)
  가 있고, 묘 옆에 대(臺)가 있고, 대 옆에 큰 나무가 있다. 그 상황이 심상치 않다. 이것을 조
  사해 보면 옹정(雍正)의 칙명으로 건립한 자양도원(紫陽道院)이다. 원(院) 앞의 대 위에 중
  수자양선단화신처(重修紫陽仙壇化身處)라고 새겨진 비석이 있다. 이것은 자양(紫陽)이 여
  기서 선화했음을 보여 주는 것이다. 원내(院內)에는 옹정어비(雍正御碑)가 있고, 선불일원
  (仙佛一源)의 뜻을 말하고 있다. 이것은 자양의 사상이다. 자양이 이 사상을 갖게 된 것은 태
  주(台州)에서 태어나 오래전 천태대사(天台大師, 538~597)가 포괄적으로 개회한 불교를 동
  경했기 때문인데, 이러한 사상을 형성한 것은 아마 시대와 지역의 영향이다. 원내에는 어비
  (御碑) 외에 파연남종(派演南宗)이라고 새겨진 비석이 있다. 역주 이 내용은 저본 677쪽 9째
  줄~15째 줄까지, 본문 중에서 들여쓰기하여 기술하고 있는 내용이다. 요즘의 글 형식에 맞
  춰 각주로 처리했다.

• 『금화충벽단경비지金華冲碧丹經秘旨』 2권(상권上卷 백옥섬白玉蟾 수
  授, 하권下卷 난원백蘭元白 수授).

④ 왕중양王重陽(1112~1170)

왕중양의 사적事蹟이 기재된 것은 매우 많지만 그중에서 『금석췌편
金石萃編』 제518에 기재된 주질현盩厔縣에 있는 종남산신선중양자왕
진인전진교조비終南山神仙重陽子王眞人全眞教祖碑를 기초로 삼아야 한
다. 전금前金의 황숙皇叔 김원숙金源璹이 찬찬撰撰한 보진현정대사전제로
도교제거이도겸서葆眞玄靜大師前諸路道教提擧李道謙書이다. 중양이 금나
라 대정大定 10년(1170)에 56세로 선화仙化한 뒤 56년이 지나 법손法孫
인 이지원李志源과 우선경于善慶 두 사람이 글을 원숙에게 부탁하고 그
뒤 50년이 지나 원나라 지원至元 12년(1275)인 을해乙亥에 이르러 고도
관高道寬, 신지신申志信, 장지열張志悅에 의해 이 비碑가 세워진 것이라
면 중양의 선화 뒤 106년이 되지만 찬문자撰文者 즉 글을 지은 사람이
황숙이고 서자書者 즉 기록한 사람이 이도겸李道謙이라는 점에서 가장
믿을 만하기에 충분하다. 이제 이 비문碑文을 기초로 하고 다른 여러
글들을 참작해 보면 왕중양의 사적은 대개 다음과 같다.

왕철王嚞 또는 왕철王喆이고, 자字는 지명知明 또는 덕성德成이며, 중
양重陽은 호號다. 출생지는 함양현咸陽縣 대위촌大魏村이고, 집안이 풍
족해서 곡식을 가난한 사람들에게 빌려주었는데 이 혜택을 받은 사람
들이 절반이었다. 진사進士가 되려고 과거시험을 준비했고, 또 무략武
略에도 뛰어났다. 가재家財를 털어 도적들을 돌봐 줬기 때문에 그들의
존경을 받게 되어 함양咸陽과 예천醴泉 두 고을은 안정될 수 있었다.

종남終南의 유장촌劉蔣村에서 다른 일을 시작하여 여기서 머물지만 집안일을 내팽개쳐 두었음에도 불구하고 반쯤 술에 취해 지내며 예전의 방거사(방온龐蘊)는 지금의 왕해풍(왕중양)과 같다[昔日龐居士, 如今王害風]라고 말한다. 그의 종교적 인격이 일변한 것은 종남현終南縣 감하진甘河鎭에서 정륭正隆 4년(1159)에 두 명의 기이한 사람을 만나 처자식을 뒤로하고 출가하여 중양자重陽子라고 부른 데서 시작한다. 이 두 명의 기이한 사람은 여순양呂純陽과 유해섬劉海蟾이라는 두 선인仙人의 화신化身으로 간주되며, 중양은 이때 여순양에게서 수선구결修仙口訣을 전수받았다고 한다. 원대에 이 지역에 우선궁遇仙宮이 창설된다. 대정大定 원년(1161)에 이르러 종남현 남시촌南時村에서 동굴 생활을 하며 활사인묘活死人墓라고 부른다. 원대에 이곳에 성도궁成道宮을 세운다. 대정 3년(1163)에 동굴 생활에서 벗어나 종남현 유장촌劉蔣村에 초막을 지었다가 대정 7년(1167)에 그 초막을 불태워 버리며 미친 듯이 춤을 춘다. 원대에 이곳에 대중양만수궁大重陽萬壽宮을 세운다. 동쪽에 인연이 있어 그해에 동쪽으로 가서 먼저 변량汴梁 지역 왕씨王氏의 여저旅邸 즉 여관 같은 숙소에서 교화하며 인도한다. 원대에 여기에 대조원만수궁大朝元萬壽宮을 세운다. 그 교세를 크게 확장해서 전진당全眞堂을 건립하는데 산동山東 영해주寧海州(지금의 모평현牟平縣)의 군호群豪인 마종의馬從義의 남원南園 및 곤륜산崑崙山에서다. 곤륜산은 영해주의 동남쪽에 있다. 중양은 마종의에게 법法을 전수하며 그의 이름을 옥鈺으로 고치고 단양丹陽이라는 호號를 붙였다. 담담(담장진譚長鎭)과 구丘(구장춘邱長春) 두 사람이 와서 따랐다. 문등文登 지역에 삼교칠보회三敎七寶會를 세우고, 9년에는 영해寧海 지역의 주백통周伯通에게 초대받아 삼교금련회三敎金蓮會를 세우고, 이어서 복산현福山縣에 삼교삼광회三敎三光會를 세우고, 등주登州 지역에 삼교옥련회三敎玉蓮會를 세우고, 내주萊州 지역에서 삼교평등회三敎平等會를 일으킨다. 모임[會]을 만들면서 반드시 삼교三敎라는 이름을 붙이고, 찾아와 따르는 많은 사람 중에서 오직 유劉(유장생劉長生)만을 받아들인다. 이 네 사람이 세상에서 흔히 말하는 구丘, 유劉, 담譚, 마馬이다. 그 후 영해의 도중에서 왕王(왕옥양王玉陽)을 교화하고, 영해주에서 학郝을 교화하고, 또 마馬의 아내인 손孫도 입도入道함으로써 이에 사철삼대사四哲三大士가 있게 된다. 나중에 7진인眞人으로 불리는 사람들이 이들이다. 중양은 4인人을 이끌고 대량자왕大梁磁王의 집으로 들어가며, 세제歲除 즉 섣달그믐날 밤에 사람들에게 작별을 알리고 우화羽化한다.

비문碑文은 중양을 일컬어 "태상노자의 무위진상한 도에 머물다[居太上老子無爲眞常之道]"라 하고, 또 "선생은 어쩌면 자사와 달마의 무리인가? 충허하고 명묘하며 적정하고 원융해서 오로지 하나의 가르침에만 머물지는 않았다고 보기에 충분하다[先生者盖子思達磨之徒歟? 足見其冲虛明妙, 寂靜圓融, 不獨居一敎也]"라고 말한다. 그가 사람들을 인도할 때 처음에는 『효경孝經』과 『도덕경道德經』으로 하고 나중에는 『반야경般若經』과 『상청정경常淸淨經』으로 한다. 그가 가르침을 세운 근본이 도道, 불佛, 유儒 삼교三敎의 조화에 있음을 알게 해 준다. 모임[會]을 설립하여 법法을 말하면서 반드시 삼교를 내세운 것은 이 때문이다. 스스로 거처에 이름 붙이기를 혹은 전진全眞이라 하고 혹은 금련金蓮이라 하기 때문에, 그의 교화에 대해서는 전진교全眞敎라 하거나 혹은 금련정종金蓮正宗이라고 한다. 전진은 환망幻妄을 물리치고 오직 그 진실[眞]을 완전히[全] 한다는 말이다. 그의 저술로서 도장道藏 중에 수록된 것이 몇 부部 있다.

- 『분리십화집分梨十化集』 2권: 이것은 마단양 부부를 출가시켜 도교에 귀의하게 만든 것인데, 현담玄談과 묘리妙理를 전해 줬던 것으로서 안에는 천당天堂, 지옥地獄, 십범十犯과 대계大戒 등의 내용이 있다.
- 『교화집教化集』3권.
- 『도광집韜光集』.
- 『운중집雲中集』.
- 『전진집全眞集』.
- 『입교십오론立教十五論』.

입교立教의 대지大旨 즉 가르침을 세운 대의는 『입교십오론立教十五論』 안에서 보인다. 『십오론十五論』이라고 한 것은 주암住庵, 운유雲遊 등 15장章으로 구성되었기 때문이다. 그 중심은 선정禪定을 통해 노장의 연정淵靜을 실현하고, 여기서 견성見性하고 득명得命하는 데 있다. 교의教義로서는 매우 간명하다. 사실 이것이 실제 수행에서 구제救濟의 복음福音일 수 있었던 이유다. 그는 이상理想 실현의 방법으로 여겨진 타좌打坐에 관해서 가좌假坐와 진좌眞坐를 구분하고서 이것을 다음과 같이 정의한다.

타좌 즉 좌법 수행은 형체를 단정히 하는 것을 말하는 것이 아니다. 그윽하게 눈을 감는 것 이것은 가좌 즉 임시적 좌법이다. 진좌 즉 진짜 좌법 수행은 마땅히 12시진 즉 온종일이 걸린다. 머물러 있고 걸어 다니고 앉고 눕고 등 모든 움직임과 고요함의 중간에서 마음은 태산처럼 동요하지 않고 눈, 귀, 코, 입 네 개의 문을 틀어막고 바깥 경치를 안으로 들이지 않는다. 단지 실오라기만큼의 동정과 사념이 있다면 정좌라고 하지 않는다.

이것은 곧 보통의 선정禪定으로부터 들어가서 어묵동정語默動靜 즉 말하거나 침묵하거나 움직이거나 움직이지 않을 때가 모두 선禪인 지극한 경지로 나아가 이윽고 평상심시도平常心是道 즉 일상의 마음이 바로 도道인 영역에 도달하기를 기대하는 것으로서 그 방법은 선정에 있게 된다. 형체를 단정히 하다라거나 그윽하게 눈을 감다라는 말 속에서 불교의 선정법禪定法이 채용되고 있음을 보게 된다. 이후 전진교全眞敎는 선정과 두타행頭陀行을 중요시하고, 부적[符]이나 주문[咒] 같은 술수를 배척하는데 그중 구장춘의 도계道系인 용문일파龍門一派의 경우는 정좌고행靜坐苦行상에서 불교를 넘어섰다고 한다. 남송시대는 선禪의 폐해가 분명해질 정도로 불교 전체가 선이 되며, 이 풍조 속에서 신유교新儒敎를 창도한 주周, 정程 이하 육陸, 주朱 모두 선을 닦는다. 주자朱子와 동시인 왕철이 선을 채용하여 자기의 수도修道 방법에 바친 것도 당연하다. 전진교의 근본은 완전히 이 선정 위에 서 있으며, 그리고 수선修禪 즉 선을 닦는 일은 전진교도全眞敎徒를 정화淨化한다. 이 정화에 수반하여 실행된 생활은 교세를 매우 발전시켰다. 오늘날 여전히 수선의 풍채를 전하는 북경北京 백운관白雲觀의 도사는 정해진 날에 종일토록 단정히 한 채 조금도 자세를 바꾸지 않는다고 한다. 요컨대 수선을 통해 도교를 정화시켰던 것이다.

그는 수선修禪을 통해 성역聖域에 들어가기를 기대하고, 그 도정道程을 엄숙한 생활에서 추구한다.

성역에 들어가는 길은 마땅히 여러 해 동안 애써 뜻을 다지며 공적을 쌓고 수행을 거듭해야 한다.　　　　　　　　　　　　　　　　　　　　　(「성도장聖道章」)

이것은 자기가 실행한다는 것이다. 성역聖域이란 천지와 일체가 되는 것으로서 결코 불사승선不死昇仙 즉 죽지 않고 신선이 된다는 것을 의미하지 않는다. 바로 전진교가 다른 도교보다 두각을 나타내는 이유다. 성역에 관해서 다음과 같이 말한다.

몸은 하나의 집 안에 있지만 본성은 하늘과 땅에 가득 찬다. 너른 하늘의 성중들이 말없이 보호하고 지키며, 무극의 선군들이 고요히 둘러싸고 있다. … 형체는 티끌 속에 의탁하지만 마음은 이미 사물 바깥에 대해서 밝다.　　　　　　　　　　　　　　　　　　　　　　　　　　(「성도장聖道章」)

그는 득도得道의 경지를 법신法身이라고 부른다. 견성見性과 득진得眞이란 이 법신을 얻는다는 말이다. 도교 본래의 것인 불사등선不死登仙의 이상理想이 그를 통해 법신이 된 것은 전무후무한 약진이다. 그의 도교는 종래의 도교와 성질이 다르다고 하지 않을 수 없다.

법신은 형상이 없다. … 작용하면 통하지 않는 곳이 없고, 잠잠하면 조용하여 자취가 없다. 만약 이 도道를 얻으면 이것을 올바르게 길러야 한다. 많이 기르면 공적이 많고, 적게 기르면 공적이 적다.

돌아가기를 원하면 안 되고 세상을 연모해서도 안 되니 가거나 머무는 것은 스스로 그러하다.　　　　　　　　　　　　　　　（「양신지법장養身之法章」）

여기에 이르러 불교와의 거리를 없애려 하고 있다. 최후의 3구句와 같은 것은 열반에 머물지 않고[不住涅槃], 생사에 머물지 않는[不住生死] 생활을 말하며 오직 거주자연의去住自然矣라는 말 속의 자연에서 중국적인 모습을 갖추고 있지만 이것은 도道와 동일시되는 근본 원리로서의 자연이 아니라 도교 석굴石窟의 조항[條]과 더욱 관련된 말일 것이다.

　왕중양의 제자 중에서 마馬, 담譚, 유劉, 구丘 4인이 가장 유명하다. 차례대로 전진교 교주였다.

⑤ 마단양馬丹陽

　마단양은 산동山東 영해주寧海州 사람이고, 원래의 이름은 종의從義, 자字는 의보宜甫다. 득도得度 즉 출가한 후 고쳤는데 이름은 사옥師鈺, 자는 현보玄寶라 하고 또 자연自然이라 하거나 무위청정진인無爲淸淨眞人 또는 포일무위진인抱一無爲眞人이라는 호칭을 받는다. 왕중양의 뒤를 이은 사람이고 그의 감화는 매우 넓으며 제자도 많다. 『장춘도교원류長春道敎源流』 1권에서 그의 저술을 보면 다음과 같다.

- 『점오집漸悟集』 2권: 시사詩詞, 가곡歌曲.
- 『어록語錄』.
- 『통현금옥집通玄金玉集』 10권: 시사詩詞, 가송歌頌.
- 『금단결金丹訣』: 성명性命과 지리至理를 논한 것.

• 『신광찬神光燦』 1권.

이 밖에 다음과 같은 제목이 보인다.

『행화집行化集』, 『단성집丹成集』, 『성도집成道集』, 『정미집精微集』.

　단양은 출가하기 전에 아내가 있었는데 손孫이라 하며 아들이 3명 있었다. 처음 중양을 만났을 때 "오행이 도달하지 못하는 곳, 부모가 아직 태어나지 않은 때[五行不到處, 父母未生時]"라는 한 구절을 받고는 심복해서 스승으로 받들어 도교에 귀의하며, 곤륜산崑崙山의 연하동煙霞洞에서 스승을 따라 거주하는데, 중양이 선화한 후 다른 3명의 벗[道友]과 더불어 관중關中에 이르며, 만년에는 "동쪽의 교법敎法이 해마다 심각하게 훼손되니[弊壞] 이것을 바로잡아야[折洗] 한다"라고 하며 관중에서의 교단의 일은 구장춘에게 맡기고 동쪽으로 돌아가는데, 제남濟南 지역을 지나면서 한도韓淘를 위해 개발한 것이 단양의 교의敎義를 가장 잘 나타낸다.

　도道는 마음 없음을 본체로 삼고, 말 없음을 작용으로 삼는다. 약한 듯 부드러움은 근본이고, 맑고 깨끗함은 기반이다.

　음식을 절제하고 사려를 절제한다. 고요히 앉아서 숨을 고르고, 편안히 잠을 자서 기氣를 기른다.

　마음이 치닫지 않으면 본성이 안정된다. 몸이 수고스럽지 않으면 정기가 온전해진다. 정신이 어지럽지 않으면 단丹이 맺힌다. 그런 다음 텅 빈 상태에

서 정情을 없애고 지극한 상태에서 정신을 편안히 한다. 집 앞을 나서지 않
아도 오묘한 도道가 이루어진다.　　　　　　　　　　　　　　　（『어록語錄』）

　『원류源流』의 저자인 소료동주酥醪洞主는 "오행이 도달하지 못하는
곳, 부모가 아직 태어나지 않은 때라는 중양의 말은 도道를 말한 것이
고, 노자가 혼성된 무언가가 천지보다 먼저 생겨났다, 고요하고 비어
있으며, 독립하면서 바뀌지 않고, 두루 다니지만 위태롭지 않으니 천
하의 어머니라 할 만하다, 나는 그 이름을 알지 못하여 자字를 붙여 도
라고 한다[有物混成, 先天地生, 寂兮寥兮, 獨立不改, 周行而不殆, 可以爲天下
母, 吾不知其名, 字之曰道]라고 한 말과 합치한다. 이때는 염락濂洛 즉 염
계濂溪 지역 주돈이周敦頤와 낙양洛陽 지역 이정二程의 학문이 이미 관
중關中 지역에서 행해졌다. 주자周子 즉 주돈이는 무극이 태극이고, 태
극이 움직여 양陽이 생기며, 움직임이 지극하면 다시 고요해지고, 고
요하면 음陰이 생기며, 양이 음으로 변하고, 합쳐져서 수水, 화火, 목
木, 금金, 토土가 생긴다[無極而太極, 太極動而生陽, 陽極復靜, 靜而生陰, 陽
變陰, 合而生水火木金土]고 말한다. 정자程子는 사람이 태어난다는 것은
정靜 이상에서는 허용할 수 없는 말이고, 성性을 말하려 한다면 이미
성이 아닌 것이다[人生而靜以上不容說, 才說性時便已不是性也]라고 말한
다. 또 도道는 곧 성性이다, 만약 도 밖에서 성을 찾거나 성 밖에서 도
를 찾는다면 옳지 않다[道卽性也, 若道外尋性, 性外尋道, 便不是]고 말한다.
단양의 말은 주정周程 즉 주돈이와 정자를 빌려 와서 노자의 도道를
통하게 한 것이다"라고 말한다. 생각건대 오행부도처五行不到處, 부모
미생시父母未生時라는 두 구절 중 앞 구절은 주정과 노老를 융화시킨

것이고 뒤 구절은 선어禪語다. 간명한 두 구절 안에 이미 삼교를 포함하고 있다. 단양이 한도에게 전수한 도어道語는 3단으로 구분된다. 제1단은 학도學道의 본지本旨 즉 도를 배우는 본래의 뜻이다. 제2단은 수도修道의 공부 즉 도를 닦는 공부다. 제3단은 증도證道의 구경究竟 즉 도를 증득하는 궁극이다. 본지 중의 무심無心과 망언妄言은 선禪이고, 유약柔弱과 청정淸淨은 도교[道]이다. 제2단 중의 조식調息은 선이고, 양생養生은 도교이다. 제3단 중의 성정性定은 선이고, 정자의 정성定性이다. 단결丹結은 도교이다.

왕세정王世貞은 단양의 비문碑文에 발跋을 쓰는데 "단양의 말은 또한 옳다. 다만 단丹이라는 것이 무엇인지를 모르겠다"라고 말한다. 왕서운王棲雲의 『반산어록盤山語錄』에서는 "어떤 사람이 도가道家에게 금단金丹에 대해 묻는다. 답하기를 바로 본래의 진성眞性 즉 참된 본성이다, 상쾌하고 이롭고 굳세고 밝으며[快利剛明] 변화하고 융액融液 즉 녹아들기 때문에 금金이라 하고, 일찍이 단련을 거쳐 원만히 이뤄져서 충분하게 갖춰지기[圓成具足] 때문에 단丹이라고 한다고 말한다. 그렇다면 단양이 말한 결단結丹은 전진全眞 또는 증도證道를 말하는 것이다"라고 한다. 따라서 신선도神仙道가 전진교全眞敎에 이르러 정화淨化되었음을 알 수 있다. 금단의 도道는 위백양에게 근거한다. 이 도는 송대에 이르러 선가禪家와 접촉하고, 장백단張白端의 『오진편悟眞篇』이후에는 명命을 닦는 수명修命의 학문이 된다. 더욱이 수명의 학문으로서는 노자의 고요함을 지키고 근본으로 돌아간다[守靜歸根]거나 명을 회복한다[復命]의 일면보다도 도리어 심근고체深根固蔕 즉 깊고 튼튼한 뿌리나 장생구시長生久視 즉 영원히 오래도록 산다는 다른 면으로 나아간 것이라고 해야 한다. 당시에 선가도 유가儒家도 궁리진성窮理盡性이나 식심견성識心見性을 향해 혼신의 힘을 다한다. 이것은 노자의 수정복명守靜復命의 일면이다. 도가는 이 방면을 향하기보다도 예전의 금단의 도를 정화해서 장생구시라는 요구로 향하여 나아간다. 이것이 인심을 모으게 된 이유다.

⑥ 담장진譚長眞

담장진의 이름은 처단處端, 자字는 통정通正이다. 원래 이름은 옥녕玉寧이다. 해주海州 사람이다. 『수운집水雲集』 3권이라는 저술이 있으며 그의 시詩, 송頌, 사詞를 모아 놓은 것이다. 그에 관해서 부사의不思議한 행업行業이 전해지지만 기술할 만한 것은 못 된다.

⑦ 유장생劉長生

유장생의 이름은 처현處玄, 자字는 통묘通妙다. 내주萊州 지역 무관장武官莊의 사람이다. 다음과 같은 저술이 있다.

- 『선락집仙樂集』: 시사詩辭, 가송歌頌.
- 『지진어록至眞語錄』.
- 『황제음부경연황정경술皇帝陰符經演黃庭經述』.
- 『도덕경주道德經註』.

그의 인품과 행실 중에 가장 감명 깊은 일은 무고를 당해서 살인죄를 덮어썼을 때 거부하지 않고 포박당하여 감옥에 갇히면서도 열 마디도 되지 않을 만큼 잠자코 말이 없었는데 나중에 살인자가 자수함으로써 풀려날 수 있었다는 일화다.

4. 원대元代의 도교

원대는 몽고蒙古 민족의 패권에 수반하여 새롭게 라마교喇嘛敎가 발흥했다. 이에 따라 불교는 점차 혼란한 상태가 되었지만 이에 반해 도교는 아마도 공전절후空前絶後의 융성으로 치달았던 것 같다. 왕중양과 마단양의 뒤를 이은 전진교全眞敎는 이 시대에 와서 구장춘 같은 걸물을 배출하며 교회敎會적으로 크게 발전하고, 이어서 송피운 같은 학자가 있어서 교리의 기초를 다졌으며, 이에 이르러 전진교는 강북江北 전반을 풍미하게 된다. 동시에 강남江南 용호산龍虎山의 장천사는 한대漢代 이후 축적된 세력을 내세우며 정일교正一敎의 기치 아래 갑작스럽게 강남 전반을 풍미하게 한다. 동시에 대도교大道敎와 태일교太一敎 같은 여러 파가 있었다. 이로써 원대는 불유 이교二敎의 시대가 아니라 도교의 시대였던 것처럼 보인다. 전진교의 조사祖師는 14대代까지 자취를 찾을 수 있다. 지원至元 연간의 무자戊子년(1288)에 만들어진 이도겸의 『감수선원록甘水仙源錄』을 통해 10대까지 알 수 있고, 소료동주의 『장춘도교원류長春道敎源流』를 통해 더 나아가 그 뒤의 4대를 찾을 수 있다. 계보는 다음과 같다.

왕중양과 마단양은 미신을 참지 못하고 도교 중에 수도의 참 정신을 추가하며, 구장춘에 이르러 이것을 철저히 실행하고, 구장춘의 3대大 제자 중 송덕방에 이르러 도장道藏을 새겨 넣음으로써 교리를 추가한다.

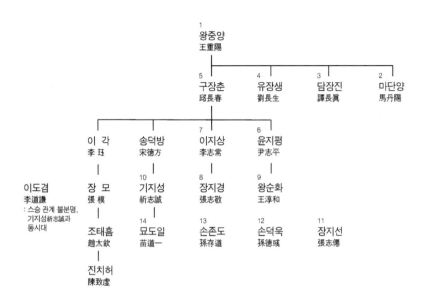

① 구장춘邱長春

구장춘의 이름은 처기處機다. 등주登州 서하棲霞 사람이다. 도장道藏 중에 장춘에게 속하는 것은 다음과 같다.

- 『반계집潘溪集』 6권: 시사詩詞.
- 『서유기西遊記』(이지상李志常 저著).
- 『현풍경회록玄風慶會錄』.
- 『명도집鳴道集』.
- 『대단직지大丹直指』 1권.

전진교를 천하의 대大종교로 만든 것은 이 사람의 힘이다. 북경北京 백운관白雲觀은 그가 거처한 장춘궁長春宮이 있던 곳이다. 세상에 비할 바 없는 장춘의 의도가 오늘날에 나타난 것처럼 보인다. 그의 일생의 사적은 대개 다음과 같다.

왕중양이 선화하여 떠난 후 그의 무덤에 오두막을 짓고 2년을 지낸다. 갑오甲午년 가을(1174)에 반계磻溪(위수渭水의 양陽 즉 북쪽, 봉상부鳳翔府 미현郿縣 치治 즉 관할)로 들어가 혈거穴居 즉 동굴 생활을 하는데, 낮에는 걸식하면서 도롱이[蓑] 즉 짚 등으로 엮어 허리나 어깨에 두르는 비옷 하나 걸치고 돌아다닌다. 사람들은 그를 사의선생蓑衣先生이라 한다. 눕지 않고 밤을 보내길 6년이었다. 또 농주隴州(협서성陝西省 농주부隴州府)의 용문산龍門山에 은거하며 고행苦行한다. 멀리서 학자들이 모두 그에게 귀의한다. 대정大定 28년(1188) 나이 42세 때 금나라 세종世宗의 부름을 받고 나아가 문답한다. 생명을 연장하는 이치를 묻자 다음과 같이 답한다.

정기를 아끼고 정신을 온전히 하는 것이 수신의 요체이고, 자기 직분을 다하며 억지로 하지 않는 것이 천하를 다스리는 근본입니다. 일을 열심히 하면서 마땅히 교만과 음탕함을 방지해야 합니다. 참으로 이것을 오래 할 수 있다면 선仙을 멀리해도 도道는 멀지 않습니다. 이상하고 괴이한 일들은 들을 바가 못 됩니다.

명창明昌 2년(1291) 혹은 3년 나이 45세(혹 46세)에 동쪽으로 돌아가 서하棲霞(산동성山東省 등주부登州府 서하현棲霞縣)의 옛 거처를 관觀으로 삼는다. 칙명으로 태허太虛라는 편액을 하사받는다. 태화泰和 7년(1207) 나이 60세 때 원비元妃가 도경道經 이장二藏을 보냈는데 하나는 그가 머물던 태허관太虛觀에, 다른 하나는 성수聖水의 옥허관玉虛觀에 하사

한다. 옥허관은 왕옥양王玉陽의 거처다. 수안遂安 4년 때 금나라 선종宣
宗의 부름에 나아가지 않는다. 그때 나이 69세였다. 흥정興定 3년(1219)
에 송나라 영종寧宗이 부른다. 나아가지 않는다. 그때 나이는 72세였
다. 이해에 원나라 태조太祖인 성길사成吉思(징기스칸[成吉思汗])가 나만
국奈蠻國에 있었다. 초빙한다. 망설임 없이 명령에 호응하며, 다음 해
(1220)에 18대사大師를 거느리고 연성燕城으로 들어가서 아뢰고, 거용
관居庸關을 나가 전진하여 무천武川에 이르러 사자使者의 영접을 받으
며, 다음 해(1221)에 산봉우리[嶺]를 넘어 북쪽으로 내려가 아불한산阿
不罕山에 도달하는데 제자 송도안宋道安 등 9인을 머물게 하여 서하관
棲霞觀을 세우며, 조허정趙虛靜 등을 이끌고 말을 달려 나아가 임오壬
午(1222) 3월에 대사 아리선阿里鮮의 영접을 받고 철문鐵門을 지나서
인도 땅에 도달하여 황제를 대설산大雪山의 양陽 지역에서 알현하는데
그때 나이 75세다. 제왕이 도道를 묻고 태사太師인 아해아리선阿海阿里
鮮이 곁에서 모시고 있다. 대답하기를 절욕節慾이 수신修身의 요체라
하고, 백성을 아끼는 것이 나라를 영원하게 하는 방법이라고 하면서
"하늘의 생각은 살리는 것을 좋아하고 죽이는 것을 싫어합니다"라고
말하기에 이르자 제왕은 곁의 신하에게 명령하여 적어 두도록 한다.
이 일은 『현풍경회록玄風慶會錄』에 자세히 나타나 있다. 갑신甲申(1224)
3월에 경사京師로 돌아온다. 위에서 제왕의 뜻을 전하는데 "구신선邱
神仙은 한나라 땅에 도달하면 짐朕의 소유인 성지城池에서 거주하고 싶
은 곳에 거주하라"라고 한다. 다녀온 사적은 이지상李志常이 지은 『장
춘진인서유기長春眞人西遊記』에 자세하다. 정해丁亥(1227) 때 선생이 거
처하던 천장관天長觀을 장춘궁長春宮으로 바꾸고 금호부金虎符를 하사

하여 천하의 도교 일을 주관하게 하며, 특별 교지를 내려 도문道門의 세금을 감면한다. 82세의 나이로 선화仙化한다.

② 송덕방宋德方(1183~1247, 65세)

자字는 광도廣道, 호號는 피운披雲, 내주萊州 액성掖城 사람이다. 만년에 55세 때 산서山西 평양平陽의 현도관玄都觀에 머문다. 그의 스승 장춘이 일찍이 "도경道經을 만드는 큰일을 나는 할 겨를이 없으니 다음에 네가 이 일을 맡아야 한다"라고 한 말과 "네가 마땅히 서남西南쪽 지역에 있을 인연이다"라고 한 말을 추억하며 "서남쪽 지역에 있을 인연이라는 말은 이미 실천했다. 어째서 유독 장경藏經의 일만을 의심하겠는가"라고 하며 문하門下의 진지안秦志安 등과 목판을 새겨 유포할 계획을 세운다. 승상丞相인 호천록胡天祿이 이 일을 듣고 기뻐하며 백금白金 천 냥의 비용을 들여 시작하도록 보조함으로써 완성시킨다. 1237년부터 1244년에 이르는 7년간에 이것을 완성할 수 있었다. 그 공업功業은 왕중양, 마단양, 구장춘 등과 비교할 만한 것이라고 할 수 있다. 그의 고지故址는 산서山西 태원현太原縣 용산龍山의 호천관昊天觀이다. 여기에 도교 석굴이 있는데 피운이 만든 것으로서 아마도 도교 유일의 것이라 할 수 있다. 도교 석굴 조목 아래에서 자세히 서술하겠다.

③ 전진교全眞敎의 유행

전진교가 성행한 것에 관해서 금대의 금국학사金國學士인 원유산元遺山은 『자미관기紫微觀記』 중에 유력한 기사를 남겼다. 『불조통재佛祖通載』 제31에서 이것을 인용하여 가태嘉泰 4년(1204) 항목 아래에 배치한다. 이것은 구장춘이 아직 생존했을 때이다. 이로써 유포가 빨랐음을 알게 해 준다. 이 기사는 간략하면서도 핵심적이다.

- 근본 교의[根本義]: 엄숙과 고요함[肅靜].
- 실제 수행법[實修法]: 선정禪定. 황관黃冠과 양회禳禬(푸닥거리)라는 거짓이 없고, 두타頭陀나 계율에 얽매이는 괴로움이 없다.
- 생활 방법[處生法]: 밭 갈고 우물 파서 종신토록 스스로 먹고살며, 남는 것이 있으면 다른 사람에게 나눠 준다.
- 유포 이유: 정우貞祐 연간의 난리 이후 다 흐트러져 기강 잡힌 문장이 없어서 어리석은 백성들이 향해 나아갈 바가 없어지니 이들을 위해 가르칠 이는 오직 이 종宗뿐이다.
- 유행 상황: 남쪽은 회수에 닿고 북쪽은 삭막에 이르며 서쪽은 진秦을 향하고 동쪽은 바다를 바라본다. 산림성시에서는 집들이 서로 늘어져 있으면서 열 집씩 백 집이 짝이 되어 갑과 을이 서로 주고받는데 단단하여 깰 수가 없다. 임금은 일찍이 장각의 오두미교의 변란처럼 될까 봐 두려워하여 그만두라고 명령했는데 당시의 장상과 대신들 중에 주장한 사람이 있었다. 그 때문에 이미 그만두라고 했어도 다시 존재하며 점점 정교해지면서 더욱 치성했다. 50~70년 이래 아마 다시 흔들 수는 없을 것이다.

신축辛丑년에 호천壺天이 서술한 『금련정종기서金蓮正宗記序』에서는 "헌원 이래 교문이 널리 왕성해진 것은 오늘날만 한 경우가 없었다[自軒轅以來, 敎門弘盛, 未有如今日者]"라고 놀라워한다. 신축은 대덕大德

5년(1301)이며 왕중양의 사후 131년, 구장춘의 사후 74년으로서 전진
교 제12대인 손덕욱孫德彧 때이다.

④ 오조五祖와 칠진七眞

왕중양이 입교立敎한 이후 백 년 동안에 교법敎法은 원류를 거슬러
올라가 화양華陽에 이르고, 화양으로부터 중양에 이르는 동안은 오조
五祖를 설정하고 중양 이후에는 칠진인七眞人을 설정했다. 지원至元
6년(1269) 이들 오조와 칠진七眞에게 각각 칙명으로 시호諡號를 내린
다. 오조란 동화소양東華少陽, 종정양鍾正陽, 여순양呂純陽, 유해섬劉海
蟾, 왕중양王重陽이다. 칠진은 마단양馬丹陽, 담장진譚長眞, 유장생劉長
生, 구장춘邱長春, 왕옥양王玉陽, 학광녕郝廣寧, 손청정孫清淨으로서 모
두 중양의 제자다. 오조는『금단대요金丹大要』,『금련정종선원상전金
蓮正宗仙源像傳』,『여조전서呂祖全書』 등 어느 것이나 이상에 기술한
대로이고, 명나라 장우초張宇初의 『도문십규道門十規』에 이르러서는
태상노군太上老君을 추가하고 왕중양을 제외한다. 이에 이르러 오조五
祖 사이에 변화가 생긴다.

• 동화소양東華少陽: 이름은 왕현보王玄甫.『황정경黃庭經』의 저자
로 여겨진다. 아마 실존 인물은 아닐 것이다.
• 종정양鍾正陽: 이름은 이권離權이고, 호號는 운방雲房.『파미정도
가破迷正道歌』라는 저술이 있다. 한대의 사람이라고들 하지만 아
마도 오대에 출현했다.
• 여순양呂純陽: 이름은 암嵒, 호號는 통빈洞賓, 송나라 초기의 사람

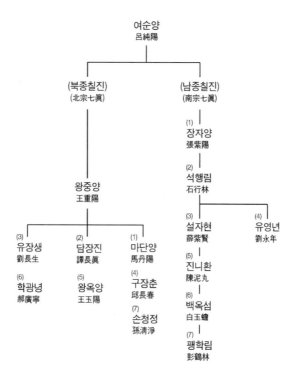

이다. 또 『여조전서呂祖全書』는 후인後人이 가탁했을 것이다.

- 유해섬劉海蟾: 이름은 조操. 『환단파미가還丹破迷歌』라는 저술이 있다. 요遼나라시대의 사람으로서 왕중양의 선구先驅다.

칠진인 중 4인은 이미 서술했다. 다른 3인은 다음과 같다.

- 왕옥양王玉陽: 이름은 처일處一. 『운광집雲光集』이라는 저술이 있다.
- 학광녕郝廣寧: 이름은 대통大通. 『태고집太古集』, 『시교직언示敎直言』이라는 저술이 있다.
- 손청정孫淸淨: 이름은 불이不二. 『어록語錄』이 있다.

이들의 사적은 제10대代 기지성祈志誠과 동시대인 이도겸의『감천
선원록甘泉仙源錄』과 아울러『조정내전祖庭內傳』,『칠진연보七眞年譜』
등에 의해 명확히 알 수 있지만 그 뒤의 사적은 자세하지 않다. 송덕
방의 4세世 제자인 진치허에 이르러 전진교는 남과 북 2종宗으로 나뉘
어 각각 7진인을 설정함으로써 신도교新道敎 전부를 전진교의 이름 아
래 통일시키려 한다.

이것은 전진교가 융성하게 되면서 용호산龍虎山 이외의 도교 전부
를 전진교 안으로 통일시키려고 한 기획이다. 원래 장자양은 남방南方
태주台州 지역 사람으로서 자연히 계통이 다르고 연대年代도 왕중양보
다 백 년 앞이다. 그렇다면 그를 전진교에 소속시키는 것은 물론이고
그의 위치를 어디로 정할지에 대해서도 이설異說이 생기게 된다. 송덕
방의 도사道嗣 즉 계승자인 이도겸의 설說과 4세世 뒤인 진치허 사이
에 이미 차이가 있다.

이도겸이 1288년 70세에 저술한『감수선원록甘水仙源錄』에는 다음
과 같다.

이와 같이 3양陽을 모두 유해섬으로부터 끌어오며,『금련정종선원
상전金蓮正宗仙源像傳』도 이것을 따른다. 그 뒤에 진치허가 1331년에

저술한 『전단대요서全丹大要序』에는 다음과 같다.

이와 같이 왕중양이 곧바로 여순양의 뒤를 이었다고 한다. 그 후『여
조전서呂祖全書』의 선파仙派의 원류도, 장우초의『도문십규道門十規』
도 뒤의 설설說을 따르며 왕중양에게 한층 중요한 위치를 부여한다. 그
리고 북종北宗이 왕중양의 뒤로 7진眞을 설정한 것을 본떠서 남종南宗
에서도 억지로 7진을 설정하려고 석행림石杏林의 다음에 유영년劉永年
과 설자현薛紫賢의 두 사람을 구분한다.

5. 원대元代의 불도佛道 논쟁

『대원지원변위록서大元至元辯僞錄序』및『분훼제로위도장경비焚毁諸
鑪僞道藏經碑』에 의하면 헌종憲宗 5년(1255) 도사 구처기와 이지상 등이
서경西京의 천성天城에 있는 부자묘夫子廟를 없애고 문성관文城觀으로
만들며, 석가불釋迦佛의 상상像을 훼손하고 옥관음사리보탑玉觀音舍利寶
塔이라고 하며, 범찰梵刹 482곳을 점유하며,『노군화호성불경老君化胡
成佛經』및 81화도化圖라는 것을 판본으로 새겨서 유포하는 등 폭력을

멋대로 휘둘렀다고 한다. 구처기는 1227년에 선화仙化하고 이지상은 1258년에 선화했으므로 구처기라고 한 것은 명백한 오류이지만, 화호설化胡說이 원나라시대에 와서 다시 양 교兩敎 분쟁의 도화선이 된다는 것을 알아채야 한다. 계빈罽賓의 대사大師 난마蘭痲와 총통總統인 소림少林의 장로長老 복유福裕가 이것을 임금에게 상주하여 아뢴다. 복유는 만송노인萬松老人의 법사法嗣 즉 계승자로서 숭산嵩山 소림사少林寺 조동종계曹洞宗系의 제1대代 사람이다. 그 법계法系는 여전히 오늘날에도 전해진다. 중국 전역에서 원대 이후 조동종계가 면면히 이어진 것은 아마도 소림사뿐일 것이다. 『중국불교사적[支那佛敎史蹟]』 제2집輯 평해評解 중에서 이 법계에 관해 자세히 설명하였다. 여기서 명칭만을 열거해 보면 다음과 같다.

보은행수報恩行秀 - 설정복유雪庭福裕 - 영은문태靈隱文泰 -

보응복우寶應福遇 - 소실문재少室文才 - 만안자암萬安子巖 -

응연요개凝然了改 - 구공계빈俱空契斌 - 무방가종無方可從 -

허백문재虛白文載 - 소산종서小山宗書 - 환휴상윤幻休常潤 -

무언정도無言正道 - 심열혜희心悅慧喜 - 피안해관彼岸海寬.

이들은 어느 누구든 소림사 주지였으며 동시에 조동曹洞의 종맥宗脈을 계승한 사람들이며, 그리고 설정복유雪庭福裕는 사실상 이 조동종계의 최초의 인물이라는 점에서 중요한 위치를 갖는다. 제왕은 곧 승도僧道 이종二宗 즉 불교와 도교의 두 종교를 제왕의 앞에서 논쟁하게 한다. 도사는 불교의 논의에 굴복한다. 도사가 『사기史記』 등의 글을 내세우는데, 22세의 나이에 국사國師가 된 발사팔發思八은 이때 겨우 20세였지만 『사기』나 『도덕경道德經』안에는 화호설化胡說이 없다고 함으로써 도사를 굴복시키며, 약속에 따라 번지응樊志應 등 17인을 용광사龍光寺에서 삭발시키고, 위경僞經 45부部를 불태우고, 불사佛寺 37곳을 복구하고, 2년 뒤에 다시 237곳을 복구한다. 도사 등은 여전히 반성하지 않고 제점提點 직위의 감지천甘志泉이 의탁하고 있던 길상원吉祥院을 돌려받지 못할까 봐 지원至元 17년(1280)에 이것을 다시 논쟁한다. 장춘궁長春宮의 도류道流들은 승록僧錄인 광연廣淵을 해치려고 모의하여 자기들이 품사稟舍 즉 하사받은 관청 혹은 거처에 불을 질러놓고 승도僧徒들이 방화했다고 성토한다. 일이 실패로 돌아가 지천과 지진志眞이 사형을 당한다. 이로써 논쟁이 극렬했음을 알 수 있다. 다음 해인 18년(1281)에 관인官人과 여러 승려 등은 정일천사正一天師 장종연張宗演, 전진장교全眞掌敎 기지성祁志誠(기지성祈志誠으로도 쓴다. 송덕방宋德方의 제자로서 이때는 전진장교였다. 1289년에 선화한다), 대도장교大道掌敎 이덕화李德和, 두복춘杜福春 및 여러 도류道流 즉 도교 사람들과 진위를 고증하여 오직 『도덕경』 2편만 노자의 저술이 맞고, 다른 것은 모두 한나라 장도릉張道陵과 후위의 구겸지寇謙之, 당나라 오균吳筠과 두광정杜光庭, 송나라 왕흠약王欽若 등이 만들어 낸 것이라 하며 일체의 문자와 판본 및 그림 등을 불태워 버리고, 은닉하는 사람은 죄를 묻기로 한다. 다만 민간에서 간행하여 유포하는 여러 의약醫藥 관련 서적은 금지시키지 않는다. 그 결과 도사로서 불경을 좋아한 사람은 승려가 되고, 승려가 되지 않은 사람은 아내를 맞아들여 일반 백성이 되며, 22년부터 24년에 이르는 3년간 불사佛寺 30여 곳을 회복하고

(그중에서 항주杭州 서호西湖의 고산사孤山寺가 사성관四聖觀으로 불리게 된 것도 연관이 있다), 도사 호제점胡提點 등 이하 도교를 버리고 승려가 된 사람이 700~800명에 이른다. 분훼제로도장경비焚毀諸路道藏經碑라는 비석은 지원至元 22년(1285)에 건립된다.

지원至元 28년(1291)에 대운봉大雲峰의 장로長老 상매祥邁(길상)는 『변위록辯僞錄』 5권을 찬술하여 석로釋老 즉 석가와 노자의 연원을 궁구하고, 옳고 그름의 우열을 구분한다. 그 항목은 다음과 같다.

① 망립천존위妄立天尊僞, ② 창립겁운연호위創立劫運年號僞,

③ 개분삼계위開分三界僞, ④ 수대위제사위隨代爲帝師僞,

⑤ 노자출영보삼통위老子出靈寶三洞僞, ⑥ 유화구천위遊化九天僞,

⑦ 투불경교위偷佛經敎僞, ⑧ 노군결기성자위老君結氣成字僞,

⑨ 주문왕시위주하사위周文王時爲柱下史僞,

⑩ 전후노군강생부동위前後老君降生不同僞, ⑪ 삼번작불위三番作佛僞,

⑫ 모명참성위冒名借聖僞, ⑬ 합기위도위合氣爲道僞,

⑭ 투불신화위偷佛神化僞.

『녹錄』 중에서 도가道家가 불교를 표절한 것을 뽑아내면 다음과 같다.

① 도道에서 진일眞一의 기기氣가 생기고 기에서 사성四聖 즉 4명의 성인만이 나타난다. 바로 허황천존虛皇天尊, 원시천존元始天尊, 태상도군太上道君, 이노군李老君이다라고 한다. 이것은 원시천존 위에 허황천존을 추가한 것이다. 태상노군이 만든 상천삼청上天三淸으로부터 구천九天이 만들어지고 구천으로부터 27천天이 만들어지는데 이것은 욕欲, 색色,

무색無色의 삼계三界가 된다고 한다. 삼계설三界說은 불교에서 온 것이다. 이 삼계를 넘어 또 사천四天이 있다고 한다. 그중의 울단천欝單天, 상신수무량수천上神壽無量壽天, 범람수연천梵藍須延天, 적연두술천寂然兜術天, 바라니밀불교락천波羅尼蜜不橋樂天, 영화범보천靈化梵輔天, 무상무애천無想無愛天이라고 한 것 등은 불교 삼계설에서 명칭을 빌려다가 사용한 것이다. 또 상삼청경上三淸境 위에 대라천大羅天을 설정한 것 역시 모방한 것으로서 아마도 마하수라천摩醯首羅天에서 왔을 것이다.

② 노군老君이 만태법사萬太法師 또는 현중법사玄中法師로서 『통진경洞眞經』을 내놓고, 고선생古先生으로서 『통현경洞玄經』을, 금궐제군金闕帝君으로서 『통신경洞神經』을 내놓았으며 3통洞은 각각 12부部로서 합하면 36존경尊經을 내놓았다는 말 속에서 법사法師, 12부와 같은 것은 완전히 불교에서 가져왔다. 이에 대한 길상吉祥의 말에서는 한진漢晉시대의 승려는 도사라고 불렀으며 구겸지는 이것을 참칭해서 도사라고 말할 수 있었다고 한다. 도사는 분명히 그렇다. 법사라는 명칭에 이르러서는 더욱더 모방한 것이다. 또 도사가 만든 경전에 관해서는 다음과 같이 말한다.

· 한漢 장도릉張道陵: 『영보경靈寶經』, 왕포王襃: 『통현경洞玄經』.

· 오吳 갈효선葛孝先: 『상청경上淸經』.

· 진晉 왕부王浮: 『명위화호경明威化胡經』, 포청鮑鯖: 『삼황경三皇經』
   (『삼청경三淸經』)

· 제齊 진현명陳顯明: 『육십사진보허경六十四眞步虛經』.

· 양梁 도홍경陶弘景: 『태청경太淸經』.

• 수隋 보혜상輔惠祥:『장안경長安經』(『열반경涅槃經』을 고친 것).

③ 노군이 호왕胡王 즉 오랑캐의 왕을 교화하려고 불 속에서『금광명경金光明經』을 설법하고, 가마솥 안의 연꽃 위에서『열반경涅槃經』을 설법하고, 또 윤희尹喜를 부처로 만들어 호왕에게 삼업三業, 육근六根, 오역五逆, 십악十惡을 참회하게 하고, 이어서 오계五戒와 십선十善 아울러『사십이장경四十二章經』을 설법했다고 한다. 어느 것이나 불교를 그대로 가져온 것이다.

④ 노군이 태어날 때 성모聖母의 왼쪽 옆구리를 가르고 오얏나무[李樹]를 붙들고 태어나 아홉 걸음을 걷는데 걸음마다 연꽃이 자라나고 아홉 용龍이 물을 뿜어내며, 72상相과 81호好를 갖추었고, 왼손으로는 천天을 오른손으로는 지地를 가리키며 "하늘 위와 아래에서 오직 나만이 존귀하니, 나는 마땅히 위없는 도법을 드러내어 일체를 두루 제도하리라[天上天下唯我獨尊, 我當闡揚無上道法, 普度一切]"라고 말했다고 한다. 도道라는 한마디 말만으로 부처의 전기를 완전히 자기 것인 양하고 있는 것이다. 무상도법無上道法의 도는 원래 불전佛典 번역자가 보리菩提를 번역한 것인데 도교자는 도道라는 말에 편승해 이것을 그대로 전용轉用 즉 다르게 사용한 것이다.

⑤ 노군이 윤희를 부처로 만들었다 하고, 또 사위국舍衛國에 이르러 몸소 변화해서 부처가 되었다 하고, 또 마야부인摩耶夫人에 의탁하여 오른쪽 옆구리에서 태어나 6년 수행한 후 부처가 되었다가 변화를 푼 뒤에는 태상太上의 명령에 따라 하늘로 올라가 선혜선인善慧仙人이 되었다고 한다. 선혜선인이란 석존釋尊의 본생本生 즉 전생前生의 이름

이다. 이것을 노군이 성불成佛한 다음에서 사용한 것은 본생의 의미를 이해하지 못했기 때문이라고 해야 하며, 그 밖의 부처 전기 표절은 말할 필요도 없다.

세조世祖시대에 금지된 도장道藏의 위경僞經은 39부部가 있다. 그중에 다음과 같은 여러 글들은 불교에 대항한 것이다.

- 왕부王浮:『화호경化胡經』.
- 제齊나라 사람 장융張融에게 가탁한 다른 사람:『삼파론三破論』.
- 오균吳筠:『명진변위론明眞辯僞論』,『보정제사론補正除邪論』.
- 부혁傅奕, 여현경呂玄卿:『십이구미론十異九迷論』.
- 두광정杜光庭:『벽사귀정론辟邪歸正論』.
- 임영소林靈素, 두광정杜光庭이『대장경』논파를 위해 찬조撰造: 『방도석경謗道釋經』.
- 당唐 원반천員半千:『흠도명증론欽道明證論』.
- 금金 천장관天長觀의 이대방李大方: 삼교근원도三敎根源圖,『유룡전猶龍傳』,『서승경西昇經』,『불도선후론佛道先後論』,『역대제왕숭도기歷代帝王崇道記』.

6. 원명元明시대의 도교사道敎史

1) 선불동원仙佛同源: 도교와 불교는 근원이 같다

전진교全眞敎에 관한 문헌은 적지 않다. 제1로 내세울 것은 왕중양의『입교십오론立敎十五論』이다. 앞서 서술한 대로이다. 대정大定 연간(?)의 왕자덕무王滋德務의 『중양교화집후서重陽敎化集後序』란 것이 있다. 이에 따르면 『교화집敎化集』이란 것은 중양과 단양 두 사람이 창화唱和한 것을 문인 등이 모아서 순서대로 편집하여 3권으로 나누는데 하수지下手遲, 분리십화分梨十化, 호리향好離鄕의 셋으로 만든 것으로서 그중 호리향의 대략적 요지는 유형遺形, 망정忘情, 색신嗇神, 체허體虛를 근본의根本義로 삼고, "세상의 그물에서 벗어나고, 습기에서 벗어나고[出離世網, 擺脫習氣]"그래서 "아주 조금이라도 막히는 것을 허용치 않고 본래의 면목이 자연스레 출현한다[無一絲頭許凝滯, 本來面目, 自然出現]"가 될 것을 요구하는 데 있다. 육도화陸道和가 편집한 『전진청규全眞淸規』 중에 장춘진인長春眞人의 규방規榜이란 것을 살펴보면, 다음과 같은 말이 있다.

견성을 체로 삼고, 양명을 용으로 삼고, 유약은 상으로 삼고, 겸화는 덕으로 삼고, 자비는 본으로 삼고, 방편은 문으로 삼는다.

이것은 선가禪家의 수도관修道觀, 종국관終局觀을 그대로 가져와서 여기에 노자를 습합시킨 것이다. 견성, 자비, 방편은 불교다. 양명, 유약, 겸화는 노자다. 나아가 『감수선원록甘水仙源錄』 권5에 수록된 왕반王磐 찬찬撰 『성명진인도행비명誠明眞人道行碑銘』에 다음과 같은 문구가 보인다. 여기서 성명誠明이란 전진교 제8대代인 장지경張志敬을 말한다.

아! 전진의 가르침은 식심견성 즉 마음을 알고 본성을 보는 것을 으뜸으로 삼고, 자기를 희생해 가며 만물을 이롭게 하는 것을 실천하고, 학문하지 않으니 불립문자 즉 문자를 내세우지 않는다.

식심견성이라 하고, 불립문자라 한다. 얼마나 선禪적인가. 따라서 선을 떠나서는 전진교가 성립하지 않는다는 것을 알 수 있다. 『선원록 仙源錄』은 그다음으로 불립문자였다가 의미와 이치를 강론하게 된 일을 설명하며 다음과 같이 말한다.

중양 왕진인으로부터 이진상(이지상)에 이르기까지 모두 세 번의 전승이다. 학자들은 조금씩 독서를 알게 되고 문자를 장애나 폐해로 여기지 않았고, 장교를 스승으로 따르며 현묘한 뜻을 크게 펼치게 된다. 그런 다음에야 학자들은 모두 경전을 강론하고 의미와 이치를 함양하는 것이 진실한 입문이라는 것을 알았다.

이에 이르러 불교의 이른바 삼학三學이 균형을 맞추게 된다. 그것은 송유의 자극을 받아서였을 것이다.

원래 왕중양의 입각점은 선불동화仙佛同和 즉 도교와 불교를 같이 화합시키는 데 있다. 그 후 어느 것이든 불교의 내용을 도교에 추가했는데 그 경향은 학자인 송덕방 일파에서 특히 조장되며, 삼전三傳 즉 세 차례 전승된 연독자緣督子 조우흠趙友欽에 이르러 한층 심해지게 된다. 그에게는 『선불동원仙佛同源』, 『금단난문金丹難問』 등의 저술이 있다. 그의 제자인 상양자上陽子 진치허에 이르러 이것을 한층 더 조장한다. 진치허가 지순至順 2년(1331)에 저술한 『금단대요金丹大要』의 서序에서는 다음과 같이 말한다.

연독자는 보기 드물게 총명하며 온갖 사물에 박식하고 정통하다. 많은 책들을 다 모아서 주를 달거나 해석을 붙이고, 삼교를 합쳐서 일가로 만들며, 『선불동원』과 『금단난문』 등의 글을 썼다. 이에 이르러 단경이 크게 갖춰졌다.

선불동원仙佛同源 즉 도교와 불교가 근원이 같다는 것의 의미는 『금단대요金丹大要』 중에 보인다. 제7권은 견성성불見性成佛을 논하고, 제10권은 견성성도見性成道를 논하는데 "노자의 도道는 금단金丹의 도이다. 달마의 도는 금단의 도이다. 금단의 도란 성명性命의 도이며, 성명의 도란 직지인심견성성불直指人心見性成佛이다"라고 하며, 그리고 달마가 서쪽에서 온 것은 이 금단의 도를 찾기 위해서라고 하며 이것을 통해 성불成佛하고 서쪽으로 돌아갔다고 한다. 우스울 정도로 이상한 말이라고 해야 할 것이다.

제자가 물었다. "천하에 두 가지 도는 없으며 분명히 그러합니다. 노자의 도는 오직 금단의 도이고, 금단의 도는 성명의 도입니다. 그런데 달마가 서쪽에서 와서는 오직 사람 마음을 곧바로 가리켜 본성을 보면 성불한다고 하는데 어찌 이것이 금단과 다른 것이겠습니까?" 상양자는 답한다. "달마의 도는 곧 금단의 도이다."

대승의 도는 곧 금단의 도이다. 그래서 달마는 이런 말을 했다. "동쪽 땅 적현신주에 대승의 기상이 있어서 틀림없이 성불할 것이다"라고. 이에 큰 배에 많은 보물을 싣고 추위와 더위를 세 번이나 겪으며 대승의 도를 구하러 왔다. 이로써 달마는 견성하여 법을 얻고자 한 이래 마침내 단을 얻어 성불하고 서쪽으로 돌아갔다. 이것을 두고 "사람 마음을 곧바로 가리켜 본성을 보면 성불한다"라고 말하는 것이다.

원래 전진교의 장점은 선정禪定을 통해 식심견성識心見性의 근본의

根本義를 체득하는 데 있다. 예로부터 내려온 금단도金丹道는 여기에 이르러 순수해지고 정화되어 건전한 것이 된다. 그렇지만 예로부터 내려온 금단도와의 관계를 나타내는 것으로서 마단양은 견성見性의 의미를 표현하는 데 단결丹結이라는 말을 사용하기도 한다. 이것은 견성을 겉으로 드러내고 여기에 단결을 조화시킨 것이다. 그런데 조우흠의『선불동원仙佛同源』이후에 이르러서는 금단金丹을 표면에 드러내고 여기에 견성의 의미를 추가하며, 달마가 서쪽에서 온 것은 금단을 통해 득도得道하기 위해서라는 기이한 주장을 하게 되는데 주객이 전도된 것이다. 간신히 건전해진 전진교는 융성해지면서 남북을 석권하는데 불교와 도교를 융합하려고 이러한 기이한 주장을 하게 된 것은 곧 전진교의 타락이다. 그렇지 않다고 하더라도 금단도의 고질병을 뽑아내지 못하고 이제는 달마가 서쪽에서 온 것이 금단도를 찾기 위해서라고 한다. 금단도가 맹렬하게 부활한 것은 자연스러운 경로다. 만일 조우흠에게서는 이것이 건전한 의미로 사용되었다고 하더라도 이것은 곧 불건전한 상태로 복귀하는 첫걸음으로서 그다음은 수습해야 할 상황이 된다. 여기에 이르러 전진교다운 특색을 잃고 보통의 도교와 다를 것이 없어진다. 전진교全眞敎와 정일교正一敎가 뒤섞이게 된 것은 이 뒤의 일이다.

2) 전진교全眞敎와 정일교正一敎

명대에 이르러 전진교는 북방에서 후사가 끊기고, 오로지 남방에서만 모습이 나타났는데, 장교掌敎 즉 불교로 말하자면 주지住持는 없고 단지 정일正一과 뒤섞여 있을 뿐, 관직을 수여받은 정일교正一敎에 점차로 압도당했다. 이것은 예전의 도교로 복귀했다는 증거다.

원래 정일교正一教라는 것은 전진교가 북방에서 발생한 후 이것과
구별하여 남방의 예부터 내려온 도교를 총칭하던 것이다. 원나라시대
에 전진교주全眞教主가 배치되었을 때 36대代의 장종연에게 강남江南
의 도교를 이끌게 하고(1276), 그의 법제法弟 즉 법제자인 장류손張留孫
과 오전절吳全節이 북상해서 입교대종사立教大宗師를 수여받게 되면서
정일교라는 이름이 천하에 드러났다.

전진교와 정일교의 근본적 차이는 분명하지 않다. 차라리 전진교가
건전할 때에만 구별되었고 그 외의 때에는 피차 구별이 안 된다고 말
할 수 있을까? 건전한 시대에는 다음과 같이 구별된다.

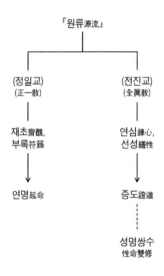

이것은 전진교가 건전할 때 정일교와 대조한 것이다. 그리고 그 전
진교에 관해서 남북을 구별하여 다음과 같이 대립시킨다.

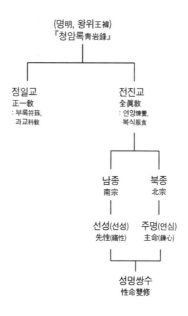

북종北宗은 명命으로부터 성性으로 들어가고, 남종南宗은 성으로부터 명으로 들어간다. 그리고 양쪽 모두 갖추고 있는 것은 성명쌍수性命雙修 즉 성과 명을 함께 닦는다는 것이다. 정일교正一敎에 이르러서는 연명延命 이외의 것이 아니다. 오직 전진교의 영향을 받은 시대에서만 성명性命에 참여한다. 성명이 전진교의 종극관終極觀이 된 것은 아마 송유 때문이다. 성과 명은 송유에게 일관된 근본의根本義다. 모두 선천적인 것으로서 성은 사람의 입장에서 하는 말이고, 명은 천天의 입장에서 하는 말이다. 성은 자연히 받아 지니는 것으로서 천의 명에서 나온다. 천의 명에서 나온 성이란 것은 천지에 보편하는 것으로서 이 성을 나누어 가진다는 점에서 사람은 귀하다. 이것을 천지성天地性이라고 한다. 천지성은 명이다. 사람의 힘으로 좌우할 수 있는 것이 아니다. 이와 같은 성명은 송유의 근본의이며, 그리고 성의 기반은 불교에 있다. 성은 법성法性이고, 보다 적절하게 말하자면 불성佛性이다. 법성이 사람에게서 발현한 것을 불성이라고 한다. 그리고 명은 유교의 것으로서 사람의 뜻에 따라 좌우되지 않는 천부적인 것이다. 성이 천부적인 것임을 극단적으로 말함으로써 성명이라는 말이 만들어진다. 성명은 불교의 본유무작本有無作 즉 본래 있는 것으로서 조작이 없는 법성에 비교할 수 있지만 천이라는 관념은 불교에 없는 것이라서 명을 적당히 불교에 배당할 수는 없다.

도道 (자연自然)　성性　　선천先天　(명命)(천天) : 천도天道 중심.
법法 (인연因緣)　법성法性　본유本有　(업보業報)　: 인격人格 중심.

또 자연의 대도大道는 인연법因緣法에 상당하지만 자연自然과 인연因緣 사이에 차이가 있다. 이 차이는 불교에 인격人格 중심의 업보業報 관념을 발생시킨 데 반해, 유교에 천도天道 중심의 천명天命 관념이 나타나게 했다. 그러니까 명命이라는 관념은 유교 특유의 것이고 불교에 없는 것이지만, 송유의 철리哲理는 명이 아니라 성性에 있다. 이 성은 불교의 법성法性, 이성理性, 불성佛性에 의해서 크게 철학화하며 견성見性이 수양의 중심을 이루게 되고, 이 조류는 이제 도교로 흘러 들어간다. 그리고 그 성은 송유를 통해서 불교와 연결되어 있지만, 명은 불교로 소급하지 않고 유교에서 빌려 와 예부터 내려온 선도仙道와 연결하여 생명生命의 의미로 사용되었다.

3) 도교道敎의 여러 파派

전진교가 처음으로 사회적 세력을 확장한 금대에 진대도교眞大道敎

와 태일교太一敎라는 것이 있었다. 『원류源流』에 따르면 진대도교는 유덕인劉德仁에 의해서, 태일교는 숙포진宿抱珍에 의해 주창主唱되었고, 원대로 내려오면서 도교의 여러 종파가 울창하게 흥성한다. 유덕인의 5대 전승으로서 손자뻘인 역희성酈希誠은 진인眞人을 수여받고, 다음의 손덕복孫德福은 각지의 진대도眞大道를 통할하게 되었다. 이로써 당시 진대도교 일파가 각지에서 유행했음을 추정해 볼 수 있다.

진대도교의 계보는 『금석췌편보정金石萃編補正』 권3에 실린 「대원천보궁창건조사지비大元天寶宮剏建祖師之碑」에 보인다. 비碑는 변량汴梁 노허주路許州 장사섭촌長社聶村 천보궁天寶宮에 있다. 병인丙寅년 3월(금나라 태정泰定 3년, 1163)에 세워졌고 한림학사翰林學士 오징吳澄이 글을 지었다. 오징은 이해에 이 궁宮의 별관에서 병 때문에 요양 중이었는데, 도사 등의 말을 합쳐서 다음과 같이 말한다. "교敎가 일어난 것은 금나라 사람이 중국 땅[中土]을 얻었을 때이다. 유조사劉祖師는 속세를 벗어나 출가하고, 철저히 좋아하는 것은 버리고, 욕구를 막으며, 술과 고기를 끊고, 힘써 경작하며 자급자족하고, 온갖 힘든 일들을 견디고, 검소하게 지내면서 안쓰럽게 여기는 마음[慈憫]이 있고, 뜻은 만물을 이롭게 하는 데 두며, 계행戒行이 엄격하고 깨끗하다. 한꺼번에 전적으로 그를 종宗으로 삼는다." 비문碑文에 따르면 이 교敎가 9대代까지 전해졌다는 것을 알 수 있다. 다음과 같다.

① 유조사劉祖師: 무우보제진인無憂普濟眞人, 가호加號 무보제개명통미진군無憂普濟開明洞微眞君.

② 진사정陳師正: 대통연교진인大通演敎眞人.

③ 장신진張信眞: 충허정조진인冲虚靜照眞人.

④ 모희종毛希琮: 체원묘행진인體元妙行眞人.

⑤ 역희성酈希誠: 태원진인太元眞人.

⑥ 손덕복孫德福: 통원진인通元眞人.

⑦ 이덕화李德和: 이진체도진인頤眞體道眞人.

⑧ 악덕문岳德文: 숭원광화진인崇元廣化眞人.

— 이상은 여러 조정朝廷에서 진인眞人이라는 호號를 하사한다.

⑨ 장청지張淸志: 연교대종사응신충묘원응진인演敎大宗師凝神冲妙元
應眞人, 각 지역 진대교의 일들을 통할한다.

비비碑는 장청지의 행도行道 즉 도를 닦은 일을 말할 뿐이다. 홍건興建
즉 교敎를 일으켜 세운 일에 대한 언급은 없다. 그 후 여전히 전승되었
다고 하더라도 그것을 알 수는 없다. 『원사元史』202에서는 몽고의 역
희성이 처음으로 진대도교眞大道敎를 주창하며, 세조世祖가 여기에 동
장銅章 즉 구리로 만든 기념 휘장을 하사했다고 기록하고 있다. 처음
주창했다는 그 말은 잘못이다.

태일교太一敎에 관해서는 소포진蕭抱珍의 5대 전승으로서 손자뻘인
이거수李居壽가 태일장교종사太一掌敎宗師를 하사받았다는 일이 알려
져 있지만 그 후의 상황은 불분명하다. 아마 점차 쇠약해져 갔을 것이
다. 당시 전진교는 제10대代 기지성祈志誠 때여서 바야흐로 전진교가
융성하던 때였다.

강남江南의 정일교正一敎에는 원나라 세종世宗시대 장도릉의 36세世
인 장종연이 있다. 지원至元 13년(1276) 강남의 도교를 통솔하고 천사

天師로서 안팎의 존경을 받았다. 장천사의 거처는 강서성江西省 파양鄱陽 용호산龍虎山이며, 장릉의 4세 손장성孫張盛이 여기로 이주하면서 부터 계속해서 이곳을 본거지로 삼았으므로 강남 도교 총본산으로서 세력이 있다. 세종은 지원 18년(1281)에 여러 승려 및 대도장교大道掌敎 이덕화, 전진장교全眞掌敎 기지성과 함께 정일천사正一天師 장종연에게 도경道經의 진위를 고증하도록 한다. 이로써 장종연의 학식을 짐작해 볼 수 있다. 성종成宗에 이르러 원정元貞 2년(1296)에 장여재張與材에게 강남의 도교를 관리하도록 하고 이어서 대덕大德 7년(1304)에 정일교주正一敎主로 삼는다. 명대로 내려와 태조太祖는 천사라는 호칭을 버리고 진인眞人이라는 명칭을 사용하는데, 정일사교正一嗣敎의 가호嘉號에 수반하여 6자, 8자 내지 12자의 사호師號를 추가한 것은 존경의 정도를 나타내기에 충분하다. 유교주의의 명나라 조정과 도교의 교섭이 많지는 않았지만 과교科敎를 주로 한 정일교는 교주 중에서 장우초, 장국상과 같은 학자를 배출한다. 정통正統 연간에 찬집된 도장道藏 480함函 5,305권卷은 장우초에서 장우청張宇淸에 이르는 동안의 역작이며, 만력萬曆 35년(1607)에 이르러 장국상은 속입續入 32함 80권을 봉지奉旨하여 즉 왕명을 받들어 편입함으로써 도장을 완성한다. 명대는 도교의 교권敎權이 확립되고 성전聖典이 대성大成된 시대이며 그리고 정일사교가 중심인물이었던 것은 강남 도교를 통솔한 천직天職으로 광채를 빛냈던 것이다. 도장 중에『한천사세가漢天師世家』가 있는데 49대代까지를 기록하고 있으며,『강서부지江西府志』124는 나아가 60대를 분명하게 더 기록한다. 한대 이후 계보가 뚜렷한 것은 종교의 영원성을 논할 만한 한 가지 재료다.

이 밖에 강남의 삼모산三茅山에는 상청上淸 43대代 종사宗師 허도기許
道杞가 있으면서 별도로 도교를 주관하며, 마찬가지로 삼모산에 38대
종사 장종영蔣宗瑛이 있으면서 멀리 양나라 때 도은거의 뒤를 잇는다.
이와 같이 앞서 서술한 각 파派를 모아 보면 5파가 된다.

| 진대도교 | 태일교 | 전진교 | 정일교 | 상청교 |
| 眞大道敎 | 太一敎 | 全眞敎 | 正一敎 | 上淸敎 |

그런데 원나라 진변陳釆이 찬술한 『청미선보淸微仙譜』(『원류源流』7에
서 인용)에는 다음과 같다.

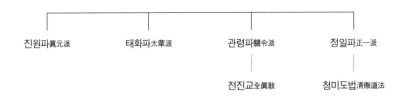

| 진원파眞元派 | 태화파太華派 | 관령파關令派 | 정일파正一派 |
| | | 전진교全眞敎 | 청미도법淸微道法 |

이상의 4파派라고 하며 전진교를 관령關令의 뒤라고 한다. 명나라
장우초의 『도문십규道門十規』에서는 다음과 같이 4파라고 한다.

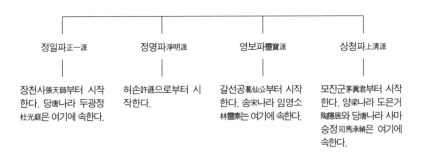

| 정일파正一派 | 정명파淨明派 | 영보파靈寶派 | 상청파上淸派 |
| 장천사張天師부터 시작한다. 당唐나라 두광정 杜光庭은 여기에 속한다. | 허손許遜으로부터 시작한다. | 갈선공葛仙公부터 시작한다. 송宋나라 임영소 林靈素는 여기에 속한다. | 모진군茅眞君부터 시작한다. 양梁나라 도은거 陶隱居와 당唐나라 사마 승정司馬承禎은 여기에 속한다. |

『원류源流』	『청미선보清微仙譜』	『도문십규道門十規』
진대도교眞大道教		
태일교太一教		
전진교全眞教 —————	관령파關令派	
정일교正一教 —————	정일파正一派 —————	정일파正一派
상청교上清教 ————————————————————————		상청파上清派
	진원파眞元派	
	태화파太華派	
		영보파靈寶派
		정명파淨明派

이와 같이 전래에 따라서 각각 다르며 이것을 통일하기는 어렵다. 각각의 전래가 일치하는 것은 위와 같이 오직 정일파正一派뿐이다.

7. 도장道藏의 성립

도교 대관大觀의 서술과 중복되는 부분이 있지만 순서상 여기서 도장道藏 성립의 간략한 줄거리를 서술한다. 도경道經이 송나라 이래 점점 수가 증가하고 당대唐代에 이르러 특히 위조僞造하는 쪽으로 진행한 일은 그 장章에서 서술했다. 이렇게 6조朝부터 수당에 걸쳐 많은 도경이 있다. 『설숭說嵩』에 "개원開元 연간에 장목藏目 즉 장藏의 목록을 만들었는데 『삼통경강三洞瓊綱』이라고 한다. 그 안에 수록된 것이 3,744권이다"라는 말이 있다. 이것은 『개원석교목록開元釋教目錄』을 모방한 것이고, 삼통三洞은 삼장三藏을 모방했다. 그렇지만 아직 도장이라고 이름 붙이지는 않은 것 같다. 송나라 초기에 불교 대장경大藏經을 조인雕印한 일이 큰 자극을 주었고, 진종眞宗과 인종仁宗에 이르러 처음으로 도장 목록이 생긴다. 진종 때 장군방이 『운급칠첨雲笈七

籤』을 편찬한 것이 도장의 기초가 된다. 『설숭』 중에 "당나라 말기 도서道書가 난리로 훼손되었기 때문에 송나라에 이르러 다시 관리를 파견하여 교정하고 70여 권의 글을 얻었으며, 서현 등에게 교정하도록 명하여 중복된 것을 제거하고 3,730권을 얻었고, 대중상부大中祥符 연간에 왕흠약에게 예전 목록을 대조하도록 명하여 통진洞眞, 통원洞元, 통신洞神, 태진太眞, 태평太平, 태청太淸, 정을正乙 등 7부部를 간행하여 보완하고, 합쳐서 신록新錄을 만드는데 모두 4,359권으로서 편목篇目을 찬술하여 헌상한다. 『보문통록寶文統錄』이라고 한다. 또 장군방은 상부祥符 연간에 4,565권의 도서道書를 수집하고, 숭관崇觀 즉 숭녕崇寧과 대관大觀의 연간에 이르러서는 5,387권으로 증가하며, 그 핵심을 뽑아서 『운급칠첨雲笈七籤』을 만들었다"라고 한다. 칙명으로 도서道書 2,500권을 수집했다는 것은 이것을 두고 한 말이다. 『불조통기佛祖統記』 48에서 "대중상부 연간(1008~1016)에 도장을 일으킨다. 부유한 임세장林世長이 주관자에게 뇌물을 주어 백련채白蓮菜 명교회明敎會의 이종삼제二宗三際라는 경전을 장藏 안에 편입시키고, 호주亳州의 명도궁明道宮에 안치한다"라고 한 것은 동일한 사실을 가리키는 것이다. 영종英宗의 치평治平 2년(1065) 범진范鎭의 『숭도관도장기崇道觀道藏記』에 따르면 "상부祥符와 천희天僖(天禧) 연간에 처음으로 도교를 일으키고 도서道書를 수집하여 수정 보완해서 보관한다. 검남劍南 한 지역에만 도서道書를 하사하지 않는다. 가우嘉祐 초기 성도부成都府의 요약곡姚若谷이 개탄하며 봉상부鳳翔府의 상청태평궁上淸太平宮, 경성군慶成軍의 태녕궁太寧宮, 호주의 태청궁太淸宮과 명도궁을 돌아다니며 2,000여 권을 얻고, 치평治平 원년에 영종英宗에게 요청하여 관본官本을 얻었는데, 다 합쳐서 500질帙 4,500여 권이었으며 이것을 5본本으로 만들어 성도成都, 운현鄆縣, 청성산淸城山, 재주梓州, 면주綿州에 보관한다"라고 한다. 이것은 치평 2년의 기사記事로서 도장기道藏記라는 것이 있다면 당시 도장이라는 명칭이 있었다는 것은 분명하다. 그렇다면 송나라 때의 『운급칠첨』이라는 관본이 기초가 되고 이 완본完本에 추가적으로 왕흠약과 장군방이 수집한 2,000권을 더해서 500질 4,500권이 된 것에 처음으로 도장이라는 이름이 붙여진 것 같다. 이 일은 성송盛宋 즉 송나라가 한창이던 때 인종仁宗의 조정에서 있었다.

그 후 142년이 지나 금나라 태화泰和 7년(1207)에 이르러 원비元妃(태조비太祖妃)가 왕처일 및 구처기에게 도교 2장藏을 하사하는데 하나는 성수聖水 지역의 옥허관玉虛觀으로, 다른 하나는 서하棲霞 지역의 태허관太虛觀으로 실어 보낸 일이 지원至元 8년(1271)에 찬술한 『칠진연보七眞年譜』에 보이며, 『금련정종선원상전金蓮正宗仙源像傳』 및 『금련정종기金蓮正宗記』에는 구처기에게 하사한 1장만을 내세운다. 『정종기正宗記』에는 보장寶藏 6,000여 권이라고 되어 있는데 송대의 것보다 더 증가했다는 것을 알 수 있지만 권수는 정확하지 않다. 태종太宗의 비妃는 또 구처기의 뒤를 이어 천하 도교의 일들을 주관한 윤지상에게 1장을 하사한다. 이것은 참으로 원대에 이르러서 도장道藏을 조인雕印할 때의 준비가 된다. 당시 천하의 대란 때문에 존재하던 도서道書들이 거의 잿더미가 되었으므로, 윤지상의 도제道弟인 송덕방이 스승인 구처기의 유촉遺囑을 받고 도형道兄인 윤지상의 장려에 힘입어 조인할 계획을 세우고, 제자인 태지안泰志安 및 이지전李志全과 함께 1237~1344년까지 약 7년간 이것을 성공시킨다. 이 일은 앞서 제시한

문헌 및 『감천선원록甘泉仙源錄』 등에 분명히 기록되어 있다. 그들은 어느 누구든 전진교도들이다. 전진교도가 도교에 세운 공적은 여기에 이르러 중대해졌다고 해야 할 것이다. 그 후 명나라 정통正統 연간에 찬수纂修된 도장은 더욱 증가해서 5,305권이 되는데 이것을 480함函으로 만들어 천자문의 자호字號에 따라 정리하고 3통洞, 4보輔, 12류類로 분류한다. 이것은 불교의 3장藏 12분교分敎를 모방한 것으로서 480함이라거나 천자문의 자호에 따라 정리한 것까지 『개원목록開元目錄』에 정리된 불경을 모방한다. 만력萬曆 35년에 이르러 정일사법正一嗣法인 천사天師 장국상이 칙명을 받들어 32부部 180권卷을 속입續入 즉 추가하기 때문에 정속正續 즉 정장正藏과 속장續藏을 합쳐서 512부 5,485권이 된다. 이에 이르러 함의 수뿐만 아니라 권수마저도 불교의 대장경과 비슷하다. 다만 분량도 내용도 불교에 비해 매우 부족하다. 명나라 만력 연간은 마침 밀장密藏인 환여幻余의 대책대장만력본大冊大藏萬曆本이 성립된 때이다. 그래서 그 자극이 도장을 완성하게 했다고 볼 수 있다. 그 후 중국에서 대장경大藏經의 발달은 없고 동시에 도장의 발달도 없다. 송에서 명의 만력 연대에 이르는 동안을 교권敎權 확립시대라고 이름 붙인 것은 이것 때문이다.

8. 입도入道 의식儀式[16]

도교가 융성한 때 진짜 도사가 되려던 사람은 어떤 수행을 하고 어

---

16 역주 저본(710쪽)은 차례와 다르게 입도(入道) 의식(儀式)과 수도(修道) 경과(經過)로 되어 있다. 여기서는 차례에 따라 번역했다.

떤 의식을 주고받았는지를 알게 해 주는 자료로서 살펴봐야 할 것으로 『삼통수도의三洞修道儀』란 것이 있다. 형남荊南의 보광자葆光子 손이중孫夷中의 찬집으로 남송시대의 저술이다. 그 서문[序]을 보면 다음과 같이 말한다.

통신洞神이 점차 교체된 동한東漢 말에 삼천법사三天法師 장군張君이 나타나 바야흐로 태상太上의 정일과법正一科法을 전수받고 법도를 내려 받고서 멀리 촉蜀나라로 찾아가 강림한다. 천사天師의 후예는 대대로 한 사람에게 전수된다. 곧 신주信州 용호산龍虎山의 장가長家다. 대체로 이 가르침은 오吳나라와 촉나라에서 융성한다. 위魏나라의 세상에 이르러 숭악崇嶽에 구겸지寇謙之라는 천사가 있었다. 당계唐季 즉 당나라 말기까지 도업道業 즉 도교의 사업을 빛낸 인물로 강좌江左(강동江東)에 간적선생簡寂先生 육수정陸修靜 같은 사람이 있고, 중우中宇에 은진隱眞 조 선생趙先生과 반천사潘天師와 징원澄源 이 선생李先生과 사마천사司馬天師 종원선생宗元先生과 오천사吳天師 우 선생牛先生과 섭고운葉孤雲 및 섭광한葉廣寒 등 두 천사와 희화希和 이 선생李先生이 있었으며 모두 가르침을 전하는 광명光明이었는데 다 같이 도문칠엽도道門七葉圖에 실려 있다. 이씨李氏(당唐나라)시대의 사예삼통과격四裔三洞科格은 정일正一에서 대통大洞까지 모두 7등급이고, 녹籙에 120개가 있고, 계과階科에 2,400개가 있고, 율律에 1,200개가 있고, 계戒에 1,200개가 있고, 또 사보진경四輔眞經이 있어서 이것들을 보좌한다. 오계五季(오대五代: 당唐과 송宋의 과도기)시대에 쇠퇴하면서 도교는 미약해지고 우뚝하게 독존한 곳은 호주亳州의 태청궁太淸宮뿐이다. 다음으로 북망北邙 양대陽臺의 양보陽輔 및 경당慶唐의 몇몇 도관道觀에 아직 전형典刑(법전法典)이 있다. 천태天台, 형주衡州, 상주湘州, 예장豫章, 첨주灊州, 악주嶽州는 심하게 훼손되지는 않았다.

그리고 "내가 일찍이 지인至人 욱勗을 만나 경서經書를 얻고자 했다. 계묘癸卯년(1123?)에 양대陽臺의 도사 유군劉君, 이름은 약졸若拙이 남쪽에서 와서 입도入道의 의식儀式과 관복冠服의 품위品位를 구두로 전수했다"라고 하면서 다음과 같이 서술한다.

① 초입도의初入道儀: 출가出家, 수계受戒, 송경誦經한 뒤 정일맹위록
  正一盟威錄 24품品을 요청에 따라 준다. 이후 도사道士다.

② 통신부洞神部 도사: 전강통신록全剛洞神錄을 준 뒤 태상통신법사太
  上洞神法師라고 부른다. 이후 부부는 단절되며 훈혈葷血 즉 일종의
  향신료와 육식肉食 등을 하지 않고 『통신십이부경洞神十二部經』에
  참여한다.

③ 고현부高玄部 도사(고상자허라고도 함[亦高上紫虛]): 태상고현록太上
  高玄錄을 준 뒤 태상자허고현제자太上紫虛高玄弟子, 고현법사高玄
  法師, 유현선생遊玄先生이라고 부른다. 『도덕경道德經』, 『서승경西
  昇經』, 『묘진경妙眞經』, 『침중경枕中經』 등을 참구參究한다.

④ 승현부昇玄部 도사: 태상승현록太上昇玄錄을 준 뒤 태상영보승현
  내교제자太上靈寶昇玄內敎弟子, 승현진일법사昇玄眞一法師, 무상등
  등광명진인無上等等光明眞人이라고 부른다. 『승현경昇玄經』을 준다.

⑤ 중맹통현부中盟洞玄部 도사: 중맹록中盟錄 36계階를 준 뒤 태상영
  보통현제자무상통현법사太上靈寶洞玄弟子無上洞玄法師, 동악선생청
  제진인東嶽先生靑帝眞人이라고 부른다. 『통현경洞玄經』 12부部에
  참여한다.

⑥ 삼통부三洞部 도사: 삼통보록三洞寶錄 24계階를 준 뒤 삼통법사동
  악청년진인三洞法師東嶽靑年眞人, 승현선생昇玄先生이라고 부른다.
  『삼통경三洞經』을 준다.

⑦ 대통부大洞部 도사: 상청금궐청정선법上淸金闕淸精選法에 참여할 수 있고, 도자道者가 되며, 상청대통삼경제자上淸大洞三景弟子, 무상삼통법사無上三洞法師, 동악진인東嶽眞人, 도덕선생道德先生이라고 부른다. 삼계三界에서 벗어나 영원히 세간世間에 들지 않는다.

이상 7계階 즉 7단계로 나아가는데 앞의 6단계에서는 정일맹위록正一盟威籙과 같은 녹록을 준다. 도교에서 가장 중요한 것은 이 수록授籙의 도식道式 즉 녹을 주는 도교 의식이며, 그리고 문외門外의 즉 도교 외부의 사람에게는 완전히 불분명한 것이다. 우리들은 오직 그 작법作法 즉 행해진 의식이 얼마나 엄중했는지를 추측할 뿐이다.

9. 전진교全眞敎와 산서성山西省의 도교 석굴

도교도道敎徒에 의해 만들어진 석굴石窟은 내가 아는 한에서 산서성山西省 태원현太原縣 용산龍山에 있는 것 외에는 보지 못했다. 이 석굴은 전진교도全眞敎徒인 송피운宋披雲(송덕방)이 굴착한 것인데 이것의 존재는 우선 전진교의 교세를 판단하는 표준이 되기도 하고 또 전진교의 종교관과 예술관을 가늠할 수 있는 자료가 되므로 여기서 이것을 기술하기로 한다. 1920년 가을부터 1921년 1월에 걸친 104일 동안의 제1회 중국 현지답사에서 저자가 결심한 일의 소득으로서 손꼽을 만한 것 중에 앞서 기술한 산서山西의 도교 석굴이 있다. 도교에 속하는 석굴은 아직 일찍이 보고된 것이 없으므로 이 석굴은 아마 최초일 것이라고 생각한다. 더욱이 전진교의 한 조사祖師에 의해 성립한 인연이 매우 명료하다는 점에서도 이것을 학계에 공표할 가치는 있다고 믿는다. 전진교라는 것도 오히려 아직 충분히 연구되지 않았다. 이 교敎의 완성자인 구처기邱處機(丘處機)의 역사를 말하기라도 하면 때때로 혹은 공중누각과 같은 사람이 아닌가라고 의심하는 사람도 있다고 하지만 이 석굴이 엄연히 존재하여 그가 실재했다는 것에 관해 조금의 의심도 남지 않게 한다. 저자는 귀국 후 이것을 곧바로 제국학사원帝國學士院에 보고하고, 또 『중국불교사적[支那佛敎史蹟]』 제3집集에서도 이미 공개했지만 첫째는 도교의 것이라는 점에서, 둘째는 남송시대의 것이란 점에서 달리 유사한 것이 없으므로 한층 상세히 기술할 필요가 있다고 생각한다.

이 석굴은 나중에 『산서통지山西通志』에 기록되어 있다는 것을 알았고, 또 세키노[關野] 교수가 『통지通志』에 근거해 이것을 수색했지만 결국 못 찾고 끝났다는 말을 나중에 이 교수에게서 듣고, 저자가 우연히 발견한 것이 정말 기쁘지 않을 수 없었다. 저자가 그것에 맞닥뜨린 것은 그 부근의 동자사童子寺를 답사하려고 용산龍山에 올랐기 때문이다. 이 동자사도 역시 그 교수가 찾으려다가 못 찾은 곳이다. 그 교수가 못 찾은 것도 그럴 만한데 지금은 단지 폐허에 지나지 않아 사람의 그림자도 없는 텅 빈 산일 뿐이다. 나무꾼이나 사냥꾼이라면 왕복할 수도 있겠지만 아마 세간의 어느 누구에게도 아무 필요가 없는 지점에 있다. 석굴은 그 근처의 도묘道廟인 호천관昊天觀에 속하지만 이것 역시 지금은 폐관廢觀 즉 폐쇄된 도관이라서 사람 그림자도 안 보이고, 그래서 이곳에 오를 아무 필요도 없다. 석굴에 청나라 때 사람이 새긴 글자가 있어서 그 사람은 이곳을 알았다고 해도 그 후 완전히 묻

힌 채 오늘에 이른다. 저자의 답사 후 2년이 지나 스웨덴의 시렌 교수
는 이곳에 주목하고 사진을 그의 저술 중에 추가한다. 산서山西에 있
는 가즈노부[一宣] 교수에게 위촉해서 촬영할 수 있었다고 한다. 앞서
서술한 것과 종종 중복된 점이 있지만 순서상 먼저 굴착자인 송피운
에 관해 한마디 하는 것이 편리할 것 같다.

송피운의 이름은 덕방德方이다. 산동山東 동래東萊 지역 사람이다.
금나라 대정大定 23년(1183)에 태어나 남송의 순우淳祐 7년(1247) 65세
로 선화仙化한다. 전진교주全眞敎主인 구장춘邱長春의 이름은 처기處機
인데 이 처기의 제자이며, 도형道兄인 윤지평尹志平 및 이지상李志常과
함께 18대사大師이면서 그중 제일第一이다. 18대사란 구장춘이 만 리
의 험난한 길을 지나 원나라 태조太祖를 인도까지 알현하러 갔을 때
같이 따라갔던 고족高足들 즉 학식과 품행이 뛰어난 제자들이다. 돌아
온 뒤 사람들이 모두 피곤해했지만 피운만큼은 홀로 태연히 글을 가
까이하자 장춘은 후일에 이 종교를 도울 만한 대업을 할 것이라고 하
며 기대한다. 장춘의 만년에 피운이 사라진 도경道經의 복구를 자문할
때, 장춘은 연로해서 이 일을 피운에게 맡기며 그때 그에게 피운자披
雲子라는 호號를 붙여 주고, 또 서남西南쪽 지역에 인연이 있다고 알려
준다. 장춘이 선화한 뒤 윤지평이 전교典敎의 일을 이어 가려 하자 피
운은 자신의 박학博學함으로써 크게 그 일을 도왔고, 이미 대승상大丞
相인 호천록胡天祿에게 초대받아 태원太原의 서산西山에 가서 지내며
옛 호천관昊天觀을 재건하여 스승인 구처기가 서남쪽 지역에 인연이
있을 것이라고 한 예언을 실현하고, 나아가 호천록의 보호를 받으며
도장道藏을 수집하고 교정하며 개조開雕의 대업을 향해 정진한다. 당

시에 존재하던 도서道書들이 병화兵火에 소실되고 거의 다 사라져 윤지평은 칙명을 받들어 피운에게 명하여 불타고 남은 것들을 수집하도록 한다. 아주 엉망진창으로 흩어져서 찾기가 어려웠을 것이다. 피운은 곧 특별하다고 소문이 자자한 인사들을 찾아서 이 일을 함께 하려고 하는데 그가 선택한 사람은 이지전李志全과 진지안秦志安 두 사람이며 시작부터 끝까지 7년에 걸쳐 마침내 개조開雕의 대업을 마쳤다. 개조한 연대는 남송 가희嘉熙 원년부터 순우淳祐 4년(1237~1244)으로 그 시작은 석굴 굴착과 동시가 된다. 이지전과 진지안 두 사람의 이름도 역시 석굴 안에 새겨져 있다.

이지전은 순성자純成子라고 부르며, 태원太原 태곡太谷 지역 사람이다. 금나라 명창明昌 5년(1194) 강사講師에 합격하지만 임명된 해에 세상의 변화를 싫어하여 구장춘을 만나 뵙고 도묘道妙 즉 도교의 오묘함을 전해 받아 그 후 산속에 살며, 송피운이 도서道書를 수집할 때 교정 작업을 하면서 시작부터 끝까지 10년간 아침저녁으로 게으름 피우지 않고 삼통三洞의 영문靈文을 완성할 수 있었다. 그 때문에 전진교주 이진상李眞常(이지상)이 감사하는 마음으로 순성대사純成大師라는 호號를 하사한다. 진지안은 통진자通眞子라고 부르며 능천陵川 지역 사람이다. 세 번이나 진사進士에 응시했지만, 40세 이후 가사家事를 버리고 숭소嵩少 즉 숭산嵩山에서 방랑하다가 치심양성治心養性의 요체를 찾아 북쪽으로 돌아가는데 송피운을 우연히 만나 마음이 맞아떨어지자 귀의할 곳을 얻었다고 여기며 제자의 예의를 갖추고, 피운이 도장道藏을 간행 유포하려고 시도하자 수정 보완하는 책임을 맡아 마침내 이것 즉 도장을 만들 수 있게 된다. 이렇게 송피운의 도장 개조開雕라는 대업은 이 두 사람에게 힘입은 바가 많고, 게다가 이 석굴의 굴착도 두 사람에게 힘입었다.

이상으로 준비를 갖춘 후 석굴에 대해 설명하고 나아가 전진교에 대해 설명을 진행하기로 한다. 석굴이 굴착된 곳은 모래와 자갈로 뭉쳐진 암석이 군집한 곳으로서 남면南面과 동면東面에 크고 작은 여러 개의 동굴이 있다. 그중에 도상道像이 있는 곳이 8개이다. 저자는 당시 6개 동굴만 탐색할 수 있었지만 1924년에 게이오대[慶應大] 학생인 영초무寧超武 군을 부추겨서 자세히 탐사한 결과 그 밖에 도상이 있는 두 개의 작은 동굴을 더 추가할 수 있었다.

처음의 3중으로 된 상층 동굴[上層洞]은 정면 중앙에 하나의 도존道尊 좌상坐像을 새기고, 좌우 양쪽 벽에 구름 속에 서 있는 열 명의 시자[十侍]를 새기고, 천장에 운룡雲龍을 새겼다. 마모된 정도가 심해서 다소 불명료하지만 그것의 형식이나 배치 등이 불교의 석굴을 모방했다는 것은 명백하다. 특히 도존의 위쪽 좌우에 새겨진 연꽃을 든 비천飛天 즉 천녀天女 같은 것은 완전히 불상佛像의 양식에서 배운 것이다. 동굴 안에 다음과 같은 각문刻文 즉 새겨진 글이 있다.

(앞부분 생략) 신선이 사는 궁전인 단대가 있는 아름다운 숲에서 거닐기도 하고 쉬기도 한다. □구름이나 □노을을 마시기도 하고 먹기도 한다. 그렇게 움직여도 마음이 그런 것은 아니고, 그렇게 날아다니지만 날개가 있어서가 아니다. 듣는 것은 귀로써가 아니고 무궁에서 듣는다. 보는 것은 눈으로써가 아니고 무극에서 듣는다. 이것은 모두 시조가 되는 조상이 없고, 시작과 끝이 없으며, 온화하게 사랑의 마음을 간직하고, 세속의 어리석은 이들을 가엽게 여긴다. 삼가 이 말을 기록하여 구역 안에 표시한다(前略) 丹臺瑤林,

以遊以息. □雲□霞, 以飮以食. 其動非心, 其翔非翼. 聽不以耳, 聞乎旡窮. 視不以目, 察乎旡極. 此皆旡祖旡宗, 不始不終, 含和蘊慈, 愍俗哀蒙. 謹錄此語, 庸示區中].

갑오년 봄부터 을미년 겨울까지 삼통의 일을 마치다. 내주萊州의 피운이 기술자에게 돌에 새기도록 명령하다[自甲午春, 至乙未冬, 三洞功畢. 萊披雲, 命工勒石].

갑오甲午는 남송의 단평端平 원년(1234)이고, 을미乙未는 그다음 연도이다. 송피운이 시작한 최초의 동굴로서 피운의 나이 52, 3세 때 즈음이다. 글 속의 삼통三洞은 통진洞眞, 통신洞神, 통현洞玄으로서 불교의 삼장三藏을 모방하여 도장道藏의 통칭으로 사용된다. 3중으로 된 동굴[三重洞]은 어쩌면 삼통을 흉내 낸 것일까? 피운은 스승 장춘이 금나라 정대正大 4년(1237)에 선화한 뒤 산서山西의 태원太原에서 은거하며 도장 수집의 대업에 종사하는데 이제까지 7년이 지났다. 삼통의 일을 마치다[三洞功畢]라는 말은 도장을 수집, 교정하는 대업을 완결하여 만족스러웠다는 생각을 표현하려는 것이다. 피운의 이 대업은 스승 장춘의 유명遺命이다. 이 유명인 대업을 완결할 수 있었다는 만족의 표현으로서 굴착한 상층 동굴[上層洞]의 주존主尊은 누구여야 할까? 그 풍모가 도존道尊이라기보다도 진인眞人에 가깝다고 본다면 아마도 그의 스승 구장춘일 것이며, 그렇다면 좌우의 시자侍者는 18대사大師에 이지전과 진지안을 추가했던 것일까?

중층 동굴[中層洞]은 8동洞 중 가장 큰 것으로 다다미[疊] 8장(약 13제곱미터) 정도의 넓이다. 삼면三面에 존선尊仙의 상像이 있다. 정면에 3명의 도존[三道尊]을 새기고, 좌우에 3명의 진인[三眞人]과 3명의 시녀[三侍女]를 새기고, 천장에 현란한 구름과 쌍용雙龍을 새겼다. 삼도존三道尊

은 원시천존元始天尊, 태상도군太上道君, 태상노군太上老君이고, 두광頭光과 신광身光이 있는 점도 광명과 화염의 형태라는 점도 전부 불상佛像을 본받고, 차분하게 품위 있는 모습 역시 불상을 참조하여 만든 것으로서 조금의 비속한 모습도 없다. 작품상에서 그 배후에 가로놓인 건전한 사상과 신앙을 맛볼 수 있다. 도상道像 중에서 아마 공전절후空前絕後한 걸작이라고 해도 불가하지 않다. 이 동굴에도 역시 각문刻文 즉 새겨진 글이 있다.

병신년 5월 병진일 초하루[歲在丙申五月丙辰朔].

모든 진실하고 옥과 같은 공간인 총진옥실이 장엄하고 경사스럽게 만들어져 삼가 축문을 짓다[總眞玉室, 莊嚴慶成, 謹作祝文].

대도는 심원하게 있는데 누가 그 형체를 따지겠는가. 지인은 깊이를 체득하고 진실한 형상은 마음을 다한다. 이에 반석에 구멍을 파고 금과 옥으로 다듬는다. 모든 신들이 찾아와 생각하니 기쁨을 실어 오고, 좨주는 나누어 베푼다[大道窈實, 孰詰其形. 至人體奧, 眞像盡情. 爰穴盤石, 煥以金碧. 萬神來思, 載歡載懌, 祭酒披宣].

기원하노니 은혜와 축복이 널리 퍼지리라[祈恩祝延].

지금의 천자가 이 연도를 크게 생각하여 신하들에게 파급하고 받들어 경하한다면 비바람이 몰아칠 때라도 생명들은 평안하리라[當今天子, 憶萬斯年, 波及臣佐, 嵩呼慶賀, 風雨若時, 生靈安妥].

　　　　　　　　　　　　　　문하생 이지전 지음[門人李志全述].

피운이 석실을 뚫고 존상을 만들다[披雲瓶鑿石室尊像].

훌륭한 피운이라는 노선은 용산의 가장 □을 차지하고 천 길 깊이의 푸른 옥으로 된 바위를 뚫어 여러 동굴을 황금으로 된 형상으로 변화시킨다. 현묘하게 세운 건물인 현대는 은하수나 달과 높이를 다투며, 걸출하게 세워진 건물인 걸각은 새벽 별이나 노을과 서로 다툰다. 모든 신령들이 함께 지키기를 바라노니 만겁이라는 기나긴 시간에 걸쳐도 헤아릴 수 없는 것이다[偉披雲之老仙, 占龍山之最□, 鑿千尋碧玉之巖, 幻數洞黃金之像. 玄臺共漢月爭高, 傑閣與晨霞相抗. 幸百靈之拱衛, 亘萬劫而無量者也].

병신년 7월 초 아흐레[丙申歲七月初九日] 문하생 순택 진지안 지음[門人舜澤秦志安述].

당시 나는 이 석굴이 무엇인지를 알기 위해 생각을 집중하는 동안 피운의 문자를 보고 점점 전진교의 학자라고 생각하게 되었고, 이어서 이지전과 이지안李志安[17]은 피운을 보조하여 도장道藏을 조인雕印한 학자일 것이라고 생각하게 되었으며, 이 동굴이 중요하다는 것을 알게 되었다. 이러한 상층과 중층의 도상道像은 도장을 개조開雕한 사람인 송피운의 손으로 만든 것이고, 병신丙申은 남송의 단평端平 3년(1236)이다. 중층은 이지전의 글을 통해 중층 동굴에 총진옥실總眞玉室이라는 이름이 있다는 것을 알게 된다.

하층 동굴[下層洞]에는 가로누워 돌베개를 베고 있는 거상巨像이 있다. 동굴에 명문銘文 즉 새겨진 글이 없어서 무엇을 조각한 것인지 불분명하지만 아마 석가의 열반상涅槃像에서 본뜬 노자이든지 혹은 송나라 초기의 도사 진희이일 것이다. 『조정내전祖庭內傳』 중에서 송피운 이전에 이미 두 개의 동굴이 있다는 사실을 전한다. 글에서는 다음과 같이 말한다.

갑오년에 태원의 서산을 유람하면서 옛날에 호천관이 있었던 터를 보았다.

17　역주 저본 716쪽 15째 줄. 진지안(秦志安)의 오기인 것 같다.

두 개의 돌 동굴이 있고 모두 도교의 형상인 도상이 있었다. 벽 사이에 송나라 또는 송씨 성의 동자라는 뜻의 송동이라는 두 글자가 있었다.

현존하는 8개의 동굴 중에 이 2개의 동굴에 해당하는 것은 이 와상동臥像洞 즉 와상이 있는 동굴과 다음의 삼제상동三帝像洞 즉 삼제상이 있는 동굴이다.

제4의 작은 동굴에는 복희伏羲, 신농神農, 황제黃帝 등 삼제三帝를 중심으로 좌우에 많은 시조侍曹 즉 시중드는 이들을 배치한다. 규모는 작지만 솜씨는 볼만한 것이며 앞서 서술한 것과 같이 송피운 이전의 것이다.

제5, 제6 등 2개의 작은 동굴에는 한 진인眞人의 좌상을 중심으로 해서 두 사람의 입시조立侍曹 즉 서서 시중들고 있는 이들을 첨가한다. 아마도 이지전과 진지안일 것이다. 또 상像의 배치, 형상, 신광身光, 두광頭光에 이르기까지 불상佛像의 양식을 모방한다.

연대상 중층등中層洞 다음의 것은 현문열조동玄門列祖洞 즉 도교의 조사祖師들을 나열해 놓은 동굴이다. 외면에 무장한 두 명의 신장神將이 있다. 아마 불교의 사천왕四天王에서 탈바꿈했을 것이다. 다다미 6장(약 10제곱미터) 정도 크기의 동굴 내부는 정면에 3조祖가 있고, 좌우 2면에 각각 2조가 있어서 총 7조 즉 7진인眞人을 새겼다. 안타깝게도 좌우 각 1조의 머리 부분이 없어졌다. 천장에 쌍룡雙龍을 새겼다. 외면의 2신장의 상像은 잘된 작품은 아니지만 천장의 쌍룡은 볼만한 것이며, 또 열조列祖 즉 나열된 조사祖師의 풍모에도 중후한 위엄이 갖춰져 있다. 특히 좋은 점은 하나같이 꾸밈이 없고, 맑고 수수하면서 더욱이 조사의 존귀함을 표현한 점인데 그 점에서 말한다면 오늘날 가는 곳마다 보이는 도관道觀 중의 괴물과 요부妖婦는 같이 말할 만한 것이 못된다. 꾸민 색깔과 찬란한 빛으로 민중의 주의를 끌려고 하게 된 것은 내부 정신이 고갈된 데서 비롯한다고 생각해 보면, 조금도 이러한 수단에 호소하지 않고 자연스러움 속에서 존엄한 풍모를 드러나게 한 전진교 안에 건전한 사상과 정신이 있다는 것을 알아보지 못해서는 안 된다. 정면의 3조는 분명히 구처기를 중심으로 하고 마단양과 담장진을 좌우로 삼은 것이다. 저자가 이전에 봉천奉天의 태청궁太淸宮에서 7진인을 찾다가 아무 소득이 없었고, 북경北京의 백운관白雲觀에서 7진인의 상像을 보았어도 성스러운 느낌이 들지 않았는데 이제야 이 석굴에 와서 대大전진교全眞敎의 조사인 7진인을 만났다는 느낌이 든다. 그 후 이것을 조사했는데 북경 백운관의 것은 아마도 청조淸朝 즉 청나라 때의 작품이다. 이에 반해서 이 석굴의 것은 구처기의 제자인 금나라 송피운이 굴착한 것이다. 시대적으로도 인연으로도 전진교의 유일무이한 것이 아닐 수 없다.

현문열조동玄門列祖洞에도 각문刻文이 있다.

3년간의 동굴 공사가 끝나다. 다음과 같이 글을 새긴다[三載洞府功畢. 銘曰]:

도가 커져서 때를 맞아 창성하고	道泰時昌
동굴 사당이 만들어지는데	洞宮載緝
위대한 어떤 신선이	偉有神仙
석벽에서 나오네	從石壁出
병신년 10월에	丙申應鐘
조사의 사당 공사를 마치니	祖堂功畢

힘썼다 피운이여　　　　　　　　　　　　　　　　　　　　勗哉披雲

선조의 덕을 빛내는구나　　　　　　　　　　　　　　　　　有光先德

조사의 사당에 대한 찬문[祖堂贊]:

석실은 옥으로 새기고　　　　　　　　　　　　　　　　　　石室鐫玉

조당은 금으로 그리네　　　　　　　　　　　　　　　　　　祖堂繪金

공로는 지나간 옛날을 넘어서고　　　　　　　　　　　　　功超往古

덕은 이제까지 으뜸이네　　　　　　　　　　　　　　　　　德冠來今

세상과 공로는 서로 먼 것이고　　　　　　　　　　　　　世與功遠

해가 갈수록 덕은 깊어지는 것　　　　　　　　　　　　　年隨德深

후학에게 경계하노니　　　　　　　　　　　　　　　　　　警爾後學

갸륵한 뜻을 잊지 말라　　　　　　　　　　　　　　　　　無忘孝志

　이 명문銘文은 틀림없이 구처기의 뒤를 이어 전진교 제6대 통리자統理者가 된 윤지평의 것임에 틀림없다. 왜냐하면 이때는 구처기가 우화羽化한 뒤이며 그리고 피운에 대해서 "힘썼다[勗哉]"라고 말할 수 있는 사람은 도형道兄이면서 동시에 통리자인 윤지평 외에 있을 수 없기 때문이다. 병신丙申년은 피운의 나이 54세, 도형인 윤지평의 나이는 68세가 된다.

　최후의 피운동披雲洞에는 송피운 한 사람의 석상이 있다. 천장에는 쌍란雙鸞 즉 전설상의 새인 난새 두 마리가 있고 가작佳作인데 특히 피운의 상像은 전체 중에서 걸작이다. 두 겹의 네모난 좌석 위에 안좌安坐하고, 도관道冠을 쓰고, 긴 수염을 늘어뜨리고, 두 눈을 뜨고 정면을 직시하는 풍모는 생생하다. 양손을 소매 속에 넣은 채 나란히 배꼽 아래에 두고, 조용히 앉아 움직이지 않는 모습이며, 옷은 늘어져 단壇을 덮는다. 배광背光 즉 후광後光이나 부좌趺坐 즉 책상다리를 하고 앉은 것이나 수의垂衣 즉 옷을 늘어뜨리는 것 역시 불상佛像의 형식이다. 안타까운 점은 저자가 답사할 때 완전하던 것이 영초무 군이 찾아갔을 때는 이미 머리 부분이 파괴되었다는 사실이다. 동굴 안에 역시 명문銘文이 있다.

피운 선옹은 현문 즉 도교의 용이시다	披雲仙翁玄門中龍
덕이 어떠냐면 태화산의 봉우리이고	德如之何太華之峰
절개가 어떠냐면 조래산의 소나무다	節如之何徂來之松
9세 때 도를 깨닫고 임궁 즉 도관을 두루 예방하며	九齡悟道徧禮琳宮
천 리에서 스승을 찾아 진실한 모습에 은밀히 계합한다	千里求師密契眞風
현화 즉 도교의 교화를 음산 바깥으로 떨치고	闡玄化於陰山之外
경장 즉 옥과 같은 글을 화겁의 끝으로 잇는다	續瓊章於火劫之終
담장진과 마단양을 삼양이 비치는 거울로 단련하고	鍊譚馬三陽之鏡
구장춘과 유장생을 팔극의 기준이 되는 종으로 주조한다	鑄丘劉八極之鍾
옥 나무는 바다 위로 거듭 향기를 날리고	玉樹重芳於海上
금 연꽃은 산동에서 다시 자라난다	金蓮復秀於山東
천년의 학이 길러지기를 진실로 기다리니	眞待養成千歲鶴
자줏빛 구름 속에 철피리 소리 울린다	一聲鐵笛紫雲中

문하생 순택 진지안이 향을 피우고 경축한 찬문[門人舜澤秦志安焚香敬贊].

피운 자신이 지은 찬문[披雲自贊]:
이 형체가 매우 크니 이미 하나의 거짓이고 재앙이다. 누군가에 의해 의외의 일이 생겨 억지스럽게 그것을 헛되이 만들고 또 가짜 형상과 진짜 모습을 구분하니 곧 죄가 두 배가 된다. 오로지 눈병이 심해져서인지 마침내 무언가가 있다[這箇形骸許大, 已是一陽災禍. 被誰節外生枝, 强要幻成那箇, 更分假像眞

容, 便是兩重罪過. 只因眼病生華, 畢竟有箇甚麼].

　　　　　무술년 봄부터 기해년 가을까지 공사 마침[自戊戌春至己亥秋工畢].

　　무술戊戌년은 남송의 가희嘉熙 2년(1238)이고, 기해己亥년은 다음 연도인 3년(1239)으로서 피운이 56세에서 57세 때이다. 피운의 우화羽化는 65세다. 피운이 우화하기 7년 전에 만들어진 자상自像 즉 자신의 형상에 스스로 찬문을 추가한 것을 보면 분명히 초상肖像 즉 모습 그대로 만든 형상이 아닐 리가 없다. 송피운은 참으로 전진교의 통리자統理者가 될 만한 학식도 있고, 덕德도 있고, 명망名望도 있고, 공적도 있지만 14세가 더 많은 윤지평이 이미 통리자가 되었고 게다가 피운보다 나중까지 생존하므로 피운은 결국 제7대代의 위치에 오르지 못하고, 피운의 사후에 이지상이 윤지평의 뒤를 잇게 된다. 피운은 이러한 사정 때문에 통리자가 되지 못하지만 전진교에서는 다른 사람보다 공로가 갑절이나 더 많은 사람이다.

　　명문銘文 중에 있는 담譚과 마馬는 말할 것도 없이 담장진과 마단양이고, 구丘와 유劉는 구장춘과 유장생이다. 이들 4인은 개조開祖인 왕중양의 사천왕四天王이라고도 할 만큼의 걸출한 인물들로서 왕중양의 뒤를 이어 마단양은 제2대가 되고, 담장진은 제3대가 되고, 유장생은 제4대가 되고, 구장춘은 제5대가 된다. 그중에서도 전진교의 기초를 확고히 다진 공로자는 구장춘이며, 윤지평도 송피운도 이지상도 모두 구장춘의 제자다. 또 명문 중에 금련金蓮 즉 금 연꽃이라고 한 것은 당초에 교도들이 스스로 금련종金蓮宗이라고 부른 데서 기인한다. 피운의 자찬自贊은 완전히 선가禪家의 말투이며 명백히 전진교에 끼친 선종禪宗의 영향을 알게 해 준다. 상像이라든지 문구[語]라든지 아마 도교 역사에서 지극한 보배라고 해야 할 것이다.

이상을 총괄하면 제3굴窟의 노자와상老子臥像 및 제4굴의 삼제상三帝像은 송피운 이전에 만들어진 것이다. 송피운이 삼통三洞 즉 도장道藏의 일을 끝낸 기쁨을 표현하기 위해 장인[工]에게 명하여 돌에 새기도록 한 최초의 것은 제1동洞의 구장춘상邱長春像으로서 1234~1235년에 완성된다. 다음으로 제2동의 도존상道尊像은 1236년 7월에 완성되고, 다음으로 제8동의 현문열조상玄門列祖像은 같은 해 10월에 완성되고, 다음으로 제7동의 피운상披雲像은 1238~1239년에 완성된다. 즉 6년 동안에 중요한 4동이 만들어진다는 것을 알게 된다. 그 밖에 제5, 제6 등 2동은 피운이 우화한 뒤에 만들어진 것이다.

원래 중국의 석굴은 북위부터 당나라 초기에 왕성하고, 중당 이후 거의 그 자취가 끊어지며, 송대의 것은 겨우 남방南方의 항주杭州에 존재할 뿐이고 북방北方에서는 여기 용산龍山 이외에는 있다는 말을 못 들었다. 특히 다수의 석굴 중 도교에 속하는 것은 유일하게 이것뿐이고, 더욱이 송대를 대표할 만한 걸작이다. 의관衣冠의 형식이 매우 사실적이라는 점에서도 주목을 끌며, 또 불교의 석굴이 종말에 가까워질 때 도교의 석굴이 활동한 것도 주의를 기울이게 한다. 이 도교 석굴이 존재하는 산서성山西省에는 북방으로 수백 지리支里 떨어진 대동大同의 운강雲岡 지역에 북위시대의 대규모 석불사石佛寺가 있고, 이 도교 석굴이 존재하는 용산에 인접한 서방西方의 천룡산天龍山에는 북제시대부터 수당시대까지의 석굴이 있다. 이것들은 분명히 용산의 도교 석굴에 직접 영향을 주었을 것이다. 하물며 하남河南의 용문龍門에 북위시대부터 당대唐代까지의 대규모 석굴이 있고, 하남과 산서山西에 걸쳐 있는 향당산響堂山에는 북제시대의 석굴이 있고, 산동山東 청주青州의 타산駝山과 운문산雲門山에는 수대의 석굴이 있고, 남방 서호西湖의 비래봉飛來峰에는 송원시대의 석굴이 있다. 그 밖에 불교의 석굴 이것저것이 여기저기에 있다. 이러한 것들의 직간접적인 자극을 받은 도교가 금대에 이르러 충실한 전진교의 세력에 의해 이 석굴을 굴착한 것도 물론 당연하다고 해야 한다. 이와 같은 다수의 불교 석굴은『중국불교사적[支那佛教史蹟]』제1, 제2, 제3, 제4, 제5의 도록圖錄 중에 게재되어 있다. 양자兩者를 대조함으로써 그 사이의 연결과 교섭을 판단할 수 있을 것이다.

전진교全眞教에 관해서는 이미 앞서 서술했지만 그와 같이 부분들을 분리한 서술에서는 그것을 대관大觀하기에는 불편함이 있으므로 중복되는 점이 있더라도 이 기회에 조금 상세히 서술하고자 한다. 전진교라는 것은 금대에 발흥한 도교의 신파新派 즉 새로운 유파流波이며, 함양咸陽의 왕철은 자字가 지명知明 혹은 중부中孚이며 호號가 중양重陽인데 그가 창도한 것과 관계된다. 왕중양은 정륭正隆 4년(1159) 48세 때 종남현終南縣에서 여순양을 만나 수선구결修仙口訣을 전수받고, 집을 버리고 혈거穴居 즉 동굴 생활을 하며 수련하기를 4년, 변량汴梁을 지나 산동山東에 이르는데 그의 감화가 매우 컸다. 중양의 종교적 활동은 대정大定 3년(1163)부터이며, 같은 10년(1170)에 우화羽化하므로 공공연한 교화 운동은 겨우 7년에 지나지 않지만 간명簡明하고 적절한 교훈과 단련을 통한 견성見性에서 나오는 인격은 방향성을 상실한 당시의 위아래 사람들에게 비상한 자극을 주며, 군건해서 뽑아

낼 수 없는 세력을 확장한다. 사람을 인도할 때 처음에는 반드시 『효경孝經』과 『도덕경道德經』으로 하고, 나중에는 『반야심경般若心經』과 『상청정경常淸淨經』으로 한다. 대정大定 7년(1167)에 산동성山東省의 곤륜산崑崙山에 머물며 거처하던 곳에 전진全眞이라는 제목을 붙인 데서 전진교라는 이름이 생긴다. 또 같은 9년(1169)에 영해寧海 지역 마씨馬氏의 남원南薗에 초청받았는데 그곳 거처에 금련당金蓮堂이라는 제목을 붙였으므로 혹은 이 교敎를 금련정종金蓮正宗이라고도 부른다. 모임을 개최할 때는 매번 항상 삼교三敎라는 말을 앞세웠으므로 삼교 조화의 색채가 농후하게 나타난다.

전진교를 조사할 만한 근본 자료는 역사상으로 금나라 원유산元遺山의 『자미관기紫微觀記』를 추천해야 하며, 교의敎義상으로는 왕중양 자신의 저술인 『입교십오론立敎十五論』을 추천한다. 원유산은 금나라 말기 사람이고 중양의 몰후 70년이 못 돼서 이 글을 지었으므로 이 기사만큼 정확히 전진교의 역사를 전하는 것은 없다고 할 수 있다. 『불조통재佛祖通載』 제31에서 인용하고 있다. 다음과 같다.

정원貞元과 정륭正隆 연간(1153~1160) 이래 또 전진全眞의 가르침[敎]이 있는데 함양咸陽 사람 왕중부王中孚가 주창하고 담譚, 마馬, 구丘, 유劉라는 여러 사람이 이것에 어울린다. 연정淵靜의 설設에 기반하며 황관黃冠과 양회禳檜라는 거짓이 없고, 선정禪定의 설에 참여함으로써 두타頭陀나 계율에 얽매이는 괴로움이 없고, 밭 갈고 우물 파서 스스로 먹고살며 남는 것이 있으면 다른 사람에게 나눠 준다. 세간에서 게으름에 빠진 사람들이 한꺼번에 이것에 따르니 남쪽은 회수[淮]에 닿고 북쪽은 삭막朔漠에 이르며 서쪽은 진秦을 향하고 동쪽은 바다를 바라본다. 산림성시山林城市에서는 집들이 서로 늘어져 있으면서 열 집씩 백 집이 짝이 되어 갑과 을이 서로 주고받는데 단단하여 깰 수 없는 세력이 되었다. 임금은 일찍이 장각張角의 오두미교의 변란처럼 될까 봐 두려워하여 없애려고 했지만 당시의 장상將相과 대신들 중에 주장한 사람이 있어서 이미 단절했어도 다시 존재하며 작지만 더욱 치성하여 50~70년 이래 아마 다시 흔들 수는 없게 되었다. 정우貞祐 연간의 난리 이후 다 흐트러져 기강 잡힌 문장이 없어서 백성들이 향해 나아갈 바가 없어지니 이를 위해 가르칠 이는 오직 이 종宗뿐이다.

이것에 따르면 왕중양이 주창했다고 말하면서 그 연대를 정원貞元과 정륭正隆 사이에 둔 것은 앞의 기사와 일치하지 않지만, 종교적 활동의 시초를 대정大定 3년에 둔 것은 가장 감화가 많았던 산동山東의 교화를 기점으로 삼은 것으로서 이때 중양은 마침 52세가 된다. 중양은 종남終南의 산속에서 입도入道 즉 도교에 들어가고 수행하며, 산동에 이르기 전에 이미 종남의 산속에서도 양梁 즉 변량汴梁 지역 왕씨王氏의 여저旅邸 즉 여관 같은 숙소에서도 상당한 감화를 미치기 때문에 전진교의 기원을 대정大定 3년부터 10년 이전으로 소급하여 정원 초기에 두어도 잘못이 아닐 뿐만 아니라 또한 그렇게 말할 수 있는 이유가 있는 것이다. 물론 중양은 하루아침에 생겨난 인물이 아니라 요나라 유해섬 같은 사람이 그의 선구자인데, 원유산元遺山의 글은 함부로 그의 선구자를 포함하고 있지는 못한 것이다.

전진교의 장점은 노장의 연정淵靜사상을 근거로 하고, 보통의 도교에 고유한 미신인 양회禳檜를 제거하고, 불교의 선정禪定으로 수도修道의 방법으로 삼으면서 인간중심의 종교를 목적으로 삼아 함부로 두타頭陀를 행하거나 계율에 속박될 필요가 없으며, 사회적으로는 자급자족의 노력 생활주의에 서서 공존과 공동의 정신을 발휘하고, 남은 것이 있으면 타인에게 나눠 준다는 데 있다. 견실하고 건전한 이 교화는 혼란한 시대를 구원하는 도道가 되어 갑작스럽게 사방을 풍미하게 된다.

전진교의 발생은 당시의 사회 상태가 불안한 데서 비롯한 위아래 인심의 침체가 중요한 원인이지만 정치 상태 또 사회 상태를 떠나서 단지 종교상으로만 보더라도 이러한 전환이 필요해진다. 종교상에서 관찰할 때는 내외의 두 가지 원인을 헤아릴 수 있다. 내인內因 즉 내적 원인은 도교의 부패이고, 외인外因 즉 외적 원인은 불교의 형식화이다. 도교의 부패는 송나라 휘종徽宗 이후 심해지게 된다. 이 시대 도교의 융성은 교의敎義도 도덕도 아닌 전적으로 의례儀禮와 미신에 기초한 것이다. 주요 인물은 서지상과 임영소 두 사람이다. 도계道階 26등급, 도관道官 16등급, 도직道職 11등급 등의 의례가 설정된 것은 서지상의 수완이었다. 천신天神이 강림해서 현재의 휘종 황제가 되었다는 미신을 널리 유포한 것은 임영소의 교변巧辯 즉 교묘한 말솜씨였다. 궁중에서 대회大會를 열고 임영소가 고좌高座에 올라 『도덕경道德經』을 강의하는데 위쪽 옆으로 휘장을 설치하고 그것을 듣기에 이르렀지만 그의 강경講經 즉 강의에 특별히 뛰어난 것도 없었음에도 익살스럽게 종횡으로 떠들어 대자 위아래가 매우 기뻐하며 군신의 예禮가 문란해지게 된다. 이때는 도사에게 봉급을 주고, 한 번 재齋 즉 일종의 의식을 행할 때마다 수십만을 베풀고 하나의 궁관宮觀 즉 도관道觀에 수천 경頃의 전지田地 즉 논밭을 지급하였으므로 모두 처자식을 늘리고 시녀侍女를 두었으며 화려한 옷과 음식을 먹는 자가 거의 2만 명으로 많아지게 된다. 『불조통재佛祖通載』에서 "주나라 영왕靈王의 태자 진

晉을 왕건王建의 비조鼻祖 즉 시조라 하고, 개원開元의 고사故事에 따라 왕신궁王宸宮에 나아가 받들고, 품계品階를 정하고 의범儀範을 만들며, 신선관부神仙官府라고 부르는 등 허황되고 거짓되었어도 따질 수가 없었으며, 정치를 펼 때 황관黃冠들 즉 도사들의 폐해가 극심하고 관직에도 진출하며 교만과 사치가 극에 달하고, 또 그 무리들이 불교의 명복冥福 얘기를 빌리면서도 식견이 높은 사람이 있으면 싫어했다"라고 한 말은 이것을 가리키는 것이다. 다만 이 일을 촉에서 두광정이 했다고 하는 것은 분명한 오류다. 두광정은 당대唐代 사람이다. 이 폐해는 송나라 휘종 때이므로 촉의 두광정이라고 하는 것은 온주溫州 지역 임영소의 잘못이 아닐 리가 없다. 전진교의 발생은 내부의 이러한 폐해에 대한 반동이다. 왕중양의 이력, 수행, 주장, 주의는 바로 이 폐해에 대한 청량제라는 것을 알아보지 못할 수는 없는 것이다.

수당시대에 찬란한 광채를 빛내던 불교 여러 종파의 교의敎義는 중당 이후에 대두한 선가禪家의 실증實證 즉 실질적 증험에 점차로 통일되며 융합하기에 이르고, 오대시대의 전란 속에서 불상과 사탑이나 전적들이 없어져 버린 것은 마침내 불립문자不立文字의 선가禪家만을 남게 하고, 그 밖의 불교를 거의 없어지게 만든다. 조송시대에 이르러 대장경도 출판하고, 천태天台의 교의도 부활하지만 천하를 풍미하는 선가의 대세에 대해서는 장사 앞에 있는 어린아이와 같은 모습이었다. 당시 선가에서는 줄기차게 명승名僧들을 배출하지만 북송 말기 이후가 되면 공적보다도 많은 폐해를 누적하게 된다. 북송 말기의 조설지晁說之라는 학리學吏는 "강의하는 자리는 쇠퇴해 가고 선종이 성행하니 그 잘못이 더욱 심하다[講席益衰, 禪宗盛行, 其失尤甚]"라고 탄식하며, 남송의 휘종徽宗시대에 법도法道라는 사문沙門 즉 승려는 "석가의 가르침이 근본이고 달마의 말은 지말인데, 근본을 등지고 지말을 쫓으니 참으로 서글프구나[釋迦之教本也, 達磨之言末也, 背本逐末, 良可悲夫]"라고 탄식한다. 당시 선禪의 폐해를 지적한 것으로서 가장 요긴하고 적합한 것은 철종哲宗 때 송에 들어간 고려 의천義天의 논의다. 그것은 비산飛山의 계주戒珠가 『별전의別傳議』라는 것을 지어서 선禪과 교教의 구분을 논한 데 대한 찬문[贊]이다. 『불문정통佛門正統』8에서 인용하고 있다. 다음과 같다.

심하구나, 옛날의 선禪과 지금의 선이 명실名實 즉 이름과 실상이 서로 먼 것이. 옛날의 이른바 선은 교教에 바탕을 두고 선을 익히는 것이다. 지금의 이른바 선은 교를 떠나서 선을 말하는 것이다. 선을 말하는 것은 그 이름에 집착하며 실상을 빠뜨리고, 선을 익히는 것은 그 설명을 통해 뜻을 얻는다. 지금 사람들이 거짓으로 꾸며 대는 폐해를 구제하고 옛 성인의 훌륭하고 순수한 도道를 회복하려고 한 주공珠公의 논변이야말로 그것에 이르렀다고 해야 한다. (중략) 요즈음 중국에서 행해지는 선종禪宗의 장구章句는 이단으로 많이 흐른다. 해동의 인사人師는 화하華夏에 사람이 없다고 의심하지만 비산飛山의 고의高議 즉 고견高見을 보게 되니 곧 호법護法의 보살이 있음을 알겠다.

선禪의 유행에 수반된 폐해는 남송시대에 이르러 백련종白蓮宗 또는 백운종白雲宗의 새로운 운동이 나타나도록 하기에 이른다. 특히 백운종의 주장이 오로지 선종을 배척하는 데 있음은 주목해야 한다. 백운白雲이라는 명칭은 이 운동의 근원에 서 있는 청각淸覺이 항주杭州 영은사靈隱寺의 뒷산에 있는 백운암白雲菴에 거처한 데서 연유한다. 청각은 낙양洛陽 등봉현登封縣의 공孔씨에서 태어나 공자의 52세손이라고 부르며 본래 유업儒業 즉 유교를 익힌 사람이지만,『법화경法華經』을 읽고 여주汝州에서 출가하고 가주嘉州에서 수선修禪하며 서주舒州에서 연좌宴坐 즉 좌선하기를 20년, 항주에 초대받아『화엄경華嚴經』을 강의할 때 훼교毁敎 즉 교敎를 훼손하는 사람들에 대항해『증종론證宗論』,『삼교론三敎論』,『십지가十地歌』를 저술하지만『증종론』이 조정朝廷에 거역한다는 비난을 받아 광남廣南으로 유배당하는 신세가 된다.『석문정통釋門正統』에서는 청각을 사의邪義 즉 그릇된 의미를 주장한 사람이라고 하며 배척하지만 그것은 그가 선가禪家에 대항한 데서 비롯했을 것이다. 하물며 종교에 관한 저술에 대해서 조정에 거역한다는 비난 때문에 그를 압박한 것은 매우 횡포를 부린 것이라고 하지 않을 수 없다. 우리들은 이로써 청각의 논의가 얼마나 선가에 대해 쓴맛을 보여 주는 것인지 그리고 쓴맛의 바탕에는 얼마나 선가의 폐해가 많았는지를 알아본다면 충분하다.『정통正統』의 저자 종감宗鑑이 "백운의 무리들은 거의 백련白蓮과 서로 섞인다. 특히 처자식이 없는 것만 다를 뿐이다. 사람들은 그들이 아침저녁으로 지송持誦 즉 경전을 암송하며 법보法寶 즉 불경을 공양하고, 몸소 경작해서 스스로 생활하는 것을 보고는 공경할 만한 것 같다고 말한다 등등"이라고 한 것을 보면 청각의 유파流派가 청정한 생활을 하고, 신불신법信佛信法의 관념 즉 부처를 믿고 부처의 가르침을 믿는다는 생각에 충실하고, 특히 자급자족의 생활 속에서 견실한 종교적 생명이 흘러넘친다는 것을 알 수 있다. 이러한 여러 파派가 등장한 배경에는 혹 선문禪門 중에서 처자식이 있거나 신불신법의 관념이 결핍된 채 쓸데없이 다른 사람의 신시信施 즉 신앙해서 바친 것으로 좋은 옷에 맛있는 음식을 먹는 이른바 고등유민高等遊民이라고 해야 할 일반적인 풍조가 있었음을 살펴보게 만드는 점이 있다. 청각의 종지宗旨는 절우浙右 즉 절강浙江의 오른쪽 지역에서만 행해졌을 뿐 널리 유행하지는 못한다. 하물며 처자식이 있는 백련종의 운동은 현저한 효과가 있다고 볼 수는 없다. 백운청각白雲淸覺의 저술이 남송장南宋藏을 통해서 2부部까지도 일본의 천해장天海藏 속에 보존된 것은 참으로 신기한 인연이다.

청각淸覺의 활동 이후 40년이 지나 전진교도의 활동이 있는데 한편은 불교이고 다른 한편은 도교이지만 생활양식이 거의 일치한 것을 보면 어쩌면 도교의 임영소 일파에서 벌어진 폐해를 그대로 선종禪宗으로 옮겨서 볼 수 있다고 생각한다.

이와 같이 순서대로 말한다면 불교 안에서 폐해가 속출하여 도저히 감당할 수 없게 되자 백련종과 백운종 같은 것이 발생한다. 그러나 도저히 시대의 폐해를 구제할 정도의 효과를 내지는 못한다. 공교롭게도 동시에 서지상과 임영소의 무리들이 도교 안에서 식자들을 찌푸리게 만드는 폐해가 발발한다. 뜻있는 사람은 안팎으로 교학이 타락하는 것을 참지 못한다. 사상계에서 주회암朱晦菴이 커다란 붓을 휘둘러 불교를 공격한 것은 이 시대이다. 주자朱子는 불립문자不立文字를 표방하면서 흑칠黑漆 즉 옻칠한 문자를 늘어놓고, 또 인과응보설로 민심을 속박하며, 고苦와 공空 등의 사상으로 인간 세상의 의의를 약화시키고, 특히 출가함으로써 인륜을 파괴한다고 공격한 것이지만, 이러한 공격이 있게 된 것은 불교 안에 생생한 정신이 결핍되어 버린 데서 기인하지 않을 수 없다. 주자의 것은 주로 사상 방면에 관한 것이지만 주자와 동시대의 선배인 왕중양의 태도는 공격이 아니라 실제 종교적 활동을 통해 시대의 폐해를 구제하려고 한다. 그 방법은 40년 전 백운종白雲宗 청각의 생활 및 정신과 부절符節을 합친 것 같다. 이것이 저자가 전진교 발생의 이유로서 선가의 폐해와 도교의 타락을 내세우지 않을 수 없다고 말하는 이유다. 이 시대에 도교 중에서 나타난 새로운 운동으로 전진교 외에 대도교大道敎와 태일교太一敎라는 것 등도 있다. 어느 것이나 유사한 생활양식을 갖는다.

왕중양의 교의敎義는 간명簡明하다. 간명한 교의도 두터운 신념과 깊은 수련을 통해 도리어 구제의 복음으로서 많은 효과를 가져왔다. 요컨대 불교의 선정禪定을 통해 노장의 연정淵靜을 실현한 데 지나지 않는다. 중양은 선정을 통해 얻은 오경悟境 즉 깨달음의 경지에 법신은 형태가 없다는 뜻의 법신무상法身無相 등의 말을 사용하고, 또 수도修道의 생활에 중도中道라는 명목을 사용한 점만을 보더라도 불교와 도교의 융합임을 알게 된다. 양자의 융합이라기보다도 선정을 통해 실현될 노장사상의 연정을 목표로 한다고 해야 할 것이다. 중양의 입장에서 본다면 참된 노장사상은 선정을 통해서만 실현될 수 있는 것이고, 세상의 도도자류滔滔者流 즉 흘러넘치도록 많은 무리들은 여기로 나아가지 못해서 의례儀禮나 미신에 빠질 수밖에 없게 된다.

『입교십오론立敎十五論』 중에서 중양의 주장을 개괄해 보면 다음과 같다. 그가 종교의 기초로 삼은 타좌打坐에 관해서는 "타좌라는 것은 형체를 단정히 하고, 눈을 감고 눈동자를 모으는 것을 말하는 것이 아닌데 이것은 가좌假坐다. 진좌眞坐라는 것은 12시진時辰 즉 24시간 행주좌와行住坐臥 즉 모든 움직임과 멈춤의 행위에서 일체의 동정動靜 중간에 마음이 태산처럼 동요하지 않고, 안이비설眼耳鼻舌 즉 눈, 귀,

코, 입 등 4개의 문을 파단把斷 즉 통제하여 외경外境 즉 바깥 대상을 안으로 들이지 않아야 한다. 단지 털끝만큼이라도 동정動靜에서 사념思念이 있으면 정좌靜坐라고 부르지 않는다"라고 한다. 별로 달라진 것은 없지만 형체를 단정히 하고 눈을 감은 채 눈동자를 모으는 것을 정좌라고 부르며 형식적 좌선만이 행해지고 있던 시대를 그 배경으로 볼 때 의미가 생긴다. 현재 북경北京 백운관白雲觀의 도사가 행사가 있는 날에 형체 단정과 눈 감기의 태도로 여러 사람들을 놀라게 한다고 하는데 이것은 말할 것도 없이 개조開祖인 왕중양의 타좌를 계승한 것이다. 이 정좌의 수련을 통해 도道에 들어가기를 바라는 것인데 용이한 일은 아니다. "도에 들어가려면 모름지기 다년간 뜻을 다지고 애쓰면서 공功을 쌓으며 수행을 거듭해야 한다." 이렇게 해서 얻은 득오得悟의 경지에 법신法身이라는 이름을 부여하고 "법신은 무형無形의 상相"이라고 하며, 그리고 법신의 작용으로서 "작용하면[用] 통하지 않는 곳이 없고, 숨으면[藏] 어둑하여 흔적도 없다"라고 한다. 또 득오한 후의 생활에 관해서는 "돌아가기를 원하지도 않고, 세상을 그리워하지도 않고, 떠나는 것도 머무는 것도 자연이다"라고 하며, 혹은 "서로 그리워하지 않는다. 서로 그리워하면 마음이 얽매인다. 그리워하지 않는데 그리워하지 않으면 정情이 서로 떨어진다. 그리워 바라는 것[戀欲]과 바라지 않는 것[不欲]의 그 중도中道를 얻는다면 좋다"라고 한다. 이 중도주의는 득오한 후의 생활에 관해서만이 아니라 실제 수도修道하는 방법이기도 하다. 즉 혹은 "움직임[動]과 고요함[靜]의 중간[中]을 얻어야 한다. 그런 후에 항상함[常]을 지키며 구분하여 안정시킨다"라고 하고, 또 "본성[性]을 다스리는 것은 거문고[琴]를 길들이는 것과 같다. 줄이 긴장되면 반드시 끊어지고 늘어지면 적당하지가 않다. 긴장과 늘어짐의 중간을 얻어야만 거문고를 길들일 수 있다"라고 한 것은 『사십이장경四十二章經』에 나타난 수도 방법 그대로이다. 왕중양의 종교에서 말하자면 수도하기 전의 생활도 후의 생활도 중도에 따라야 하므로 이 주의主義에서 말한다면 수도할 때 절대로 혼자 살아야만 할 필요는 없다. 「합도반合道伴」이라는 1장章을 마련하여 수도자가 아내를 맞이해도 된다고 허가한 것은 인간 중심의 종교로서 가야 할 길을 가는 것이다.

왕중양에게서 간과할 수 없는 장점은 죽지 않고 신선이 된다는 불사승선不死昇仙의 미신에서 벗어나려고 한 노력이다. 이것은 오늘날의 우리들에게는 당연한 것 중에서도 당연한 것이지만 한漢 민족의 일반적인 고유한 습성이라고도 할 수 있는 이 미신迷信에서 벗어나는 일은 아마 용이하지 않다. 하물며 도교도의 신분으로 이 일을 한다는 것은 도저히 기대할 수 없을 정도의 어려운 일이다. 왕중양이 홀로 이 일을 할 수 있었던 것은 수선修禪 즉 선禪 수행에서 비롯한 득오得悟의 힘이 아닐 수 없다. 그는 "몸[身]은 티끌세상에 있더라도 이름[名]은 이미 선위仙位 즉 신선의 자리에 올렸다"라고 하고, "몸[身]은 구차하게 인간을 향해 의지하지만 정신[神]은 이미 천상에서 노닌다"라고 하고, "득도得道한 사람은 몸[身]은 범부로 있어도 마음[心]은 성인의 경지[聖境]에 있다"라고 하고, "삼계三界를 떠나 정신[神]은 선성仙聖의 향鄕 즉 신선과 성인의 고향에 살며, 본성[性]은 옥청玉淸의 경계[境]에 있다"라고 하고, "몸은 하나의 방 안에 살지만 마음[心]은 하늘과 땅에 가득하며, 보천普天 즉 모든 하늘의 성중聖衆 즉 성자들이 보호하고 지키며,

무극無極의 선군仙君이 그윽하게 에워싸고 있다. 형체[形]는 구차하게 티끌 속에 기숙하더라도 마음은 이미 물외物外 즉 바깥세상에 밝다"라고 하며 반복적으로 같은 말을 하는 것은 뽑아내기 어려운 이 미신에서 벗어나려는 노력이고, 이 노력과 이 주장의 이면에는 득도에서 비롯한 강한 자신감이 나타난다. '선성의 향', '옥청의 경계'라는 말을 정신적 의미로 이해하여 본다면 "모든 신들이 나열하고, 모든 혈맥이 흘러넘치고, 단사丹砂가 밝게 빛나고, 연홍鉛汞이 맑게 엉긴다"라고 하고, "백 년의 공功이 가득 차 껍질을 벗고 등선登仙하며, 한 알의 단丹이 이뤄져 정신[神]이 팔표八表 즉 팔방에서 노닌다"라고 한 것도 단지 기존의 언어를 사용한 것일 뿐이고, 나타내고자 한 의미는 정신적 방면에 있다고 보아야 한다. 금단자류金丹者流 즉 금단金丹이라는 일종의 약물을 추구하는 무리들이나 장초자류章醮者流 즉 장초章醮라는 제사의식을 따르는 무리들의 미신에 대해서 절대로 반대한 사실은 "지금 사람들이 영원히 죽지 않고 모두 세상을 떠나려고 하는 것은 대단히 어리석다. 도리道理에 도달하지 못한 것이다"라고 갈파한 데서 명백히 알 수 있다.

전진교는 불립문자不立文字와 식심견성識心見性을 주의主義로 삼는다. 수행 방법은 선정禪定을 택한다. 성전聖典 3부部 중에 『반야심경般若心經』을 추가한다. 접화接化 즉 교화의 방법으로서 게송偈頌 문답을 사용했다. 용어로서 중도中道나 범성凡聖 즉 범부와 성인이나 법신法身, 욕계欲界, 색계色界, 무색계無色界와 같은 불교어를 사용하고, 심하게는 탄금彈琴의 비유 즉 거문고 줄 길들이기의 비유를 그대로 사용했다. 어느 것을 보더라도 전진교 출현의 기초로서 불교가 있다는 사실을 알 수가 있다. 아니 불교가 없다면 이 교敎 즉 전진교는 없었음에 틀림없다. 적절히 말하자면 불교를 통해 미신적 요소를 떼어 버린 새로운 도교라고 해야 할 것이다.

이보다 앞서 조송 초기에 불교를 통해 새로워진 신유교新儒敎가 일단 주렴계에 의해 창도되자 너른 들판의 불길처럼 사상계를 풍미하고, 왕중양과 동시대의 후배인 주회암 같은 사람은 신유교의 조직 즉 사상체계를 내세워 당당히 불교를 배척한다. 도교는 주렴계 이후 백년에 왕중양에 이르러서 역시 불교를 통해 새로워지게 되었다. 동시대의 주자朱子는 새로운 조직으로써 불교에 대항하며 불교와 비교해도 손색이 없을 정도의 기치를 내걸었지만, 도교는 겨우 융합과 조화에 의해 신도교新道敎를 성립시켰을 뿐이다. 만약 그 뒤를 잇는 2~3대代 학자들에 의해 새로운 조직이 나타나게 된다면 중국의 사상사나 종교사에서 큰 지위를 점유하겠지만, 2~3대에 걸쳐 계승할 만한 학자가 없기 때문에 머지않아 다시 미신迷信으로 후퇴하게 된다. 머지않아 후퇴한 점을 보더라도 불사승선不死昇仙이라는 미신이 얼마나 강한 힘을 갖고 있는지를 알 수 있다. 따라서 긴 세월은 아니더라도 이 미신에서 이탈한 왕중양의 전진교에 도교사道敎史 가운데서 손꼽을 만한 가치를 인정하지 않을 수가 없다.

왕중양의 뒤를 이어 전진교의 제2대代가 된 마단양도 위인인데, 물론 제5대인 구장춘은 한층 더 위인이기도 하다. 단양은 중양의 "오행이 도달하지 못하는 곳, 부모가 아직 태어나지 않은 때[五行不到處, 父母未生時]"라는 쌍구雙句를 통해 계발하여 견성見性의 체體, 양명養命의 용용用, 유약柔弱의 본本, 청정淸淨의 기基라고 함으로써 평생의 표어로 삼는다. 일생 동안 스승인 중양이 살던 곳을 왕복하며 더욱더 중양의 감화를 심화하려고 노력한다. 혹은 중양이 거처로 삼았던 산동山東 지역 금련당金蓮堂의 함고정鹹苦井에 주문을 걸어 감천甘泉으로 바꾸고 혹은 남산南山에 있는 중양의 옛집을 새로 단장하여 조정祖庭이라 이름 붙여 스승의 유적을 제대로 종교화하며 전진교의 위치를 확고하게 한다. 그의 제자 중에서 쟁쟁한 인물을 배출하지만, 단양에게서 특히 주목할 것은 아내인 손불이孫不二와 함께 득도得道하여 함께 7진인眞人 중에서 위치를 갖게 된 일이다. 왕중양은 수도 생활에서 아내를 맞이해도 된다고 허가했는데 그것은 마단양과 손불이 부부가 똑같이 득도해서 함께 진인의 반열에 오른 일로써 더욱더 실증된다. 동양의 종교 중에서 부부를 인정한 일은 크게 주목할 가치가 있다. 실제로 일본의 신란[親鸞]상인上人보다도 50년 이전의 일이다.

구장춘은 협서陝西의 반계磻溪에서 동굴 생활하던 6년간 도롱이[蓑] 하나 걸치고 걸식 생활을 보내며, 또 용문산龍門山에 은거하여 고행하는데 멀리에서까지 학자들이 의지하게 된다. 42세 때 금나라 세종世宗의 부름을 받고 나아가 문답하는데, 교만과 음탕함을 경계시키며 "참으로 이것을 오래 할 수 있다면 선仙을 멀리해도 도道는 멀지 않으며, 이상하고 괴이한 일들은 들을 바가 못 됩니다"라고 말하여 그의 견실한 주의主義를 권장한다. 산동山東의 옛 거처로 돌아와 왕중양의 뒤를 잇고 있을 때 멀리서 금나라 원비元妃 즉 태조비太祖妃가 도경道經 2장藏을 기증했다. 한번 금나라 왕실의 부름에 따라 내외의 사정을 보게 된 장춘은 이때부터 원나라의 장래를 기대한 것으로 생각된다. 그 후 북금北金과 남송의 양쪽 왕실에서 불렀지만 끝내 나아가지 않은 반면에 멀리 나만국奈蠻國에서 원나라 태조太祖인 성길사成吉思(징기스칸)가 부르자 72세의 고령에도 망설임 없이 호응하며, 누구에게도 이 일을 말하지 않고 사적으로 제자 18인만을 거느린 채 연성燕城으로 들어가서 거용관居庸關을 나가며, 중도에 아불한산阿不罕山에서 절반의 제자를 머물게 하고, 나아가 철문鐵門을 지나서 인도 땅에 도달하여 성길사 황제를 대설산大雪山의 양陽 지역에서 알현한다. 그때 나이 75세인 그는 절욕節欲(節慾)과 애민愛民의 2대大 골자로써 수신修身과 치국治國의 요체를 설명하자 황제의 뜻에 부합해서 구신선邱神仙으로 존중받으며 "한나라 땅에 도달하면 짐朕의 소유인 성지城池에서 거주하고 싶은 곳에 거주하라"라는 말을 듣게 되고, 비할 데 없는 호의를 받으며 77세에 무사히 돌아온다. 3년이 지난 후 태조는 북경에서 구邱가 거처하던 천장관天長觀을 고쳐서 장춘궁長春宮이라 하고 금호부金虎符를 하사하여 천하의 도교 일을 주관하게 하며, 특별 교지를 내려 도문道門의 세금을 감면한다. 전진교가 욱일충천旭日沖天 즉 아침 해가 하늘을 채우는 기세로 유포된 것은 이후이다. 구장춘이 우화羽化한 뒤 겨우 7년 만에 금나라는 멸망하므로 원유산元遺山의 전진교 기사가 이 7년 동안에 작성된 것일 리는 없다.

구邱는 중양의 만년晩年의 제자로서 마馬, 담譚, 유劉 3인의 뒤를 이어 전진全眞 제5대代가 되지만 80세의 고령이었을 뿐만 아니라 원나라 조정과 관계가 있고, 문하에서 18대大제자를 배출함으로써 전진교를 중국의 태반을 차지하는 종교가 되게 했다. 천하의 도교 일을 주관한 것을 보면 그의 재간과 기량이 일대의 걸물이었음을 알 수 있지만 교의敎義 방면에서는 중양에서 특별히 추가된 것은 없는 것 같다. 요컨대 고사苦思와 연행鍊行의 수행 과정을 통해 단련된 심신을 지니고, 소신을 수행할 용기가 가득하며, 동시에 학인學人을 교화하면서 그 생각을 거둬 줄 도량이 있다는 것은 틀림없다. 도장道藏을 조인雕印하고 또 도교 석굴을 개착開鑿한 송피운은 이 18인의 대제자들 중에 뛰어난 인물이 되었다.

구장춘의 뒤를 계승한 송피운보다 14세 연장자가 윤지평이다. 그다음으로는 분명히 송피운이 제7대代가 되었을 테지만 피운은 윤지평보다 먼저 우화羽化하므로 대 안에 추가되지 않는다. 그렇지만 18인 중에서 제6대의 윤지평과 제7대의 이지상과 나란히 특별한 존경을 받으며, 나중에 원실元室 즉 원나라 왕실에서 시호諡號를 보내왔을 때 다른 15인은 진인眞人이라고 한 데 대해 이 3인은 특별히 대진인大眞人이라고 보내왔다. 따라서 피운이라는 인물을 알아봐야 한다. 송피운은 구장춘이 만년에 몰래 서남西南에서 교화해야 한다는 일과 도경道經을 개조開雕하는 일을 맡겼으므로 스승이 우화한 뒤 서남의 산서성山西省으로 들어가 현재의 석굴이 존재하는 용산龍山의 호천관昊天觀에 머문다. 여기에 오래된 석굴 2개가 있고 그 안에 도상道像이 있으며 아울러 "송동宋童"이라고 새겨진 글자가 있는 것을 보고 자기에 대한 예언이라고 여겨 이것에서 생각이 열리는 자극을 받았을 것으로 보인다. 갑오甲午년에서 무술戊戌년까지(1234~1239) 5년간 앞서 서술한 3층 동굴 중에 상층과 중층의 2동洞과 현문열조동玄門列祖洞과 피운동披雲洞을 개착開鑿하여 그와 같이 성공을 거두었다. 이 개착 중의 일이다. 당시 전진교주이던 도형道兄인 윤지평에게서 도경을 조인해 달라는 의뢰를 받는다. 피운의 학력은 스승에게서도 형兄에게서도 부탁받을 정도여서 안류의 기대를 떠안는다. 피운은 스승이 맡긴 산서山西 교화가 결과를 거두었으므로 다른 도경 조인의 대업도 반드시 성공할 것이라는 자신감 아래 그의 제자 중에서 이지전과 진지안 같은 학재學才 즉 학문적 재능이 있는 사람을 선발해서 함께 이 일에 종사하여 마침내 가희嘉熙 원년부터 순우淳祐 4년까지(1237~1244) 7년 동안 이 일을 성취한다. 조인하라는 부탁을 받았을 때는 이미 수집하는 대업을 끝마쳤을 것이다. 이 사건은 도교사 전체에서 지극히 중요한 것이므로 송피운의 이름은 도교사에서 특필할 가치가 있다. 피운을 도와서 도경을 조인한 진지안과 이지전 두 사람은 또한 도교 석굴 개착을 완성하도록 도운 사람들이기도 하다.

왕중양의 산동山東 지역 포교에서부터 송피운의 도경 조인에 이르는 80여 년 동안은 참으로 전진교의 황금시대다. 전진교가 조승祖承 즉 조상 승계를 추구하며 5조祖7진眞을 설정한 것은 제11대代 이도겸의 저술을 통해서 원나라 지원至元 6년(1269)에 5조7진에게 시호를 내렸다는 사실을 확인함으로써 알 수 있다. 여기에 이르러 조통祖統 즉 조상의 큰 줄기는 확립된다. 이러한 확정은 아마 이도겸의 수완 덕택이다. 그 후 더욱 발전해서 전진교를 남과 북의 2종宗으로 구분하게 된다. 남북 2종이라고 한 것은 불교 선가禪家의 남북 2종에서 모방했을 것이다. 이렇게 도경道經을 개조開雕함으로써 학문적 방면에서 크게 진보할 기회에 도달했음에도 불구하고 내부의 정신은 점차로 긴장의 정도가 눈에 띄게 풀어지고, 한편으로는 불교의 형식만을 배우는 모방적 학습이 도도한 풍조를 이루고, 다른 한편으로 학문에서 멀어진 교회敎會는 어느샌가 타락해서 다시 금단종金丹宗으로 후퇴하기에 이른다. 진치허의『금단대요金丹大要』는 금단종으로의 복귀를 이야기한다. 이후 명대에 이르면 전진교全眞敎와 정일교正一敎가 뒤섞여 둘 사이에 명료한 구별이 없어진다. 이것은 정일교가 정화되어 전진교에 결합된 것이 아니라 전진교가 퇴화해서 정일교와 유사해진 것 같다. 이에 이르러 원대의 전진교는 찾아볼 수 없게 되는데 명나라 초기에는 북종北宗의 도계道系가 끊어지고, 명나라 중기 이후에는 남종南宗의 도계도 역시 들어 볼 수 없게 된다. 그것의 말류末流인 오늘날의 교계敎界에서는 당당한 도사조차도 없거나 혹은 예전 왕중양의 모습을 아는 사람도 없고, 하물며 도장道藏을 개조한 송피운의 이름도 아는 사람이 없는 것 같은 생각이 든다. 그래서인지 더욱더 금원金元시대 즉 금나라 원나라 시대의 전진교를 알 필요가 있다. 전진교를 알아 갈 때는 잊지 말아야 할 인물로서 왕중양, 구장춘, 송피운이라는 이름을 열거하지 않을 수 없다. 문헌상으로 전해지는 이러한 3대大 인격의 이름이 도교 석굴의 발견을 통해 확실한 근거를 얻었다고 할 것이며, 특히 송피운의 상像 같은 것은 그가 생존해 있을 때 새겼으므로 분명히 실물 그대로 묘사했을 것이다. 우리들은 7진인眞人의 조각상을 통해서, 많은 도상道像 양식을 통해서 또 많은 각문刻文을 통해서 오늘날에 전진교의 살아 있는 정신을 접할 수 있게 된다. 그것을 촬영한 것은『중국불교사적[支那佛敎史蹟]』제3집, 도판圖版 제62~제74까지의 12쪽에 있다.

10. 전진교全眞敎와 도원道院

① 산동성山東省은 예전의 제노齊魯 즉 제나라와 노나라 지역으로서

유도 이교二敎의 발상지다. 곡부曲阜를 남쪽에 두고 태산泰山이 북쪽에 있으며 공자묘孔子廟가 있고, 대묘岱廟가 있다. 고금을 통해서 유교와 도교가 융성하며 다른 지방의 상위에 있다. 그럼에도 불구하고 6조朝시대부터 수당시대에 걸친 불교의 유물이 매우 많다. 중국문화라고 하기보다는 오히려 세계문화의 정화精華라고 할 만한데 이러한 유물은 직접 당시의 정신을 접하게 해 주는 중요한 매개물이다. 유도 이교의 본고장이었기 때문인지 예로부터 산동성에 거주한 불교의 고승명덕高僧名德 즉 수행과 학식 등이 높거나 덕을 갖추어 유명한 승려가 매우 적다. 동진시대에 도안과 동문인 축승랑竺僧朗이 태음泰陰 지역 신통사神通寺에 머물러서 산동山東 불교의 개조開祖라는 위치를 점유한 것 외에는 당대唐代의 유식학자인 박양樸陽의 지주智周 및 치주淄洲(淄州)의 혜소惠沼 등 2인과 송대 개원사開元寺의 의초義楚 등에 지나지 않는다. 불교사에서 이름을 남긴 인물이 다른 지방에 비해 횡한 감이 있다. 따라서 불교가 다른 지방에 비해 번창하지 못했다는 것을 알게 해 준다. 불교가 융성하지 못했기 때문에 세상의 관심에서 멀어졌으므로 불교 유물의 파괴가 적어 당시 그대로 남아 있는 것이 매우 많다고 할 것이다. 파괴에는 두 가지 양상이 있다. 하나는 일부를 훼손하거나 또는 전신을 가져가 버리는 것이다. 다른 하나는 수리한다면서 덧붙이거나 색칠을 하는 것이다. 산동의 불교 유적은 세상의 관심에서 벗어났기 때문에 부분적 훼손도 전신의 반출도 거의 없고, 사원의 쇠퇴 때문에 수리한 것도 보이지 않는다. 1921년 9월 및 1924년 10월의 두 번에 걸쳐 저자는 산동의 불교사적을 찾았고, 겸사겸사 도원道院을 한번 둘러보았으므로 여기서 불교 유적에 관해 조금 서술하고, 아울러 도원에 관해서 한번 둘러본 인상을 기술하려는 것이다.

② 청도靑島에서 상륙하여 제남濟南으로 향하는 도중에 있는 청주靑州 즉 익도益都는 금석金石이 매우 풍부하게 저장되어 있고, 성城 안팎에 걸쳐 유명한 것이 매우 많다. 그중에서 성 남쪽 2리里 즈음에 있는 타산駝山 및 운문산雲門山의 석굴은 수대의 대표적 신품神品 즉 아주 뛰어난 작품이라고 할 만한 가치가 있다. 나아가 제남에 이르면 산동 불교의 개조開祖인 축승랑의 유적지인 태음泰陰의 신통사神通寺에는 당대唐代의 석굴인 천불애千佛崖가 있다. 산서山西의 운강雲岡과 하남 河南의 용문龍門처럼 대규모는 아니지만 거의 완벽에 가까울 정도로 남아 있는 점에서 다른 지방의 어느 것보다 낫고, 이것을 마주 대하면 당시 모든 민족을 지배한 대大정신이 곧바로 우리들의 심령心靈에 밀어닥치는 느낌이 든다. 운강과 용문은 심하게 파괴되어서 자극받는 감정이 나의 온 마음을 사로잡을 정도로 흘러나와 충분히 동화되기에는 방해가 있지만, 신통사의 천불애는 이러한 감정을 불러일으키므로 마음속으로부터 우러나는 기쁨과 동경을 만족시킬 수 있다. 더욱이 승랑의 다른 유적인 태음의 영암사靈巖寺는 이른바 천하의 사절四絶 즉 네 군데 절대적인 곳 중에 첫째가는 곳으로서 천태天台의 국청國淸, 형주荊州의 옥천玉泉, 금릉金陵의 서하栖霞와 비견되는 명찰名刹이며, 여기에도 당대唐代의 석굴이 있다. 영암사는 제남의 남쪽 12리 정도의 거리에 있다. 신통사는 8리 남짓의 거리에 있다. 영암사는 그쪽으로 가는 철도편이 있지만 신통사로는 철도편이 없으며 어느 쪽이든 조사하려면 이틀 이상이 필요하다. 또 신통사로부터 반 리半里 정도 남쪽의 구탑사九塔寺에 당나라 때 새긴 마애摩崖(磨崖) 즉 석벽 조각이 있

다. 신통사와 제남 사이 역산歷山의 남쪽 끝에 육조六朝시대의 대불大佛이 있다. 이 대불 즉 큰 불상佛像은 오랜 세월 동안 전혀 세상의 이목이 닿지 않았기 때문에 완전무결하게 엄존하고 있다. 또 신도사神道寺[18]로부터 제남을 향해 성 밖으로 2리 정도 지점에 오면 흥룡산興龍山이 있으며 거기에 수대의 석굴이 있다. 새롭게 색채를 입혔으므로 음미하는 데 방해가 되지만 그중에는 원형을 유지한 것도 있다. 게다가 성의 동남쪽에는 가까이 천불산千佛山 및 개원사開元寺에 수나라 때의 굴이 있다. 이 양자는 적극적이거나 소극적인 파괴 때문에 그림자도 안 보일 정도로 매우 황량하지만 그 사이의 황석애黃石崖에 있는 위나라 때 굴은 소규모이고 또 상당히 파괴되기는 했어도 위대의 특색을 알기에 충분할 만큼은 남아 있다. 조금 떨어져서 용동龍洞과 불욕佛峪에 수나라 때의 굴이 있다. 불욕의 것은 색채를 많이 입혔지만 용동의 것은 원형 그대로의 우수함을 보존하고 있다. 이 밖에도 아직 더 있으며, 2회의 답사로 조사한 것만을 열거하더라도 이상의 것보다 더 많다. 산동山東 땅은 예로부터 불교가 융성한 토지가 아니었음에도 불구하고 이렇게까지 다수의 유물이 있는 것을 보면 다른 지방에서는 더욱 이것보다 배가 넘을 것으로 추정된다. 산동의 유적 및 석굴은 『중국불교사적[支那佛教史蹟]』 제1집集 및 제4집 중에 도록圖錄이 있다.

③ 제남濟南에는 금원金元 즉 금나라와 원나라의 교체기에 강북 전반을 풍미한 전진교조全眞教祖 구장춘의 옛터인 장춘관長春觀이 있다. 전진교의 원조遠祖 즉 먼 조상인 여동빈을 주존主尊으로 하는 여선각

---

18 [역주] 저본 741쪽 2째 줄. 신통사(神通寺)의 오기인 것 같다.

呂仙閣이 있다. 불사佛寺는 그림자도 안 보이고 매우 황폐해져 대부분은 거주자도 없는 상태로 버려져 있는 반면에 도교 쪽은 상당한 세력을 펼치고 있다. 여기에 1921년 이후의 것임에도 불구하고 갑작스럽게 교세敎勢를 사방으로 확장해서 안팎을 놀라게 만든 신종교新宗敎의 도원道院이 있다. 홍만자교紅卍字敎라는 이름으로 최근 일본에서도 상당히 알려졌으며, 특히 대본교大本敎와 연관되어 현저한 주목을 받은 일은 세상 사람들에게 새로운 소식이다. 저자는 여기를 지나가던 날 일단 내부를 참관할 인연이 있었는데 보고 들은 것을 여기에 기술하겠다. 이 신新종교는 내부로 들어온 사람이 아니면 결코 성전聖典을 보여 주지 않으므로 외부의 어떤 사람의 보고도 결국 외면적인 것에 그치지 않을 수 없다. 아마 유교는 신新시대를 지도하기에 부족하고, 불교는 사회와 교섭하지 않는 상태에 있고, 도교는 미신의 소굴에 빠져 버렸고, 오늘날에 세상을 다스리며 인심을 구원할 만한 아무것도 없고, 하소연할 곳 없는 민중은 귀의할 만한 아무것도 갖지 못하고, 퇴폐해져 가는 현대의 인심은 어디로 향해야 할지를 알지 못하는 상황에서 격발되어 이에 새로운 형식을 지닌 이 신종교가 발생하게 된다.

도원道院의 사명使命 즉 맡은 임무는 사회의 경영에 있지만 이것에 근거를 마련하기 위해 우선 깊이 정좌靜坐하여 내성內省하도록 한다. 요점은 내수內修 즉 내면의 수양과 외공外功 즉 외적인 공로라는 두 가지로 수렴하는데 내수의 힘을 외공으로 향하게 하는 것으로 내수는 도원이 담당하고 외공은 홍만자교가 담당한다. 성전聖典으로서『진경眞經』이라는 것이 있으며, 유불도기회儒佛道基回 즉 유교, 불교, 도교, 기독교, 회교 등 5교敎의 진수를 그 안에 담았다는 포부 아래 5교를 통일하겠다고 자임한다. 세계적인 자신감이다. 중국에서는 지금 세계적이라는 말이 상당히 유행하는데 이 신新종교는 그 포부와 자신감으로 본다면 아무래도 세계적이다. 감히 5교의 사람들이 자신의 것을 버리고 이것으로 귀의하도록 하겠다는 것이 아니라 5교의 신자는 그 신앙을 그대로 유지하면서 게다가 이 신종교의 기치 아래에 참가할 수 있다고 말하는 것인데, 거기에는 대륙적인 자유가 있고 관대함이 나타난다. 들기로는 중국에 108개의 지원支院 즉 분원分院이 있다. 일본에도 독일에도 지원이 있다. 적어도 중국에서는 너른 들판의 불길[火]과 같은 세력을 갖고 있다고 한다.

④ 이와 같이 도원道院의 설치는 중국 본토만이 아니라 멀리 일본이나 독일까지 미치고, 그리고 제남濟南의 것은 실제 본원本院으로서 이 것을 모원母院이라 부르며, 북경北京에 총원總院이 있다. 도원 조직은 5원院으로 구성된다. 중앙의 것을 통원統院이라 하고 단원壇院을 부설附設한다. 이것을 중앙으로 해서 사유四維 즉 사방四方에 4원이 있다. 동남쪽의 것을 좌원坐院, 동북쪽의 것을 경원經院, 서북쪽의 것을 자원慈院, 서남쪽의 것을 선원宣院이라고 한다. 통원은 지성선천노조至聖先天老祖를 본존本尊으로 하고, 노자老子, 항탁項橐, 석가釋迦, 야소耶蘇(예수), 마합묵摩哈墨(마호메트)을 종존從尊으로 한다. 우주에는 고금을 통해서 동서를 일관하는 유일한 영靈이 있다. 이것을 노조老祖라고 한다. 이 유일한 영은 때와 장소에 따라 다양하게 발현한다. 5위位 즉 다섯 분의 종존은 시대와 지역에 맞춰 특수한 형식으로 나타난 것과 다르지 않으며 결국 유일한 영으로 돌아가므로 이 유일한 영인 노조야말로 대도大道의 뿌리이자 천지의 본원本源이다. 5위 중에서 항탁은

나이 70이 된 공자의 스승이었다는 전설에 기반한 것인데 혹시 특별히 공자를 피해서 이것을 통해 공자를 표현하려 한 것이 아닌가라는 생각이 든다. 단원에는 제전조사濟顚祖師와 손진인사막孫眞人思邈을 존위尊位로 하고, 좌원에는 달마조사達磨祖師와 보정존자普靜尊者를 존위로 하고, 경원에는 문수조사文殊祖師와 보현존자普賢尊者를 존위로 하고, 자원에는 삼존불三尊佛과 라마불喇嘛佛을 존위로 하고, 선원에는 존위가 없다. 좌원은 정좌내성靜坐內省을 담당하고, 경원은 교의경적敎義經籍을 담당하고, 자원은 자선외공慈善外功을 담당하고, 선원은 선전포교宣傳布敎를 담당하고, 그리고 통원은 모든 원을 총괄하며, 이에 부수된 단원은 기념계시祈念乩示를 담당한다. 교의경적 즉 경전의 교의가 지시하는 대로 정좌내성 즉 정좌하여 내면을 성찰하는 일을 엄격히 수행하고, 그리고 일반의 인류를 향해 서로 돕는 자선외공 즉 바깥으로 사랑과 선행을 베푸는 일로 나아가고, 또 포교하고 선전하는 일에 종사하며, 그리고 시설한 방향도 방법도 하나같이 기념계시 즉 기도하며 계시하는 일에서 구하고 노조가 계발한 것을 계승하며 만사를 이것으로 결정한다고 한다. 계시는 꼭 단원만이 아니라 4원 어디에나 설비가 있다.

계시乩示라는 것은 또는 부계扶乩라고 하는데 도원道院에서 상당히 중요한 것이고 무엇보다 중국의 민족성을 구체화한다. 천계天啓 즉 하늘의 계시라거나 또는 묵시黙示라고 해도 마찬가지인데 노조老祖의 신의神意가 표현된 기연機緣과 다르지 않지만 더욱이 이것을 물질적인 것에서 추구하는 점에서 국민성이 나타나고 있다. 부계라는 것은 핫토리[服部] 교수에 따르면 예로부터 행해지던 것으로 천장에 실을 매달아 아래로 늘어뜨리고 실 끝에 묶은 붓이 모래 위를 움직이는 것을 보고 신의神意 즉 신의 뜻을 읽어 내는 것을 말한다. 단원壇院은 주로 이 계시를 담당하는 곳이며, 다른 4원院에도 같은 설비가 있다. 이로써 도원에서 계시가 얼마나 중요한지를 알려 준다. 길이 약 2척尺 즉 약 60센티미터, 폭 약 1척 5촌寸 즉 약 45센티미터의 장방형長方形 즉 직사각형의 상자에 청사淸砂 즉 깨끗한 모래를 가득 담고, 그 위에 나무 하나를 가로놓고, 나무 중간에 손가락 같은 나무 가지를 붙이고, 두 사람이 마주 앉아 묵념하며 마음을 비우고 나무가 움직이는 대로 모래 위에 그린 것을 다른 한 사람이 문자로 번역한 것을 계시라고 한다. 또는 붓을 곧바로 종이 위에 쓰는 방식도 있다. 이 계시는 신의로서 비평 이상의 것이고 곧바로 그에 따라 천하를 지시하고 호령해야 하는 것이다. 단원의 벽 사이에 또 경원經院의 벽 사이에 이 계시가 많이 걸려 있는 것을 보면 형식상으로 말하자면 구절[句]이 있고 문장[文]이 있으며 시詩가 있고, 종류로 말하자면 관제關帝 즉 관우關羽에 관한 것과 남송 말기의 충신이었던 문천상文天祥에 관한 것과 공명孔明 즉 제갈공명에 관한 것 등 여러 가지가 있지만 요컨대 중국사상의 범위를 벗어나는 것은 없다.

⑤ 도원道院의 요람지는 산동山東의 빈현濱縣이다. 민국民國 5년(1923) 즈음인가 지사知事인 오유금吳幼琴이라는 상당히 경건한 생각이 풍부한 사람이 처음으로 이 계시乩示에 의해 공사公私 일체의 사무를 재단하여 안팎으로 공적이 상당히 눈에 띄게 되면서 인심을 크게 얻고 계시를 믿는 신도가 점차로 증가하게 된다. 그중에 두병인杜秉寅(묵정默靖), 유소기劉紹基(복연福緣), 홍사도洪士陶(해공解空)와 같은 유식한 사

람이 있다. 48인의 동지를 이끌며 빈현의 신단神壇을 제남濟南으로 옮긴 것이 도원의 시초라고 한다. 민국 10년(1928)의 일이다. 이때 두묵정이 계시를 통해 감득感得한 것을 『태을북극진경太乙北極眞經』 12집集이라고 하며 이것을 도원의 근본 성전으로 삼는다. 이 글은 신도가 아니면 배포하지 않을 뿐만 아니라 한번 보는 것조차 허용되지 않으므로 그 내용을 알 수는 없지만, 정좌하여 수기修己하는 것을 근본으로 하고 서로 돕는 외공外功 즉 외부적인 노력을 통해 동화同化되는 세계를 창조하려는 것으로서 그 기초를 천지와 뿌리가 같고 만물과 일체인 대령大靈에 둔 것은 다툼의 여지가 없다. 현대의 정치적 혼란과 민중의 곤란이 이것을 발생시켰다는 사실은 여러 도원에 내려진 계시에서 명백히 알 수 있다. 다음과 같이 말한다.

근대에 이르러 기강이 해이해지고 인심이 혼탁해져 마침내 수습할 수 없는 상태다. 내가 이것을 구제하지 않으면 또 누가 구제하겠는가. 이것이 내가 천신불天神佛의 요청에 호응하여 경전을 전하며 도道를 전수하는 이유다. 세상의 풍조가 옛날 같지 않고 도덕이 사라져 인심은 이에 험악하기 그지없다. 이익과 욕심을 추구하는 일에 싫증 낼 줄을 모르고 어지러이 다투는 풍조가 날로 치성하다. 나는 시대의 어려움을 보고는 좌시할 수 없어서 두루두루 도원道院을 설립하여 인민人民을 구제하려고 한다.

그렇다면 이것을 구제하기 위해서 어떻게 해야 하는가? 자리自利와 이타利他를 함께 닦는 것 외에는 없다. 내공內功과 외공外功이라 하고, 내수內修와 외공이라 하고, 수기修己와 제타濟他라 하고, 내외를 겸수兼修한다고 하는 것이 바로 이것이다. 다음과 같이 말한다.

나의 도道는 내외를 겸수兼修하는데 내공內功은 마음[心]을 바르게 하며 몸[身]을 닦고, 외공外功은 중생을 널리 제도한다. 이 두 가지 공功은 누구라도 똑같이 중요시 여기며 조금이라도 치우치면 안 된다.

내수內修와 외공의 한쪽을 없애지 않아야 나의 도에 부합한다. 나의 제자諸子 즉 제군諸君에게 기대하고 바라는 것은 수기修己와 제타濟他의 공으로 세계가 영원히 쟁집爭執하지 즉 고집 피우며 다투지 않도록 하고, 인류에게 영겁의 고통이 사라지도록 하는 데 있다.

내수內修와 외공外功을 겸한다고 하지만 현대의 급선무는 말할 것도 없이 외공이며, 그 외공에 동력을 불어넣는 것은 내수다. 그리고 내內를 잊고 외外로 치닫는 통상적인 폐단에 빠지지 않게 하기 위해 내수를 극언하며 특히 도원道院의 이름을 사용한다. 다음과 같이 말한다.

나의 신도들 중에 독선주의를 품은 사람이 있다. 독선獨善은 오늘날에는 바라건대 때가 아니다. 나의 도道는 자타의 구원을 중요한 의미로 여기며, 결코 독선적인 마음이 있어서는 안 된다. 외공外功이라는 것은 단지 돈이나 물질을 내놓는 것이 아니다. 각각 마음에 선善을 보존하고 혹은 나아가 권화勸化 즉 교화에 힘쓰더라도 또한 외공이다.

제타濟他의 요지는 말하자면 자慈이고 애愛이다. 자라는 것은 이미 침륜沈淪한 것을 구제하는 것이고, 애라는 것은 아직 침륜하지 않은 것을 예방하는 것이다. 자증慈拯 즉 자라는 구제는 쉽고, 애증愛拯 즉 애라는 구제는 어렵다.

이것을 통해 사유四維에 있는 사원四院 중에서 좌원坐院은 내수內修를 담당하고, 자원慈院과 선원宣院은 외공外功을 담당하며, 외공 중에서 자원은 자증慈拯을 담당하고 선원은 애증愛拯을 담당하는 이유를 알 수 있게 된다. 나아가 자증이 더욱더 외면을 향해 움직여 나아가기 위해서 세계홍만자회世界紅卍字會가 있다. 홍만자회紅卍字會는 특히 기관機關이 있는데 사업으로서 신문이 있고, 인쇄소가 있고, 공작소工作所 즉 공장이 있고, 학교가 있고, 은행이 있고, 지금은 중국에서 활발한 사회사업의 중심이다. 기대하는 것은 세계라는 말을 내세운 것에서 명백하듯이 이것을 세계로 확장하여 인류 전체가 평화를 공동으로 누리자는 데 있다. 도원道院에는 교육, 구휼, 변업辨業 즉 변호辯護 등 5개의 규칙[五則]이 있으며 정말이지 그것들을 잘 실현하고 있다. 이 홍만자회라는 것은 도원과 밀접한 관계가 있고, 도원의 사회적 실력과 명성은 참으로 홍만자회가 있기 때문이라고도 할 수 있으며, 여기에 귀의한 사람 중에는 장작림張作霖이 있고, 오패부吳佩孚가 있고, 여영상盧永祥이 있고, 제섭원齊燮元이 있고, 조곤曹錕이 있고, 단기서段棋瑞가 있고, 전능훈錢能訓이 있고, 전중옥田中玉이 있고, 하풍림何豊林이 있다. 문부백관들을 적이라고 하지 않고 자기편이라고 하지 않고 모두 이 신新종교 중의 동료라고 한다. 아마 순수한 정신 앞에서는 대립이 없다는 사실을 나타낸다.

⑥ 도원道院은 이와 같이 오교五教를 타협시켜 한 묶음으로 만든다는 큰 포부를 자임하지만 교의의 기초가 되는 것은 기탄없이 말하자면 도교道教와 다르지 않다. 통일 원리는 말할 것도 없이 대도大道이고, 예로부터 혹은 옥황玉皇이라고 하거나 혹은 상제上帝라고 하거나 혹은 원시천존元始天尊이라고 하던 것을 지성선천노조至聖先天老祖라는 이름으로 바꾼 것에 지나지 않는다. 이미 노조老祖라는 이름 속에서 도교라는 것을 드러내며 또 부계扶乩가 도교에서 나온 것 역시 말할 것도 없다. 노조의 영명靈命 즉 신령한 명령에서는 다음과 같이 말한다.

대도大道라는 것은 음陰과 양陽이라는 근원을 포함하여 이뤄진다. 나의 도道
는 만물을 포함한다. 대도라고 한다.

이 대도大道를 통일 원리로 하고 이것에 유불 이교二敎를 추가하여
도교의 골격을 수식하는 혈육으로 만든 일은 다음과 같은 주장에서
나타난다.

음양의 화육과 조화의 중심[樞紐]은 이기理氣와 다름이 없지만 유지하는 근
본[本]은 곧 도道이다. 사람의 정情은 기氣를 얻어 완전하며 그래서 만물의
영靈이다. 그 도라는 것은 사람에게서 말미암는다. 나누어 받아 이성理性이
되고, 인의仁義가 드러나 중화中和하며, 오상五常이 세워져 도덕道德을 완전
하게 한다. 이른바 천부天賦의 병이秉彛 즉 하늘이 부여한 타고난 그대로의
천성을 지킨다는 것은 바로 이것이다(송유宋儒의 사상).
사람이 진환塵寰에 즉 인간 세상에 태어나서 꿈처럼 물거품처럼 덧없고 번
갯불처럼 순식간인데 담화曇花(불교)가 한번 나타나니 눈을 돌린다면 이에
공空하거늘 명리名利를 다투는 사람은 왜 조용히 살펴 생각하지 못하는가(불
교의 사상).

이와 같이 도교에 유불 이교二敎를 추가하는데 더 추론해 본다면 도
교에 불교를 추가한 것이다. 불교가 도원道院의 중요한 요소라는 사실
은 교의敎義상에서도 오히려 정좌靜坐상에서나 특히 자애慈愛의 정신
상에 있다. 정좌는 유도 이교에도 있지만 이교의 것도 그 근본은 불교
의 선정禪定을 통해 길러진 것이다. 좌원坐院에는 달마達磨를 조사祖師
로 하고, 경원經院에는 문수文殊를 조사로 하고, 자원慈院에는 삼존三
尊을 조사로 한 데서도 명백히 불교가 도원의 혈육血肉 즉 피와 살이

라는 사실을 알게 해 주는 점이 있다. 만약 노조老祖를 아버지에 비유한다면 이러한 달마나 문수나 삼존은 어머니에 비유해야 하는 것이다.

　도원道院 중에서 불교가 큰 요소라는 사실은 이상과 같다. 그러면 기회基回 양 교兩敎 즉 기독교와 회교라는 두 종교와의 관계는 어떠한지를 말하자면, 우주 유일의 영靈이라고 하는 것은 생각하기에 따라서 양 교에 공통하는 오직 하나뿐인 진짜 신神이라고도 볼 수 있지만 실제로는 큰 차이가 있다. 자증慈拯과 애증愛拯을 시설한 것은 기독교도의 행위를 모방했다는 데 의심이 없지만 그것은 지엽적인 일이다. 또 『진경眞經』을 내부 사람이 아니면 보여 주지 않는다는 것이 혹시 회교의 태도를 승계했다고도 생각하지만 이것 역시 지엽적인 일이다. 그리고 또 유교의 교의를 선택하면서도 대도관大道觀 즉 대도에 관한 관점은 유교의 것과 다르고, 특히 계시甎示 같은 것은 유교에서 말하는 괴력난신怪力亂神 즉 이성적으로 설명하기 어려운 존재나 현상으로 떨어진 것 같다. 이와 같이 도원과 유기회儒基回 삼교三敎가 진짜로 조화하기는 어렵다고 생각한다. 도원에 공감하는 사람은 도교도가 주를 이루고 불교도가 그다음이지만 다른 3교敎의 교도가 접촉하는 일은 많지 않다는 사실에서 도원이 도불 이교二敎의 혼합이라는 것이 입증된다. 사회와 교섭이 희박해진 불교는 이러한 상태에서라도 불교가 다소 생기를 얻고 있다는 사실을 기뻐할 것이다.

　⑦ 저자는 도원道院을 일단 관찰한 뒤 이것이 실제로 금원시대 전진교의 재현과 다름없다는 감상이 든다. 전진교는 종남산終南山에서 수도修道하고 변량汴梁에서 개교開敎하고 산동山東의 봉래蓬萊에서 교단을 조직한 왕중양이 일으키고, 교세를 강북江北 전반에까지 넓혔지만

그래도 중심지는 구류담마邱劉譚馬라는 4걸傑 즉 구장춘, 유장생, 담장진, 마단양이라는 네 명의 뛰어난 인물을 배출한 산동이다. 산동 곳곳에는 쇠퇴하기는 했지만 여전히 전진교의 자취가 남아 있다. 청주靑州의 운문산雲門山에는 타좌진상打坐眞相 즉 좌선하고 있는 진짜 모습을 새긴 마애摩崖(磨崖) 즉 암벽 그림이 있고(『중국불교사적[支那佛教史蹟]』 제4집), 제남濟南에는 장춘궁長春宮이 있다. 치천淄川(淄州)에는 장춘문도왕사곽공비長春門徒王史廓公碑가 있다. 기타의 것은 여기서는 생략하지만 전진교도의 고지故址와 고비古碑 즉 옛날에 건물 등이 있던 터와 옛날 비석은 산동의 곳곳에 존재하고 있다. 그리고 전진교가 발생한 시대의 세태와 인정은 마치 현대와 같아 보인다. 도원의 정신도 방법도 조직도 거의 당시의 전진교 그대로라고 말해도 틀리지 않다. 당시에 유불도 삼교를 통일하려는 간절한 바람에서 출현하여 혹은 금련정종金蓮正宗이라 하고 혹은 금단종金丹宗이라고 했지만 항상 삼교三敎를 앞에 붙였다. 타좌打坐 즉 좌선坐禪이라는 내적 수행도, 자증慈拯이라는 외적 공로도 전혀 오늘날의 도원과 다르지 않다. 왕공王公이나 장상將相 이하 사회 전반이 한꺼번에 이것으로 귀의하는 상태까지도 아주 매우 유사하다. 이 산동 땅에서 오늘날 도원이 굴기한 것도 인연이 얕지 않기 때문인 것이다. 오늘날은 3교敎에만 그치지 않고 5교가 있으므로 삼교가 오교로 바뀌기는 했지만 그 정신도 조직도 방법도 다르지 않다. 단, 전진교에는 부계扶乩 같은 것은 없고 한층 더 많이 심령心靈에 주목하고 있으므로 그 점에서 말한다면 도원 쪽이 한층 더 많이 도교적이라고 할 수 있다. 그리고 서양문화의 자극을 받았기 때문에 도원의 자증이라는 방법은 전진교의 것보다도 진전했다고 할 수 있지만 그것은 시세의 영향이며 종교 그 자체가 서로 달라서가 아니다. 마지막으로 덧붙여 말한다. 외부인인 저자로서는 도원의 경적經籍 즉 경서經書의 일부라도 손에 넣지 못하므로 단지 일단 참관해 보고 알게 된 것에 지나지 않지만, 이상으로 간단하게 쓴 글은『북경만철월보北京滿鐵月報』제1년, 제4호의 황씨黃氏의 보고를 참조하고 여기에 개인적인 말을 섞은 것과 다르지 않다. 전진교와 유사하여 여기에서 덧붙여 말한 것이다.[19]

---

19 『종교연구(宗教研究)』신(新)제2권, 제1호. 역주 저본 750쪽 맨 뒤에 『宗教研究』新第二卷 第一號'라고 표기되어 있다. 각주로 옮겼다.

저자_ **도키와 다이조**常盤大定(1870~1945)

도쿄대학교 철학과를 졸업하고 동 대학에서 박사 학위를 취득했다. 1917년부터 1929년 사이 중국을 여러 차례 왕래하며 불교, 유교, 도교에 관한 문화사적을 답사하여 세키노 다다시[関野貞]와 공저로 『중국불교사적[支那仏教史蹟]』(1923), 『중국문화사적[支那文化史蹟]』(1939)을 짓는다. 이 외에도 『불전집성佛典集成』(1924) 등 불교와 관련한 다수의 저서를 남겼다.

역주자_ **강규여**姜奎如

1975년생. 전남대학교 철학과를 졸업하고 동 대학에서 동아시아불교를 전공하며 불교와 유儒·도道 양 교 간의 교섭에 관한 논문으로 석사 및 박사 학위를 취득했다. 위진남북조시대에서 당을 거쳐 송명에 이르기까지의 동아시아 사상사에서 불교가 했던 역할에 주목해 연구했으며 이와 관련한 몇 편의 논문이 있다. 공역으로 『돈황학대사전』(2016)이 있고, 단독 번역서로 『묘법연화경소』(2017)가 있다.

중국의 불교와 유교 도교

支那に於ける佛教と儒教道教